LE PÉCHÉ
DE
MONSIEUR ANTOINE

PAR

GEORGE SAND

II

PARIS
CALMANN-LÉVY, ÉDITEURS
3, RUE AUBER, 3
—
Droits de reproduction et de traduction réservés.

ŒUVRES
DE
GEORGE SAND

LE PÉCHÉ DE M. ANTOINE

II

CALMANN-LÉVY, ÉDITEURS

ŒUVRES COMPLÈTES
DE
GEORGE SAND
FORMAT GRAND IN-18

Les Amours de l'age d'or.	1 vol.	
Andriani	1 —	
André	1 —	
Antonia	1 —	
Autour de la table	1 —	
Le Beau Laurence	1 —	
Les Beaux Messieurs de Bois-Doré	2 —	
Cadio	1 —	
Césarine Dietrich	1 —	
Le Chateau des Désertes	1 —	
Le Chateau de Pictordu	1 —	
Le Chêne parlant	1 —	
Le Compagnon du tour de France	2 —	
La Comtesse de Rudolstadt	2 —	
La Confession d'une jeune fille	2 —	
Constance Verrier	1 —	
Consuelo	3 —	
Correspondance	3 —	
Correspondance entre George Sand et Gustave Flaubert	1 —	
Contes d'une grand'mère	1 —	
La Coupe	1 —	
Les Dames vertes	1 —	
La Daniella	2 —	
La Dernière Aldini	1 —	
Le Dernier Amour	1 —	
Dernières pages	1 —	
Les Deux Frères	1 —	
Le Diable aux champs	1 —	
Elle et Lui	1 —	
La Famille de Germandre	1 —	
La Filleule	1 —	
Flamarande	1 —	
Flavie	1 —	
Francia	1 —	
François le Champi	1 —	
Histoire de ma vie	4 —	
Un Hiver a Majorque — Spiridion	1 —	
L'Homme de neige	3 —	
Horace	1 —	
Impressions et Souvenis	1 —	
Indiana	1 —	
Isidora	1 —	
Jacques	1 —	
Jean de la Roche	1 —	
Jean Ziska — Gabriel	1 —	
Jeanne	1 vol.	
Journal d'un voyageur pendant la guerre	1 —	
Laura	1 —	
Légendes rustiques	1 —	
Lélia — Métella — Cora	2 —	
Lettres d'un Voyageur	1 —	
Lucrezia-Floriani - Lavinia	1 —	
Mademoiselle La Quintinie	1 —	
Mademoiselle Merquem	1 —	
Les Maitres mosaistes	1 —	
Les Maitres sonneurs	1 —	
Malgrétout	1 —	
La Mare au Diable	1 —	
Le Marquis de Villemer	1 —	
Ma Sœur Jeanne	1 —	
Mauprat	1 —	
Le Meunier d'Angibault	1 —	
Monsieur Sylvestre	1 —	
Mont-Revêche	1 —	
Nanon	1 —	
Narcisse	1 —	
Nouvelles	1 —	
Nouvelles lettres d'un Voyageur	1 —	
Pauline	1 —	
La Petite Fadette	1 —	
Le Péché de M. Antoine	2 —	
Le Piccinino	2 —	
Pierre qui roule	1 —	
Promenades autour d'un village	1 —	
Questions d'art et de littérature	1 —	
Questions politiques et sociales	2 —	
Le Secrétaire intime	1 —	
Les sept Cordes de la Lyre	1 —	
Simon	1 —	
Souvenirs de 1848	1 —	
Tamaris	1 —	
Teverino — Léono Léoni	1 —	
Théatre complet	4 —	
Théatre de Nohant	1 —	
La Tour de Percemont. — Marianne	1 —	
L'Uscoque	1 —	
Valentine	1 —	
Valvèdre	1 —	
La Ville noire	1 —	

ÉMILE COLIN — IMPRIMERIE DE LAGNY

LE PÉCHÉ

DE MONSIEUR ANTOINE

XXIV.

M. GALUCHET.

Mais, après avoir dormi douze heures, Galuchet n'avait plus qu'un souvenir fort confus des événements de la veille, et, lorsque M. Cardonnet le fit appeler, il ne lui restait qu'un vague ressentiment contre le charpentier. D'ailleurs il n'avait guère envie de se vanter d'avoir fait un si sot personnage en débutant dans sa carrière diplomatique, et il rejeta son lever tardif et son air appesanti sur une violente migraine. « Je n'ai fait que tâter le terrain, répondit-il aux questions de son maître. J'étais si souffrant que je n'ai pas pu observer grand'chose. Je puis vous assurer seulement qu'on a dans cette maison des façons fort communes, qu'on y vit de pair à compagnon avec des manants, et que la table y est fort pauvrement servie.

— Vous ne m'apprenez là rien de nouveau, dit M. Cardonnet; il est impossible que vous ayez passé toute la journée à Châteaubrun, sans avoir remarqué quelque chose de plus particulier. A quelle heure mon fils est-il arrivé, et à quelle heure est-il parti?

— Je ne saurais dire précisément quelle heure il était... Leur vieille pendule va si mal!

— Ce n'est pas là une réponse. Combien d'heures est-il resté? Voyons, je ne vous demande pas rigoureusement les fractions.

— Tout cela a duré cinq ou six heures, Monsieur; je me suis fort ennuyé. M. Emile avait l'air peu flatté de me voir, et, quant à la jeune fille, c'est une franche bégueule. Il fait une chaleur assommante sur cette montagne, et on ne peut pas dire deux mots sans être interrompu par ce paysan.

— Il y paraît, car vous ne dites pas deux mots de suite ce matin, Galuchet: de quel paysan parlez-vous?

— De ce charpentier, Jappeloup, un drôle, un animal qui tutoie tout le monde, et qui appelle monsieur *le père Cardonnet*, comme s'il parlait de son semblable.

— Cela m'est fort égal; mais que lui disait mon fils?

— M. Émile rit de ses sottises, et mademoiselle Gilberte le trouve charmant.

— Et n'avez-vous pas remarqué quelque *aparté* entre elle et mon fils?

— Non pas, Monsieur, précisément. La vieille, qui est certainement sa mère, car elle l'appelle *ma fille*, ne la quitte guère, et il ne doit pas être facile de lui faire la cour, d'autant plus qu'elle est très-hautaine et se donne des airs de princesse. Ça lui va bien, ma foi, avec la toilette qu'elle a, et pas le sou! On me l'offrirait, que je n'en voudrais pas!

— N'importe, Galuchet, il faut lui faire la cour.

— Pour me moquer d'elle, à la bonne heure, je veux bien!

— Et puis, pour gagner une gratification que vous n'aurez point, si vous ne me faites pas la prochaine fois un rapport plus clair et mieux circonstancié; car vous battez la campagne aujourd'hui. »

Galuchet baissa la tête sur son livre de comptes, et

lutta tout le jour contre le malaise qui suit un excès.

Émile passa encore toute la semaine plongé dans l'hydrostatique ; il ne se permit pas d'autre distraction que de chercher Jean Jappeloup dans la soirée pour causer avec lui, et, comme il cherchait toujours à ramener la conversation sur Gilberte : « Écoutez, monsieur Émile, lui dit tout à coup le charpentier, vous n'êtes jamais las de ce chapitre-là, je le vois bien. Savez-vous que la mère Janille vous croit amoureux de son enfant?

— Quelle idée ! répondit le jeune homme, troublé par cette brusque interpellation.

— C'est une idée comme une autre. Et pourquoi n'en seriez-vous pas amoureux?

— Sans doute, pourquoi n'en serais-je pas amoureux? répondit Émile de plus en plus embarrassé. Mais est-ce vous, ami Jean, qui voudriez parler légèrement d'une pareille possibilité?

— C'est plutôt vous, mon garçon, car vous répondez comme si nous plaisantions. Allons, voulez-vous me dire la vérité? dites-la, ou je ne vous en parle plus.

— Jean, si j'étais amoureux, en effet, d'une personne que je respecte autant que ma propre mère, mon meilleur ami n'en saurait rien.

— Je sais fort bien que je ne suis pas votre meilleur ami, et pourtant je voudrais le savoir, moi.

— Expliquez-vous, Jean.

— Expliquez-vous vous-même, je vous attends.

— Vous attendrez donc longtemps ; car je n'ai rien à répondre à une pareille question, malgré toute l'estime et l'affection que je vous porte.

— S'il en est ainsi, il faudra donc que vous disiez, un de ces jours, adieu tout à fait aux gens de Châteaubrun ; car ma mie Janille n'est pas femme à s'endormir longtemps sur le danger.

— Ce mot me blesse; je ne croyais pas qu'on pût m'accuser de faire courir un danger quelconque à une personne dont la réputation et la dignité me sont aussi sacrées qu'à ses parents et à ses plus proches amis.

— C'est bien parler, mais cela ne répond pas tout droit à mes questions. Voulez-vous que je vous dise une chose? c'est qu'au commencement de la semaine dernière, j'ai été à Châteaubrun pour emprunter à Antoine un outil dont j'avais besoin. J'y ai trouvé ma mie Janille; elle était toute seule, et vous attendait. Vous n'y êtes pas venu, et elle m'a tout conté. Or, mon garçon, si elle ne vous a pas fait mauvaise mine dimanche, et si elle vous permet de revenir de temps en temps voir sa fille, c'est à moi que vous le devez.

— Comment cela, mon brave Jean?

— C'est que j'ai plus de confiance en vous que vous n'en avez en moi. J'ai dit à ma mie Janille que si vous étiez amoureux de Gilberte, vous l'épouseriez, et que je répondais de vous sur le salut de mon âme.

— Et vous avez eu raison, Jean, s'écria Émile en saisissant le bras du charpentier : jamais vous n'avez dit une plus grande vérité.

— Oui! mais reste à savoir si vous êtes amoureux, et c'est ce que vous ne voulez pas dire.

— C'est ce que je peux dire à vous seul, puisque vous m'interrogez ainsi. Oui, Jean, je l'aime, je l'aime plus que ma vie et je veux l'épouser.

— J'y consens, répondit Jean avec un accent de gaieté enthousiaste, et quant à moi, je vous marie ensemble... Un instant! un instant! si Gilberte y consent aussi.

— Et si elle te demandait conseil, brave Jean, toi, son ami et son second père?

— Je lui dirais qu'elle ne peut pas mieux choisir, que vous me convenez et que je veux vous servir de

— Eh bien, maintenant, ami, il n'y a plus qu'à obtenir le consentement des parents.

— Oh! je vous réponds d'Antoine, si je m'en mêle. Il a de la fierté; il craindra que votre père n'hésite, mais je sais ce que j'ai à lui dire là-dessus.

— Quoi donc, que lui direz-vous?

— Ce que vous ne savez pas, ce que je sais à moi tout seul; je n'ai pas besoin d'en parler encore, car le temps n'est pas venu, et vous ne pouvez pas penser à vous marier avant un an ou deux.

— Jean, confiez-moi ce secret comme je vous ai confié le mien. Je ne vois qu'un obstacle à ce mariage : c'est la volonté de mon père. Je suis résolu à le vaincre, mais je ne me dissimule pas qu'il est grand.

— Eh bien, puisque tu as été si confiant et si franc avec le vieux Jean, le vieux Jean agira de même à ton égard. Écoute, petit : avant peu, ton père sera ruiné et n'aura plus sujet de faire le fier avec la famille de Châteaubrun.

— Si tu disais vrai, ami, malgré le chagrin que mon père devrait en ressentir, je bénirais ta singulière prophétie; car il y a bien d'autres motifs qui me font redouter cette fortune.

— Je le sais, je connais ton cœur, et je vois que tu voudrais enrichir les autres avant toi-même. Tout s'arrangera comme tu le souhaites, je te le prédis. Je l'ai rêvé plus de dix fois.

— Si vous n'avez fait que le rêver, mon pauvre Jean...

— Attendez, attendez... Qu'est-ce que c'est que ce livre-là, que vous portez toujours sous le bras et que vous avez l'air d'étudier?

— Je te l'ai dit, un traité savant sur la force de l'eau, sur la pesanteur, sur les lois de l'équilibre...

— Je m'en souviens fort bien, vous me l'avez déjà dit;

mais je vous dis, moi, que votre livre est un menteur, ou que vous l'avez mal étudié : autrement vous sauriez ce que je sais.

— Quoi donc ?

— C'est que votre usine est impossible, et que votre père, s'obstinant à se battre contre une rivière qui se moque de lui, perdra ses dépenses, et s'avisera trop tard de sa folie. Voilà pourquoi vous me voyez si gai depuis quelque temps. J'ai été triste et de mauvaise humeur tant que j'ai cru à la réussite de votre entreprise ; mais j'avais une espérance qui pourtant me revenait toujours et dont j'ai voulu avoir le cœur net. J'ai marché, j'ai examiné, j'ai travaillé, étudié. Oh oui ! étudié ! sans avoir besoin de vos livres, de vos cartes et de vos grimoires ; j'ai tout vu, tout compris. Monsieur Émile, je ne suis qu'un pauvre paysan, et votre Galuchet me cracherait sur le corps s'il osait ; mais je puis vous certifier une chose dont vous ne vous doutez guère : c'est que votre père n'entend rien à ce qu'il fait, qu'il a pris de mauvais conseils, et que vous n'en savez pas assez long pour le redresser. L'hiver qui vient emportera vos travaux, et tous les hivers les emporteront jusqu'à ce que M. Cardonnet ait jeté son dernier écu dans l'eau. Souvenez-vous de ce que je vous dis, et n'essayez pas de le persuader à votre père. Ce serait une raison de plus pour qu'il s'obstinât à se perdre, et nous n'avons pas besoin de cela pour qu'il le fasse ; mais vous serez ruiné, mon fils, et si ce n'est ici entièrement, ce sera ailleurs, car je tiens la cervelle de votre papa dans le creux de ma main. C'est une tête forte, j'en conviens, mais c'est une tête de fou. C'est un homme qui s'enflamme pour ses projets à tel point qu'il les croit infaillibles, et, quand on est bâti de cette façon-là, on ne réussit à rien. J'ai d'abord cru qu'il jouait son jeu, mais, à présent, je vois bien que la partie devient trop sérieuse, puisqu'il recommence tout ce que la dernière dribe a détruit. Il avait eu jusque-là trop bonne chance : raison de plus ; les bonnes chances rendent impérieux et présomptueux. C'est l'histoire de Napoléon, que j'ai vu monter et descendre, comme un charpentier qui grimpe sur le faîte de la maison sans avoir regardé si les fondations sont bonnes. Quelque bon charpentier qu'il soit, quelque chef-d'œuvre qu'il établisse, si le mur fléchit, adieu tout l'ouvrage ! »

Jean parlait avec une telle conviction, et ses yeux noirs brillaient si fort sous ses épais sourcils grisonnants, qu'Émile ne put se défendre d'être ému. Il le supplia de lui exposer les motifs qui le faisaient parler ainsi, et longtemps le charpentier s'y refusa. Enfin, vaincu par son insistance, et un peu irrité par ses doutes, il lui donna rendez-vous pour le dimanche suivant.

« Vous irez à Châteaubrun samedi ou lundi, lui dit-il ; mais, dimanche, nous partirons à la pointe du jour, et nous remonterons le cours de l'eau jusqu'à certains endroits que je vous montrerai. Emportez tous vos livres et tous vos instruments, si bon vous semble. S'ils ne me donnent pas raison, peu m'importe : c'est la science qui aura menti. Mais ne vous attendez pas à faire ce voyage-là à cheval ou en voiture, et si vous n'avez pas de bonnes jambes, ne comptez pas le faire du tout. »

Le samedi suivant, Émile courut à Châteaubrun, et, comme de coutume, il commença par Boisguilbault, n'osant arriver de trop bonne heure chez Gilberte.

Comme il approchait des ruines, il vit un point noir au bas de la montagne, et ce point devint bientôt Constant Galuchet, en habit noir, pantalon et gants noirs, cravate et gilet de satin noir. C'était sa toilette de campagne, hiver comme été ; et, quelque chaleur qu'il eût à supporter, quelque fatigue à laquelle il s'exposât, il ne sortait jamais du village sans cette tenue de rigueur. Il eût craint de ressembler à un paysan, si, comme Émile, il eût endossé une blouse et porté un chapeau gris à larges bords.

Si le costume bourgeois de notre époque est le plus triste, le plus incommode et le plus disgracieux que la mode ait jamais inventé, c'est surtout au milieu des champs que tous ses inconvénients et toutes ses laideurs ressortent. Aux environs des grandes villes, on en est moins choqué, parce que la campagne elle-même y est arrangée, alignée, plantée, bâtie et murée dans un goût systématique, qui ôte à la nature tout son imprévu et toute sa grâce. On peut quelquefois admirer la richesse et la symétrie de ces terres soumises à toutes les recherches de la civilisation; mais aimer une telle campagne, c'est fort difficile à concevoir. La vraie campagne n'est pas là, elle est au sein des pays un peu négligés et un peu sauvages, là où la culture n'a pas en vue des embellissements mesquins et des limites jalouses, là où les terres se confondent, et où la propriété n'est marquée que par une pierre ou un buisson placés sous la sauvegarde de la bonne foi rustique. C'est là que les chemins destinés seulement aux piétons, aux cavaliers ou aux charrettes offrent mille accidents pittoresques; où les haies abandonnées à leur vigueur naturelle se penchent en guirlandes, se courbent en berceaux, et se parent de ces plantes incultes qu'on arrache avec soin dans les pays de luxe. Émile se souvenait d'avoir marché pendant plusieurs lieues autour de Paris sans avoir eu le plaisir de rencontrer une ortie, et il sentait vivement le charme de cette nature agreste où il se trouvait maintenant. La pauvreté ne s'y cachait pas honteuse et souillée sous les pieds de la richesse. Elle s'y étalait au contraire souriante et libre sur un sol qui portait fièrement ses emblèmes, les fleurs sauvages et les herbes vagabondes, l'humble mousse et la fraise des bois, le cresson au bord d'une eau sans lit, et le lierre sur un rocher, qui, depuis des siècles, obstruait le sentier sans éveiller les soucis de la police. Enfin, il aimait ces branches qui traversent le chemin et que le passant respecte, ces fondrières où murmure la grenouille verte, comme pour avertir le voyageur, sentinelle plus vigilante que celle qui défend le palais des rois; ces vieux murs qui s'écroulent au bord des enclos et que personne ne songe à relever, ces fortes racines qui soulèvent les terres et creusent des grottes au pied des arbres antiques; tout cet abandon qui fait la nature naïve, et qui s'harmonise si bien avec le type sévère et le costume simple et grave du paysan.

Mais qu'au milieu de ce cadre austère et grandiose, qui transporte l'imagination aux temps de la poésie primitive, apparaisse cette mouche parasite, le *monsieur* aux habits noirs, au menton rasé, aux mains gantées, aux jambes maladroites, et ce roi de la société n'est plus qu'un accident ridicule, une tache importune dans le tableau. Que viennent-ils faire à la lumière du soleil, vos vêtements de deuil, dont les épines semblent se rire comme d'une proie? Votre costume gênant et disparate inspire alors la pitié plus que les haillons du pauvre; on sent que vous êtes déplacé au grand air et que votre livrée vous écrase.

Jamais cette remarque ne s'était présentée aussi vivement à la pensée d'Émile que lorsque Galuchet lui apparut, le chapeau à la main, gravissant la colline avec un mouvement pénible qui faisait flotter ridiculement les basques de son habit, et s'arrêtant pour épousseter avec son mouchoir les traces de chutes fréquentes. Émile eut envie de rire, et puis, il se demanda avec colère ce que la mouche parasite venait faire autour de la ruche sacrée.

Émile mit son cheval au galop, passa près de Galuchet sans avoir l'air de le reconnaître, et, arrivant le premier à Châteaubrun, il l'annonça à Gilberte comme une inévitable calamité.

« Ah! mon père, dit la jeune fille, ne recevez pas cet homme si mal élevé et si déplaisant, je vous en supplie! ne nous laissez pas gâter notre Châteaubrun, et notre intérieur, notre laisser-aller si doux, par la présence de cet étranger, qui ne peut et qui ne doit jamais sympathiser avec nous.

— Et que veux-tu donc que j'en fasse? répondit M. de Châteaubrun embarrassé. Je l'ai invité à venir quand il voudrait; je ne pouvais prévoir que toi, qui es si tolérante et si généreuse, tu prendrais en grippe un pauvre hère, à cause de son peu d'usage et de sa triste figure. Moi, ces gens-là me font peine; je vois que chacun les repousse et qu'ils s'ennuient d'être au monde!

— Ne croyez pas cela, dit Émile. Ils s'y trouvent fort bien, au contraire, et s'imaginent plaire à tous.

— En ce cas, pourquoi leur ôter une illusion, sans laquelle il leur faudrait mourir de chagrin? Moi, je n'ai pas ce courage, et je ne crois pas que ma bonne Gilberte me conseille de l'avoir.

— Mon trop bon père! dit Gilberte en soupirant, je voudrais l'avoir aussi, cette bonté, et je crois l'avoir en général; mais cet être suffisant et satisfait de lui-même, qui semble m'insulter quand il me regarde, et qui m'appelle par mon nom de baptême le premier jour où il me parle! non, je ne puis le supporter, et je sens qu'il me fait mal parce que sa vue me porte au dédain et à l'ironie, contrairement à mes instincts et à mes habitudes de caractère.

— Il est certain que M. Galuchet se familiarisera beaucoup avec mademoiselle, dit Émile à M. Antoine, et que vous serez forcé plus d'une fois de le rappeler au respect qu'il lui doit. S'il arrive qu'il vous oblige de le chasser, vous regretterez de l'avoir accueilli avec trop de confiance. Ne vaudrait-il pas mieux lui faire entendre aujourd'hui par un accueil un peu froid que vous n'avez pas oublié la manière grossière dont il s'est comporté à sa première visite ?

— Ce que je vois de mieux pour arranger l'affaire, dit M. de Châteaubrun, c'est que vous alliez vous promener dans le verger avec Janille ; moi, j'emmènerai le Galuchet à la pêche, et vous en serez débarrassés. »

Cette proposition ne plaisait pas beaucoup à Émile. Lorsqu'il était sous la surveillance de M. de Châteaubrun, il pouvait se croire presque tête à tête avec Gilberte, au lieu que Janille était un tiers autrement actif et clairvoyant. Et puis Gilberte pensait qu'il y avait de l'égoïsme à laisser son père subir seul le fardeau d'une telle visite. « Non, dit-elle en l'embrassant, nous resterons pour te faire enrager ; car si nous tournons le dos, tu vas redevenir si doux et si bon, que ce monsieur se croira, une fois pour toutes, le très-bien venu. Oh ! je te connais, père ! tu ne pourras pas t'empêcher de le lui dire et de le retenir à table, et il boira encore ! Il est donc bon que je reste ici pour le forcer à s'observer.

— D'ailleurs je m'en charge, dit Janille, qui avait écouté jusque-là sans dire son avis, et qui haïssait Galuchet, depuis le jour où il avait marchandé avec elle pour une pièce de dix sous qu'elle lui avait demandée après lui avoir montré les ruines. J'aime beaucoup que monsieur boive son vin avec ses amis et les gens qui lui font plaisir ; mais je ne suis pas d'avis de le gaspiller avec des pique-assiettes, et je vais baptiser d'importance celui de M. Galuchet. Ah ! mais, Monsieur, tant pis pour vous, qui n'aimez point l'eau, cela vous forcera de ne pas rester longtemps à table.

« — Mais, Janille, c'est une tyrannie, dit M. Antoine, tu vas me mettre à l'eau maintenant? tu veux donc ma mort?

— Non, Monsieur, vous n'en aurez le teint que plus frais, et tant pis pour ce petit monsieur s'il fait la grimace ! »

Janille tint parole, mais Galuchet était trop troublé pour s'en apercevoir. Il se sentait de plus en plus mal à l'aise devant Émile, dont les yeux et le sourire semblaient toujours l'interroger sévèrement, et, lorsqu'il voulait payer d'audace en faisant l'agréable auprès de Gilberte, il était si mal reçu, qu'il ne savait plus que devenir. Il avait résolu de s'observer à l'endroit du clairet de Châteaubrun, et il fut fort satisfait, lorsque, après le premier verre, son hôte n'insista plus pour lui en faire avaler un second. M. Antoine, en lui donnant l'exemple de la première rasade, comme c'était son devoir d'hôte campagnard, étouffa un soupir, et lança à Janille un regard de reproche pour la libéralité qui avait présidé à la ration d'eau. Charasson, qui était dans la confidence de la vieille, partit d'un gros rire, et fut vertement réprimandé par son maître, qui le condamna à avaler à son souper le reste du breuvage inoffensif.

Quand Galuchet se fut convaincu qu'il était insupportable à Gilberte et à Émile, il résolut d'avancer ses affaires auprès de M. Cardonnet, en risquant la demande en mariage. Il emmena M. Antoine à l'écart, et, certain d'être refusé, il lui offrit son cœur, sa main et ses vingt mille francs pour sa fille. M. Galuchet crut ne rien risquer en doublant le capital fictif de sa dot.

Cette petite fortune, jointe à un emploi qui procurait à Galuchet un revenu de douze cents francs, causa quelque surprise à M. Antoine. C'était là un très-bon parti pour Gilberte, et elle ne pouvait espérer mieux, en fait de richesse ; car enfin, il était impossible au bon campagnard de lui fournir une dot quelconque, se dépouillât-il entièrement. Personne au monde n'était plus désintéressé que ce brave homme ; il en avait donné assez de preuves, sa vie durant. Mais il ne pensait pas sans quelque amertume que sa fille chérie, faute de rencontrer un homme qui l'aimât pour elle-même, serait probablement condamnée au célibat pour longtemps, peut-être pour toujours! « Quel malheur, se dit-il, que ce garçon ne soit pas aimable, car, à coup sûr, il est honnête et généreux : ma fille lui plaît, et il ne demande pas ce qu'elle a. Il sait sans doute qu'elle n'a rien, et il veut lui donner tout ce qu'il possède. C'est un prétendant bien intentionné, qu'il faut refuser honnêtement, avec douceur et amitié. »

Et, ne sachant comment s'y prendre, n'osant exposer Gilberte au soupçon d'être vaine de son nom, ou au ressentiment d'un cœur blessé par son aversion, il ne trouva rien de mieux que de ne pas se prononcer, et de demander du temps pour réfléchir et se consulter. Galuchet demanda aussi la permission de revenir, non pas précisément faire sa cour, mais s'informer de son sort, et il y fut autorisé, bien que le pauvre Antoine tremblât en lui faisant cette réponse.

Il le mena au bord de la rivière pour l'installer à la pêche, bien que Galuchet n'eût rien apporté pour cela, et désirât fort rester au château. Antoine le promena du moins au bord de la Creuse pour lui indiquer les bons endroits, et, chemin faisant, il eut la faiblesse et la bonhomie de lui demander pardon pour les taquineries et les malices de Jean. Galuchet prit la chose à merveille, rejeta tout le tort sur lui-même, en disant toutefois, pour se montrer sous un meilleur jour, qu'il avait été grisé par surprise, et que s'il n'était pas capable de porter le vin, c'est parce qu'il était habitué à une grande sobriété. « A la bonne heure ! dit Antoine, Janille avait craint que vous ne fussiez un peu intempérant; mais ce qui vous est arrivé prouve bien le contraire. »

Ils causèrent assez longtemps, et Galuchet s'obstinant à ne pas partir, quoiqu'il vît bien à l'inquiétude de son hôte qu'il eût voulu ne pas le ramener au château, ils y revinrent, et Galuchet prit aussi Janille à part pour lui confier ses intentions et donner à Antoine le temps de prévenir Gilberte. Il comptait bien sur le dépit qu'elle en éprouverait; car, cette fois, n'étant pas ivre, il voyait fort clairement l'air irrité d'Émile, et les sentiments de Gilberte pour le protecteur qu'elle avait choisi.

« Cette fois-ci, se disait-il, M. Cardonnet ne me reprochera pas d'avoir perdu mon temps. Mes beaux amoureux vont être dans une furieuse colère contre moi, et M. Émile ne pourra pas se tenir de me chercher noise. » Galuchet n'était pas poltron, et bien qu'il ne supposât pas Émile capable d'un duel à coups de poings, il se disait avec une certaine satisfaction qu'il était de force à lui tenir tête. Quant à une véritable partie d'honneur, cela eût été moins de son goût, parce qu'il n'entendait rien aux armes courtoises; mais il pouvait bien compter que M. Cardonnet saurait l'en préserver.

Pendant qu'il entretenait Janille, M. de Châteaubrun resta avec sa fille et Émile dans le verger et leur raconta ce qui venait de se passer entre lui et Galuchet, mais avec quelques précautions oratoires. « Eh bien, dit-il, vous l'accusez d'être un sot et un impertinent, vous allez vous repentir de votre dureté; car c'est là véritablement un digne garçon, et j'en ai la preuve. Je puis raconter cela devant Émile qui est notre ami, et même si Gilberte voulait examiner la chose sans prévention, elle pourrait lui demander des renseignements certains sur ce jeun homme... dites, Émile, en votre âme et conscieuce, est-ce un homme probe?

— Sans aucun doute, répondit Émile. Mon père l'emploie depuis trois ans, et serait très-fâché de le perdre.

— Est-il d'un bon caractère?

— Quoiqu'il n'en ait guère donné la preuve ici l'autre jour, je dois dire qu'il est fort tranquille, et tout à fait inoffensif à l'habitude.

— Il n'est point sujet à s'enivrer?

— Non pas que je sache.

— Eh bien, qu'a-t-on à lui reprocher?

— S'il n'avait pas pris fantaisie de devenir notre commensal, je le trouverais accompli, dit Gilberte.

— Il te déplaît donc bien? reprit M. Antoine en s'arrêtant pour la regarder en face.

— Eh non, mon père, répondit-elle, étonnée de cet air solennel. Ne prenez pas mon éloignement si fort au sérieux. Je ne hais personne; et si la société de ce jeune homme a quelque agrément pour vous, s'il vous a donné quelque raison plausible de l'estimer particulièrement, à Dieu ne plaise que je vous en prive par un caprice! Je ferai un effort sur moi-même, et j'arriverai peut-être à partager la bonne opinion que **mon** digne père a de lui.

— Voilà parler comme une bonne et sage fille, et je reconnais ma Gilberte. Sache donc, petite, que c'est toi, moins que personne, qui dois mépriser le caractère de ce garçon-là; que si **tu** n'éprouves aucun attrait pour lui, tu dois du moins le **traiter** avec politesse et le renvoyer avec bonté. Allons, me devines-tu?

— Pas le moins du monde, mon père.

— Moi, je crains de deviner, dit Émile, dont les joues se couvrirent d'une vive rougeur.

— Eh bien, reprit M. Antoine, je suppose qu'un garçon assez **riche**, relativement à nous, remarque une belle et bonne fille qui est fort pauvre, et que, s'éprenant à la première vue, il vienne mettre à ses pieds les plus honnêtes prétentions du monde, faut-il le chasser brutalement, et lui jeter la porte au nez en lui disant : « Non. Monsieur, vous êtes trop laid? »

Gilberte rougit autant qu'Émile, et quelque effort d'humilité qu'elle pût faire sur elle-même, elle se sentit si outragée par les prétentions de Galuchet, qu'elle ne put rien répondre, et sentit ses yeux se remplir de larmes.

« Ce misérable a indignement menti, s'écria Émile, et vous pouvez le chasser honteusement. Il n'a aucune fortune, et mon père l'a tiré de la dernière détresse. Or, il n'y a que trois ans qu'il l'emploie, et à moins que M. Galuchet n'ait fait tout à coup un héritage mystérieux...

— Non, Émile, non, il ne m'a pas fait de mensonge; je ne suis pas si faible et si crédule que vous croyez. Je l'ai interrogé, et je sais que la source de sa petite fortune est pure et certaine. C'est votre père qui lui assure vingt mille francs pour se l'attacher à tout jamais par l'affection et la reconnaissance, au cas où il se mariera dans le pays.

— Mais, sans doute, dit Émile d'une voix mal assurée mon père ignore que c'est sur mademoiselle de Châteaubrun qu'il a osé lever les yeux, car il ne l'eût pas encouragé dans une semblable espérance.

— Tout au contraire, reprit M. Antoine, qui trouvait la chose fort naturelle; votre père a reçu la confidence de son goût pour Gilberte, et il l'a autorisé à se servir de son nom pour la demander en mariage. »

Gilberte devint pâle comme la mort et regarda Émile, qui baissa les yeux, stupéfait, humilié et brisé au fond de l'âme.

XXV.

L'EXPLOSION.

— Eh bien, qu'y a-t-il donc? dit Janille, qui vint les rejoindre dans une tonnelle à l'endroit du verger, où ils s'étaient assis tous trois; pourquoi Gilberte est-elle toute défaite, et pourquoi vous taisez-vous tous quand j'approche, comme si vous méditiez quelque complot? »

Gilberte se jeta dans le sein de sa gouvernante et fondit en larmes.

« Eh bien, eh bien, reprit la petite bonne femme, en voici bien d'une autre ! Ma fille a de la peine, et je ne sais point de quoi il s'agit ! Parlerez-vous, monsieur Antoine?

— Est-ce que ce jeune homme est parti? dit M. Antoine en regardant autour de lui avec inquiétude.

— Sans doute, car il m'a fait ses adieux, et je l'ai reconduit jusqu'à la porte, dit Janille. J'ai eu quelque peine à m'en débarrasser. Il est un peu lourd à s'expliquer, celui-là ! Il aurait souhaité rester, je l'ai bien vu ; mais je lui ai fait comprendre que de telles affaires ne se terminaient pas si vite, qu'il me fallait en conférer avec vous, et qu'on lui écrirait, si on voulait le revoir pour un motif ou pour un autre. Mais, avant, qu'a donc ma fille? qui lui a fait du chagrin ici? Ah ! mais, voici ma mie Janille pour la défendre et la consoler.

— Oh oui! toi, tu me comprendras, s'écria Gilberte, et tu m'aideras à repousser l'injure, car je me trouve offensée, et j'ai besoin de toi pour la faire comprendre à mon père! Sache donc qu'il se fait presque l'avocat de M. Galuchet!

— Ah! tu es déjà au courant de ce qui se passe? En ce cas, ce sont donc des affaires de famille! Et moi aussi, j'en ai à vous conter ; mais tout cela va ennuyer monsieur Émile?

— Je vous entends, ma chère mademoiselle Janille, répondit le jeune homme, et je sais que les convenances ordinaires me commanderaient de me retirer ; mais je suis trop intéressé à ce qui se passe ici pour m'astreindre à de vulgaires usages : vous pouvez parler devant moi, puisque maintenant je sais tout.

— Eh bien, Monsieur, si vous savez de quoi il s'agit, et si M. Antoine a trouvé bon de s'expliquer devant vous, ce qui, entre nous soit dit, était assez inutile, je parlerai donc comme si vous n'étiez pas là. Et d'abord, Gilberte, il ne faut pas pleurer : de quoi t'affliges-tu, ma fille? De ce qu'un malotru s'imagine être digne de toi? Eh! mon Dieu, ce n'est pas la dernière fois que tu seras exposée, mariée ou non, à voir des gens avantageux te donner à rire ; car il faut rire de cela, mon enfant, et ne point t'en fâcher. Ce garçon croit te faire honneur et te donner une preuve d'estime ; reçois-la de même, et dis-lui, ou fais-lui dire très-sérieusement que tu le remercies, mais que tu ne veux point de lui. Je ne vois point du tout pourquoi tu t'inquiètes : est-ce que tu t'imagines, par hasard, que je suis d'humeur à l'encourager? Ah! bien, oui, il aurait cent mille francs, cent millions d'écus, que je ne le trouverais pas fait pour ma fille! Le vilain, avec ses gros yeux et son air content d'être au monde, qu'il aille plus loin! nous n'avons point ici de fille à lui donner! Ah! mais, ma mie Janille s'y connaît, et sait qu'on ne met point, dans un bouquet, le chardon à côté de la rose.

— C'est bien parler, bonne Janille! s'écria Émile, et vous êtes digne d'être appelée sa mère!

— Et qu'est-ce que cela vous fait, à vous, Monsieur! dit Janille, animée et montée par sa propre éloquence; qu'avez-vous à voir dans nos petites affaires? Savez-vous du mal de ce prétendant? c'est fort inutile de nous le dire : nous n'avons pas besoin de vous pour nous en débarrasser.

— Laisse, Janille, ne le gronde pas, dit Gilberte en caressant sa vieille amie. Cela me fait du bien d'entendre dire que les prétentions de cet homme-là sont un outrage pour moi, car je me sens humiliée d'y songer. J'en ai froid, j'en suis malade. Et mon père ne comprend pas cela, pourtant! Mon père se trouve honoré par sa demande et ne saura rien lui dire pour me préserver de sa vue!

— Ah! ah! reprit Janille en riant, c'est lui qui a tort comme à l'ordinaire, le méchant homme! c'est lui qui fait pleurer sa fille! Ah mais! Monsieur, voulez-vous par hasard faire le tyran ici? Ne comptez pas là-dessus, car ma mie Janille n'est pas morte et n'a pas envie de mourir.

— C'est cela, dit M. Antoine; c'est moi qui suis un despote, un père dénaturé! Bien, bien! tombez sur moi, si cela vous soulage. Ensuite, ma fille voudra peut-être bien me dire à qui elle en a, et ce que j'ai fait de si criminel.

— Mon bon père, dit Gilberte, en se jetant dans ses bras, laissons ces tristes plaisanteries, et dépêche-toi de renvoyer d'ici, pour toujours, M. Galuchet, afin que je respire, et que j'oublie ce mauvais rêve.

— Ah! voilà le hic, répondit M. Antoine, il s'agit de savoir ce que je vais lui écrire, et c'est pour cela qu'il est bon de tenir conseil.

— Entends-tu, mère! dit Gilberte à Janille, il ne sait que lui répondre? apparemment il n'a pas su refuser.

— Eh bien, mon enfant, ton père n'a pas tant de tort, répondit Janille, car, moi aussi, j'ai reçu la demande de ton beau soupirant, je l'ai écouté sans m'émouvoir, et je ne lui ai dit ni oui, ni non. Allons! allons! ne te fâche pas. C'est comme cela qu'il faut agir, et consultons-nous tranquillement. On ne peut pas dire à ce garçon: « Vous me déplaisez », cela ne se dit pas. On ne peut pas lui dire non plus : « Nous sommes de bonne maison, et vous vous appelez Galuchet; » car cela serait dur et mortifiant.

— Et ce ne serait pas là une raison, dit Gilberte. Que nous importe la noblesse à présent? La vraie noblesse est dans le cœur, et non dans de vains titres. Ce n'est pas le nom de Galuchet qui me répugne, ce sont les manières et les sentiments de l'homme qui le porte.

— Ma fille a raison : le nom, la profession et la fortune n'y font rien, dit M. Antoine. Ce n'est donc pas de cela que nous pouvons nous servir. On ne peut pas reprocher non plus à un homme les défauts de sa personne. Ce que nous avons de mieux à dire, c'est que Gilberte ne veut pas se marier.

— Ah mais! Monsieur, un petit moment, dit Janille, je n'entends pas qu'on dise cela, moi ; car si ce jeune homme allait le répéter (comme cela ne peut manquer), il ne se présenterait plus personne, et je ne suis pas d'avis que ma fille se fasse religieuse.

— Il faut pourtant alléguer quelque chose, reprit M. Antoine. Disons, en ce cas, qu'elle ne veut pas se marier encore, et que nous la trouvons trop jeune.

— Oui, oui, c'est cela, mon père! vous avez trouvé la meilleure raison, et c'est la vraie ; je ne veux pas me marier encore, je suis trop jeune.

— Ce n'est pas vrai! s'écria Janille. Vous êtes en âge, et je prétends qu'avant peu vous trouviez un beau et bon mari qui vous plaise et qui nous plaise à tous.

— Ne pense pas à cela, ma mère, reprit Gilberte avec feu. Je te fais le serment devant Dieu que mon père a dit la vérité. Je ne veux pas encore me marier, et je désire que tout le monde le sache, afin que tous les prétendants soient écartés. Ah! si vous voulez m'entourer d'importunités pareilles, vous m'ôterez tout le bonheur dont je jouis auprès de vous et vous me ferez une triste jeunesse! mais ce sera me rendre malheureuse en pure perte, car je ne changerai pas de résolution, et je mourrai plutôt que de me séparer de vous.

— Et qui te parle de nous séparer? dit Janille. L'homme qui t'aimera ne voudra pas te faire de peine; et toi, d'ailleurs, tu ne sais pas ce que tu penseras quand tu aimeras quelqu'un. Ah! ma pauvre enfant! ce sera peut-être alors notre tour de pleurer, car il est écrit que la femme quittera son père et sa mère pour suivre son mari, et celui qui a dit cela connaissait le cœur des femmes.

— Oh! s'écria Émile, c'est là une loi d'obéissance, et non une loi d'amour. L'homme qui aimera véritablement Gilberte aimera ses parents et ses amis comme les siens propres, et ne voudra pas plus l'en séparer qu'il ne voudra s'en éloigner lui-même. »

Ici Janille rencontra les regards passionnés des deux amants qui se cherchaient, et toute sa prudence lui revint.

« Pardine, Monsieur! dit-elle d'un ton un peu sec, vous vous mêlez de choses qui ne vous regardent guère, et m'est avis que toutes mes explications sont bien déplacées devant vous; mais puisque vous vous êtes obstiné à les entendre, et que M. Antoine trouve cela fort sage, je vous dirai, moi, que je vous défends de répéter, et surtout de croire ce que ma fille vient de dire dans un beau mouvement de dépit contre votre Galuchet. Car enfin tous les hommes ne sont pas taillés, Dieu merci, sur ce patron-là, et nous n'avons pas besoin que le monde la condamne à rester fille, parce qu'elle veut un mari plus agréable. Nous la lui trouverons fort bien, soyez tranquille; et ne vous imaginez pas que, parce qu'elle n'est pas riche comme vous, elle séchera sur pied.

— Allons, allons, Janille! dit M. Antoine, en prenant la main d'Émile, c'est vous qui dites des choses déplacées. Il semblerait que vous voulez faire de la peine à notre ami... Vous hochez trop de la tête : je vous dis que c'est notre meilleur ami après Jean, qui a le droit d'ancienneté ; et je déclare que personne, depuis vingt ans que je suis, par ma pauvreté, à même d'apprécier les sentiments désintéressés, ne m'a montré et inspiré autant d'affection qu'Émile. C'est pourquoi je dis qu'il ne sera jamais de trop dans nos petits secrets de famille. Il est, par sa raison, la noblesse de ses idées et son instruction, fort au-dessus de son âge et du nôtre. C'est pourquoi nous ne pourrions prendre un meilleur conseil. Je le regarde comme le frère de Gilberte, et je vous réponds que s'il se présentait pour elle un parti sortable, il nous éclairerait sur les convenances de caractère, qu'il s'emploierait pour faire réussir un mariage qui la rendrait heureuse, et pour empêcher le contraire. Vos taquineries n'ont donc pas le sens commun, Janille ; si je l'ai mis dans ma confidence, j'ai su ce que je faisais : vous me traitez aussi par trop comme un petit enfant!

— Ah bien! Monsieur, vous cherchez noise à votre tour? dit Janille très-animée. Eh bien, soit! c'est le jour des vérités, et je parlerai, puisqu'on me pousse à bout. Je vous dis, moi, et je dis à M. Émile, parlant à sa personne, qu'il est beaucoup trop jeune pour ce rôle d'ami de la maison, et que cela doit se refroidir un peu, ou vous en sentirez les inconvénients. Par exemple, aujourd'hui même, l'occasion s'en montre, et vous vous en apercevrez. Voilà un jeune homme qui se présente pour épouser Gilberte, nous n'en voulons point, c'est fort bien, c'est entendu; mais qui empêchera ce prétendant éconduit de croire et de dire, ne fût-ce que pour se venger un peu, que c'est à cause de M. Émile, et de l'ambition qu'on a, dans la maison, de faire un riche mariage, qu'on n'écoute personne autre? Je ne dis pas que M. Émile soit capable d'avoir de pareilles idées, je suis sûre du contraire. Il nous connaît assez pour savoir qui nous sommes. Mais de sottes gens le penseront, et cela nous fera passer pour des sots. Comment! nous allons mettre M. Galuchet à la porte, parce que notre fille est trop jeune, soi-disant, et M. Cardonnet fils viendra toutes les semaines, comme s'il était seul excepté? Ça ne se peut pas, monsieur Antoine! Et vous, vous avez beau me regarder avec des yeux tendres, monsieur Émile, vous avez beau vous mettre à genoux auprès de moi, et me prendre les mains comme si vous vouliez me faire une déclaration... je vous aime, oui, j'en conviens, et je vous regretterai même beaucoup; mais je n'en ferai pas moins mon devoir, puisque moi seule ai de la tête, de la prévoyance et de la volonté, ici! Ah mais! vous partirez aussi, mon garçon, car ma mie Janille ne radote pas encore. »

Gilberte était redevenue pâle comme un lis, et M. Antoine avait de l'humeur, peut-être pour la première fois de sa vie. Il trouvait Janille déraisonnable, et n'osant entrer en révolte, il tirait l'oreille de Sacripant, qui, lui voyant un air fâché, l'accablait de caresses et se laissait martyriser par sa main distraite. Émile était à genoux entre Janille et Gilberte; son cœur débordait, et il ne pouvait plus se taire.

— « Ma chère Janille, s'écria-t-il enfin avec une émotion impétueuse, et vous, digne et généreux Antoine, écoutez-moi, et apprenez enfin mon secret. J'aime votre fille, je l'aime avec passion depuis le premier jour où je l'ai vue, et, si elle daigne agréer mes sentiments, je vous la demande en mariage, non pour M. Galuchet, non pour aucun protégé de mon père, ni pour aucun de mes amis, mais pour moi-même, qui ne puis vivre séparé d'elle, et qui ne me relèverai qu'avec son consentement et le vôtre.

— Viens sur mon cœur, s'écria M. Antoine transporté de joie et d'enthousiasme ; car tu es un noble enfant, et je savais bien qu'il n'y avait rien de plus grand et de plus loyal que ton âme ! »

Et il serrait dans ses bras le svelte jeune homme comme s'il eût voulu l'étouffer. Janille, attendrie, couvrit ses yeux de son mouchoir ; mais tout à coup, renfonçant ses larmes :

« Voilà des folies, monsieur Antoine, dit-elle, de vraies folies ! Observez-vous et ne laissez pas aller votre cœur si vite. Certes, celui-là est un brave garçon, et, si nous étions riches, ou s'il était pauvre, nous ne pourrions jamais mieux choisir ; mais n'oublions pas que ce qu'il propose est impossible, que sa famille n'y consentira jamais, et qu'il vient de faire un roman dans sa petite cervelle. Si je ne vous aimais pas tant, Émile, je vous gronderais de monter ainsi l'imagination de M. Antoine, qui est encore plus jeune que la vôtre, et qui est capable de prendre vos rêves au sérieux. Heureusement sa fille est plus raisonnable que lui et que moi. Elle n'est pas du tout troublée de vos douces paroles. Elle vous en sait gré, et vous remercie de vos bonnes intentions ; mais elle sait bien que vous ne vous appartenez pas, que vous ne pouvez pas encore vous passer du consentement de votre père, et que, quand même vous seriez en âge de lui faire des sommations respectueuses, elle est trop bien née pour vouloir entrer de force dans une famille qui la repousserait.

— C'est vrai, cela ! dit M. Antoine, sortant comme d'un rêve : nous divaguons, mes pauvres enfants ! jamais M. Cardonnet ne voudra de nous, car nous n'avons à lui offrir qu'un nom qu'il doit traiter de chimère, dont nous faisons d'ailleurs assez bon marché nous-mêmes, et qui ne nous ouvre aucun chemin vers la fortune. Émile, Émile! ne parlons plus de cela, car cela deviendrait une source de regrets. Soyons amis, toujours amis! soyez le frère de mon enfant, son protecteur et son défenseur dans l'occasion; mais ne parlons pas de mariage ni d'amour, puisque, dans le temps où nous vivons, l'amour est un songe, et le mariage une affaire!

— Vous ne me connaissez pas, s'écria Émile, si vous croyez que j'accepte, et que je veuille accepter jamais les lois du monde et les calculs de l'intérêt! Je ne vous tromperai pas; je répondrais de ma mère si elle était libre, mais mon père ne sera pas favorable à cette union. Cependant mon père m'aime, et quand il aura essayé la puissance et la durée de ma volonté, il reconnaîtra que la sienne ne peut l'emporter en ceci. Il aura peut-être un moyen pour tenter de me réduire. Ce sera de me priver pendant quelque temps des jouissances de sa richesse. Oh! alors, avec quel bonheur je travaillerai pour mériter la main de Gilberte, pour arriver jusqu'à elle, digne de l'estime qu'on n'accorde point aux oisifs, et que méritent ceux qui ont passé comme vous, monsieur Antoine, par d'honorables épreuves? Mon père se laissera fléchir un jour, je n'en doute pas; je puis en faire le serment devant Dieu et devant vous, parce que je sens en moi toutes les forces d'un amour invincible. Et quand il aura constaté la puissance d'une passion comme la mienne, lui qui est souverainement sage et intelligent, lui qui m'aime plus que tout au monde, et certes plus que l'ambition et la fortune, il ouvrira, sans arrière-pensée, ses bras et son cœur à ma fiancée. Car je connais assez mon père pour savoir que lorsqu'il cède à l'empire de la destinée, c'est sans retour vers le passé, sans mesquine rancune, sans lâche regret. Croyez donc, ô mes amis, en mon amour, et comptez comme moi sur l'aide de Dieu. Il n'y a rien d'humiliant pour vous dans les préjugés que j'aurais à combattre, et la tendresse de ma mère, qui ne vit que pour moi et par moi, dédommagera Gilberte en secret des passagères préventions de mon père. Oh ! ne doutez pas, ne doutez pas, je vous en supplie ! La foi peut tout, et, si vous m'aidez dans cette lutte, je serai encore le plus heureux mortel qui ait combattu pour la plus sainte de toutes les causes, pour un noble amour, et pour une femme digne du dévouement de toute ma vie !

— Allons, ta, ta, ta ! dit Janille éperdue ; le voilà qui parle comme un livre et qui va essayer, à présent, de monter la tête de ma fille ! Voulez-vous bien vous taire, langue dorée ! on ne veut point vous écouter et on ne vous croira point. Je vous le défends, monsieur Antoine ! Vous ne savez pas tous les malheurs que cela peut attirer sur vous, et le moindre serait d'empêcher Gilberte de faire un mariage possible et raisonnable. »

Le pauvre Antoine ne savait plus à qui entendre. Lorsque Émile parlait, il s'exaltait au souvenir de ses jeunes années, et se souvenait d'avoir aimé ; rien ne lui paraissait plus saint et plus noble que de défendre la cause de l'amour, et d'encourager une si belle entreprise. Mais, lorsque Janille venait jeter de l'eau sur le feu, il reconnaissait la sagesse et la prudence de son mentor, et tantôt il parlait avec elle contre Émile, tantôt avec Émile contre elle.

« En voilà assez, dit enfin Janille, toute fâchée de ne voir aucun terme à ces irrésolutions ; et tout cela ne devait pas être dit devant ma fille. Qu'en résulterait-il, si c'était une tête faible ou légère ? Heureusement elle ne mord point à vos contes, et, comme elle fait fort peu de cas de vos écus, elle aura bien trop de dignité pour attendre que vous soyez le maître de disposer de votre cœur. Elle disposera du sien comme elle l'entendra, et, tout en vous gardant son estime et son amitié, elle vous priera de ne point la compromettre par vos visites. Allons, Gilberte, un mot de raison et de courage, pour faire finir toutes ces folles histoires ! »

Jusque-là Gilberte n'avait rien dit. Émue et pensive, elle regardait, tantôt son père, tantôt Janille, et plus souvent Emile, dont l'ardeur et la conviction exaltaient son âme. Elle se leva tout à coup, et s'agenouillant devant son père et sa gouvernante, dont elle baisa les mains avec effusion : « Il est trop tard pour me demander une froide prudence et me rappeler aux calculs de l'égoïsme, dit-elle : j'aime Émile, je l'aime autant qu'il m'aime, et, avant de songer que je pusse jamais lui appartenir, j'avais juré dans mon cœur de n'être jamais à aucun autre. Recevez ma confession, ô mon père et ma mère devant Dieu! Depuis deux mois je dissimule avec vous, et, depuis deux semaines, je vous cache un secret qui me pèse et qui sera le dernier de ma vie comme il est le premier. J'ai donné mon cœur à Émile, je lui ai juré d'être sa femme le jour où mes parents et les siens y consentiraient. Jusque-là j'ai juré de l'aimer avec courage et calme, je le lui jure encore, et je prends Dieu et vous à témoin de mon serment. J'ai juré encore, et je jure toujours, que si la volonté de son père est inflexible, nous nous aimerons comme frère et sœur, sans qu'il me soit possible d'en aimer jamais un autre, et sans que je me porte à aucun acte de folie et de désespoir. Ayez confiance en moi. Voyez, je suis forte et je me trouve plus heureuse que jamais, depuis que j'ai mis Émile entre vous deux, et avec vous deux, dans mon cœur. Ne craignez de moi ni plainte, ni tristesse, ni langueur, ni maladie. Je serai dans dix ans telle que vous me voyez aujourd'hui, trouvant dans votre amour des consolations toutes puissantes, et, dans le mien, un courage à toute épreuve.

— Merci de Dieu! s'écria Janille désespérée, nous voilà tous maudits. Il ne manquait plus que cela! Voilà ma fille qui l'aime et qui le lui a dit, et qui le lui dit encore devant nous! Ah! malheur! malheur sur nous, le jour où ce jeune homme est entré dans notre maison!... »

Antoine, accablé, ne sut que fondre en larmes, pressant sa fille contre son sein. Mais Émile, ranimé par la vaillance de Gilberte, sut dire tant de choses, qu'il réussit à s'emparer de cette âme incapable de se défendre. Janille elle-même fut ébranlée, et on finit par adopter le plan que les deux amants avaient conçu eux-mêmes, à Crozant, à savoir, d'attendre, ce qui ne résolvait pas grand'chose, au gré de Janille; et de ne se pas voir trop souvent, ce qui la rassurait du moins un peu sur les dangers de la situation extérieure.

On quitta le verger, et quelques moments après, Galuchet en sortit aussi, mais furtivement, et, sans avoir été vu, il s'enfonça dans les haies pour gagner à couvert la route de Gargilesse.

Émile resta à dîner, car ni Antoine ni Janille n'eurent le courage de lui faire abréger une visite qui ne devait plus se renouveler avant la semaine suivante.

Le cœur affectueux et naïf du bon campagnard ne savait pas résister aux caresses et aux tendres discours de ses deux enfants, et, lorsque Janille avait le dos tourné, il se laissait aller à partager leurs espérances et à bénir leur amour. Janille essayait de leur tenir rigueur, et sa tristesse était réelle et profonde; mais il n'y a pas de plan de séduction mieux organisé que celui de deux amants qui veulent gagner un ami à leur cause. Ils étaient si bons tous deux, si dévoués, si tendres, si ingénieux dans leurs douces flatteries, et si beaux surtout, l'œil et le front éclairés du rayon de l'enthousiasme, qu'un tigre n'y eût pas résisté. Janille pleurait de dépit d'abord, puis de chagrin, et puis de tendresse; et quand le soir vint, et qu'on alla s'asseoir au bord de la rivière, sous le doux regard de la lune, ces quatre personnes, unies par une invincible affection, ne formèrent plus qu'un groupe de bras entrelacés et de cœurs battant à l'unisson.

Gilberte surtout était radieuse, son cœur était plus léger et plus pur que le parfum des plantes qui s'exhale au lever des étoiles et remonte vers elles. Quelque enivré que fût Émile, il ne pouvait oublier entièrement la difficulté des devoirs qu'il avait à remplir pour concilier la religion de son amour avec la piété filiale. Mais Gilberte croyait qu'on pouvait toujours attendre, et que, pourvu qu'elle aimât, le miracle se ferait de lui-même, sans que personne fût forcé d'agir. Lorsque Émile, après avoir osé baiser sa main, sous les yeux de ses parents, se fut éloigné, Janille lui dit en soupirant :

« Eh bien, à présent, tu vas être triste pendant huit jours ! je te verrai les yeux rouges comme je te les voyais souvent avant ce maudit voyage de Crozant ! Il n'y aura plus ni paix, ni bonheur ici !

— Si tu me vois triste, ma mère chérie, répondit Gilberte, je te permets de l'empêcher de revenir; et si j'ai les yeux rouges, je me les arracherai pour ne plus le voir. Mais que diras-tu, si je suis plus gaie et plus heureuse que jamais? Est-ce que tu ne sens pas comme mon cœur est calme? Tiens, mets-y ta main, pendant qu'on entend encore les pas de ce cheval qui s'éloigne ! Est-ce que je suis agitée? Allume la lampe et regarde-moi bien. Est-ce toujours ta Gilberte, ta fille, qui ne respire que pour toi et son père, et qui ne peut s'ennuyer une minute avec eux? Ah ! quand j'ai souffert, quand j'ai pleuré, c'est que j'avais un secret pour vous, et que j'étouffais de ne pouvoir vous le dire. A présent que je peux parler et penser tout haut, je respire et ne sens plus que la joie d'exister pour vous et avec vous. Et n'as-tu pas vu ce soir, comme nous étions tous heureux de pouvoir nous aimer tous, sans crainte et sans honte? Crois-tu donc qu'il en sera jamais autrement, et que nous serions heureux ensemble, Émile et moi, si vous n'étiez pas toujours et à toute heure entre nous deux ?

— Hélas ! pensa Janille en soupirant, nous ne sommes encore qu'au premier jour de ce bel arrangement-là ! »

XXVI.

LE PIÈGE.

Émile résolut de ne pas tarder davantage à entretenir son père sérieusement, et à lui faire non pas un aveu formel et trop précipité de son amour, mais une sorte de discours préliminaire pour amener des explications de plus en plus décisives. Mais le charpentier lui avait donné rendez-vous pour le lendemain matin, et il pensa, avec raison, que si cet homme lui prouvait ce qu'il avait avancé, il aurait là une excellente occasion d'entrer en matière, et de démontrer à M. Cardonnet l'incertitude et la vanité des projets de fortune.

Ce n'est pas qu'Émile ajoutât une foi aveugle à la compétence de Jean Jappeloup en pareille matière; mais il savait que certains aperçus de logique naturelle peuvent aider puissamment l'investigation scientifique, et il partit avant le jour, pour rejoindre son compagnon à un certain point où ils étaient convenus de se retrouver. Il avait prévenu, dès la veille, M. Cardonnet du projet qu'il avait formé d'aller examiner le cours d'eau de l'usine, sans lui dire toutefois quel guide il avait choisi.

Cette excursion fut pénible, mais intéressante, et, à

son retour, Émile demanda à son père un entretien particulier. Il lui trouva un certain air de calme triomphant qui ne lui parut pas de très-bon augure. Néanmoins, comme il croyait de son devoir de l'avertir de ce qu'il avait constaté, il entra en matière sans hésitation.

« Mon père, lui dit-il, vous m'exhortez à épouser vos projets et à m'y plonger tout entier avec la même ardeur que vous-même. J'ai fait mon possible, depuis quelque temps, pour mettre à votre service toute l'application dont mon cerveau est capable ; je dois donc à la confiance que vous m'avez accordée de vous dire que nous bâtissons sur le sable, et qu'au lieu de doubler votre fortune, vous l'engloutissez rapidement dans un abîme sans fond.

— Que veux-tu dire, Émile ? répondit M. Cardonnet en souriant ; voilà un début bien effrayant, et je croyais que la science t'aurait conduit au même résultat que donne la pratique, à savoir que rien n'est impossible à la volonté éclairée. Il semble que tu aies dégagé de tes méditations la solution contraire. Voyons ! tu as fait une longue course, et sans doute un profond examen ? Moi aussi, j'ai exploré, l'an passé, le torrent qu'il s'agit de réduire, et j'ai la certitude d'en venir à bout ; qu'en dis-tu, toi, enfant ?

— Je dis, mon père, que vous échouerez, car il y faudrait consacrer des dépenses qu'un particulier ne saurait faire, et qui ne seraient d'ailleurs pas couvertes par un bénéfice relatif. »

Ici Émile entra, avec beaucoup de lucidité, dans des explications dont nous ferons grâce au lecteur ; mais qui tendaient à établir que le cours de la Gargilesse présentait des obstacles naturels impossibles à détruire sans une mise de fonds dix fois plus considérable que celle prévue par M. Cardonnet. Il eût fallu se rendre propriétaire de certaines parties du bassin de la rivière, afin de détourner ici son cours; là, de l'élargir; plus loin, de faire sauter des portions de montagne qui empêchaient son écoulement régulier; enfin, si l'on ne pouvait vaincre l'accumulation et l'éruption soudaine et violente des eaux dans les réservoirs supérieurs, il fallait créer autour de l'usine des digues cent fois plus considérables que celles déjà tentées, lesquelles digues feraient alors refluer l'eau au point de ruiner les terres environnantes; et pour cela il eût fallu acheter la moitié de la commune, ou disposer d'un pouvoir inique, impossible à conquérir en France. Déjà les travaux exécutés par M. Cardonnet portaient un grave préjudice aux meuniers d'alentour. L'eau, arrêtée pour son usage, faisait, suivant l'expression du pays, *patouiller* leurs moulins, en produisant contre leurs roues un mouvement contraire, qui en paralysait la rotation à certaines heures. Ce n'était pas sans les dédommager d'une autre façon, et à grands frais, qu'il avait réussi à apaiser ces petits usiniers, en attendant qu'il les ruinât ou qu'il se ruinât lui-même; car les dédommagements offerts ne pouvaient être que temporaires, et devaient cesser avec l'accomplissement de ses travaux. Il avait acheté trèscher, à l'un son travail de six mois comme carrier, à d'autres l'usage de tous leurs chevaux mis en réquisition pour ses transports. Il en avait bercé bon nombre de promesses illusoires, et ces gens simples, éblouis par un bénéfice passager, avaient fermé les yeux sur l'avenir, comme il arrive toujours à ceux dont le présent est difficile.

Émile passa rapidement sur ces détails, qui étaient de nature à irriter M. Cardonnet plus qu'à le convaincre, et il s'attacha à l'effrayer, d'autant plus qu'il avait la persuasion et la certitude de ne rien exagérer sous ce rapport.

M. Cardonnet l'écouta jusqu'au bout avec beaucoup d'attention, et quand ce fut fini, il lui dit, en lui passant la main sur la tête d'une manière toute paternelle et caressante, mais avec un sourire de puissance calme :

« Je suis très-content de toi, Émile, je vois que tu t'occupes, que tu travailles sérieusement, et que tu n'as pas perdu cette fois ton temps à courir de châteaux en châteaux. Tu viens de parler très-clairement et comme un jeune avocat consciencieux qui a bien étudié sa cause. Je te remercie de la bonne direction que prennent tes idées; et sais-tu ce qui me fait le plus de plaisir? c'est que tu t'attaches à ton œuvre comme je l'avais auguré du bienfait de l'étude. Voilà que tu te passionnes déjà pour le succès, que tu en ressens les émotions puissantes, que tu passes par les crises inévitables de terreur, de doute, et même de découragement momentané, qui accompagnent, dans le génie de l'industriel, l'éclosion de tout projet important. Oui, Émile, voilà ce que j'appelle concevoir et enfanter. Ce mystère de la volonté ne s'accomplit pas sans douleur; il en est du cerveau de l'homme comme du sein de la femme.

« Mais tranquillise-toi maintenant, mon ami! Le danger que tu as cru découvrir n'existe que dans une appréciation superficielle des choses, et ce n'est pas dans une simple promenade que tu as pu en saisir l'ensemble. J'ai passé huit jours, moi, à explorer ce torrent avant de lui poser la première pierre sur le flanc, et j'ai pris conseil d'un homme plus expérimenté que toi. Tiens, voici le plan des localités, avec les niveaux, les mesures et le cubage. Étudions cela ensemble. »

Émile examina attentivement ce travail, et y reconnut plusieurs erreurs de fait. On avait jugé impossible que l'eau arrivât à certaines élévations dans les temps extraordinaires, et que certains obstacles pussent l'enchaîner au delà d'un certain nombre d'heures. On avait travaillé sur des éventualités, et l'expérience la plus vulgaire, l'assertion du moindre témoin des faits antérieurs, eussent suffi pour démentir la théorie, si on eût voulu en tenir compte. Mais c'est ce que l'orgueil et la méfiance de son caractère n'avaient pas permis à Cardonnet d'admettre. Il s'était mis, les yeux fermés, à la merci des éléments, comme Napoléon dans la campagne de Russie, et, dans son entêtement superbe, il eût fait volontiers, comme Xercès, battre de verges Neptune rebelle. Son conseil, quoique fort capable, n'avait songé qu'à lui complaire en flattant son ambition, ou s'était laissé dominer et influencer par cette volonté ardente.

« Mon père, dit Émile, il ne s'agit pas là seulement de calculs hydrographiques, et permettez-moi de vous dire que votre foi absolue aux travaux de spécialité vous a égaré. Vous m'avez raillé, lorsqu'au début de mes études générales, je vous ai dit que toutes les connaissances humaines m'apparaissaient comme solidaires les unes des autres, et qu'il fallait être à peu près universel pour être infaillible sur un point donné ; en un mot, que le détail ne pouvait se passer de la synthèse, et qu'avant de connaître la mécanique d'une montre, il était bon de connaître celle de la création. Vous avez ri, vous riez encore, et vous m'avez chassé des étoiles pour me renvoyer aux moulins. Eh bien ! si, avec un hydrographe, vous eussiez pris pour conseil un géologue, un botaniste et un physicien, ils vous eussent démontré ce qu'après une première vue je crois pouvoir affirmer, sauf vérification d'hommes plus compétents que moi. C'est que, moyennant la direction du col de montagne où s'engouffre votre torrent, moyennant la direction des vents qui s'y engouffrent avec lui, moyennant les plateaux d'où partent ses sources, et leur élévation relative, qui attire sur ces points culminants toutes les nuées, ou même qui voient s'y former tous les grains d'orage, des trombes d'eau continuelles doivent se précipiter dans ce ravin, et y balayer sans cesse les résistances inutiles; à moins, je vous l'ai dit, de travaux que vous ne pouvez entreprendre, parce qu'ils dépassent les ressources d'un capitaliste isolé. Voilà ce qu'au nom des lois atmosphériques le physicien vous eût dit : il eût constaté les effets incessants de la foudre sur les rochers qui l'attirent; le géologue eût constaté la nature des terrains, soit marneux, soit calcaires, soit granitiques, qui retiennent, absorbent ou laissent échapper tour à tour les eaux.

— Et le botaniste, dit en riant M. Cardonnet, tu l'oublies, celui-là?

— Celui-là, répondit Émile en souriant, aurait aperçu sur les flancs arides et abrupts où le géologue n'eût pu marquer sûrement le séjour extérieur des eaux, quelques brins d'herbe qui eussent éclairé ses confrères. « Cette petite plante, leur eût-il dit, n'a point poussé là toute seule; ce n'est point la région qu'elle aime, et vous voyez qu'elle y fait triste mine, en attendant que l'inondation qui l'y a apportée vienne la reprendre ou lui procurer la société de ses compagnes. »

— Bravo! Émile, rien n'est plus ingénieux.

— Et rien n'est plus certain, mon père.

— Et où as-tu pris tout cela? Es-tu donc à la fois hydrographe, mécanicien, astronome, géologue, physicien et botaniste?

— Non, mon père; vous m'avez forcé de saisir à peine, en courant, les éléments de ces sciences, qui n'en font qu'une au fond; mais il y a certaines natures privilégiées chez lesquelles l'observation et la logique remplacent le savoir.

— Tu n'es pas modeste!

— Je ne parle pas de moi, mon père, mais d'un paysan, d'un homme de génie qui ne sait pas lire, qui ne connaît pas le nom des fluides, des gaz, des minéraux ou des plantes ; mais qui apprécie les causes et les effets, dont l'œil perçant et la mémoire infaillible constatent les différences et saisissent les caractères ; d'un homme enfin qui, en parlant le langage d'un enfant, m'a montré toutes ces choses et me les a rendues évidentes.

— Et quel est, je t'en prie, ce génie inconnu que tu as trouvé dans ta promenade ?

— C'est un homme que vous n'aimez pas, mon père, que vous prenez pour un fou, et dont j'ose à peine vous dire le nom.

— Ah ! j'y suis ! c'est votre ami le charpentier Jappeloup, le vagabond de M. de Boisguilbault, le sorcier du village, celui qui guérit les entorses avec des paroles, et qui arrête l'incendie en faisant une croix sur une poutre avec sa hache. »

M. Cardonnet, qui, sans être persuadé, avait jusqu'alors écouté son fils avec intérêt, partit d'un rire méprisant, et ne se sentit plus disposé qu'à l'ironie et au dédain.

« Voilà, dit-il, comment les fous se rencontrent et s'entendent ! Vraiment, mon pauvre Émile, la nature t'a fait un triste présent en te donnant beaucoup d'esprit et d'imagination, car elle t'a refusé la cheville ouvrière, le sang-froid et le bon sens. Te voilà en pleine divagation, et parce qu'un paysan merveilleux s'est posé devant toi en personnage de roman, tu vas faire servir toutes tes petites connaissances et toutes tes facultés ingénieuses à vouloir confirmer ses décisions admirables ! Voilà que tu as mis toutes les sciences à l'œuvre, et que l'astronomie, la géologie, l'hydrographie, la physique, voire la pauvre petite botanique, qui ne s'attendait guère à cet honneur, viennent en masse signer le brevet d'infaillibilité décerné à maître Jappeloup. Fais des vers, Émile, fais des romans ! tu n'es pas bon à autre chose, j'en ai grand'peur.

— Ainsi, mon père, vous méprisez l'expérience et l'ob-

...servation, répondit Émile, contenant son dépit; ces bases vulgaires du travail de l'esprit, vous ne daignez pas même en tenir compte? et partant vous raillez la plupart des théories. Que croirai-je donc, après vous, si vous ne voulez me laisser consulter ni la théorie, ni la pratique?

— Émile, répondit M. Cardonnet, je respecte l'une et l'autre, au contraire, mais c'est à condition qu'elles habiteront des cerveaux bien sains; car leurs bienfaits se changent en poison ou en fumée dans les têtes folles. Par malheur, de prétendus savants sont de ce nombre, et c'est pour cela que j'aurais voulu te préserver de leurs chimères. Qu'y a-t-il de plus ridiculement crédule et de plus facile à tromper qu'un pédant à idées préconçues? Je me souviens d'un antiquaire qui vint ici l'an passé : il voulait trouver des pierres druidiques, et il en voyait partout. Pour le satisfaire, je lui montrai une vieille pierre que des paysans avaient creusée pour y piler le froment dont ils font leur bouillie, et je lui persuadai que c'était l'urne où les sacrificateurs gaulois faisaient couler le sang humain. Il voulait absolument l'emporter pour la mettre dans le musée du département. Il prenait tous les abreuvoirs de granit qui servent aux bestiaux pour des sarcophages antiques. Voilà comment les plus ridicules erreurs se propagent. Il n'a tenu qu'à moi qu'une bâche ou un pilon passassent pour des monuments précieux. Et pourtant ce monsieur avait passé cinquante ans de sa vie à lire et à méditer. Prends garde à toi, Émile; un jour peut venir où tu prendras des vessies pour des lanternes !

— J'ai fait mon devoir, dit Émile. Je devais vous engager à faire de nouvelles observations sur les lieux que je viens de parcourir, et il me semblait que l'expérience de vos récents désastres pouvait vous le conseiller. Mais puisque vous me répondez par des plaisanteries, je n'ai rien à ajouter.

— Voyons, Émile, dit M. Cardonnet après quelques instants de réflexion, quelle est la conclusion de tout ceci, et qu'y a-t-il au fond de tes belles prophéties? Je comprends fort bien que maître Jean Jappeloup, qui s'est posé en farouche ennemi de mon entreprise, et qui passe sa vie à déclamer contre *le père Cardonnet* (en ta présence même, et tu pourrais m'en donner des nouvelles), veuille te persuader de me faire quitter ce pays où il paraît que, par malheur, ma présence le gêne. Mais toi, mon savant et mon philosophe, où veux-tu me conduire? Quelle colonie voudrais-tu fonder? et dans quel désert de l'Amérique prétendrais-tu porter les bienfaits de ton socialisme et de mon industrie?

— On pourrait les porter moins loin, répondit Émile, et si l'on voulait sérieusement travailler à la civilisation des sauvages, vous en trouveriez sous votre main; mais je sais trop, mon père, que cela n'entre pas dans vos vues, pour revenir sur un sujet épuisé entre nous. Je me suis interdit toute contradiction à cet égard, et depuis que je suis ici, je ne pense pas m'être écarté un seul instant du respectueux silence que vous m'avez imposé.

— Allons, mon ami, ne le prends pas sur ce ton, car c'est ta réserve un peu sournoise qui me fâche précisément le plus. Laissons la discussion socialiste, je le veux bien; nous la reprendrons l'année prochaine, et peut-être aurons-nous fait tous les deux quelque progrès qui nous permettra de nous mieux entendre. Songeons au présent. Les vacances ne sont pas éternelles; que désirerais-tu faire après, pour t'instruire et t'occuper?

— Je n'aspire qu'à rester auprès de vous, mon père.

— Je le sais, dit M. Cardonnet avec un malicieux sourire; je sais que tu te plais beaucoup dans ce pays-ci; mais cela ne te mène à rien.

— Si cela me mène à cet état d'esprit où il faut que je sois pour m'entendre parfaitement avec mon père, je ne penserai pas que ce soit du temps perdu.

— C'est très-joliment dit, et tu es fort aimable; mais je ne crois pas que cela avance beaucoup nos affaires, à moins que tu ne veuilles te donner entièrement à mon entreprise. Voyons, veux-tu que nous mandions ici de meilleurs conseils, et que nous recommencions à examiner les localités?

— J'y consens de tout mon cœur, et je persiste à croire que c'est mon devoir de vous y engager.

— Fort bien, Émile, je vois que tu crains que je ne mange ta fortune, et cela ne me déplaît pas.

— Vous ne comprenez rien au sentiment que je porte à cet égard au fond de mon cœur, répondit Émile avec vivacité; et pourtant, ajouta-t-il en faisant un effort pour s'observer, je désire que vous l'interprétiez dans le sens qui vous agréera le plus.

— Tu es un grand diplomate, il faut en convenir; mais tu ne m'échapperas point. Allons, Émile, il faut se prononcer. Si, après l'examen répété et approfondi que nous projetons, la science et l'observation décident que maître Jappeloup et toi n'êtes point infaillibles, que l'usine peut s'achever et prospérer, que ma fortune et la tienne sont semées ici, et qu'elles y doivent germer et fructifier, veux-tu t'engager à embrasser mes plans corps et âme, à me seconder de toutes manières, des bras et du cerveau, du cœur et de la tête? Jure-moi que tu m'appartiens, que tu n'auras au monde d'autre pensée que celle de m'aider à t'enrichir; abandonne-m'en tous les moyens sans les discuter; et, en retour, je te jure, moi, que je donnerai à ton cœur et à tes sens toutes les satisfactions qui seront en mon pouvoir et que la moralité ne proscrira point. Je crois être clair?

— O mon père ! s'écria Émile en se levant avec impétuosité, avez-vous pesé les paroles que vous me dites ?

— Elles sont fort bien pesées, et je désire que tu pèses ta réponse.

— Je vous comprends à peine, dit Émile en retombant sur sa chaise. Un nuage de feu avait passé devant sa vue ; il se sentait défaillir.

« Émile, tu veux te marier? reprit M. Cardonnet avide de profiter de son émotion.

— Oui, mon père, oui, je le veux, répondit Émile en se courbant sur la table qui les séparait, et en étendant vers M. Cardonnet des mains suppliantes. Oh ! cette fois, ne jouez point avec moi, car vous me tueriez !

— Tu doutes de ma parole?

— Cela m'est impossible, si votre parole est sérieuse.

— C'est la plus sérieuse parole que j'aurai dite en ma vie, et tu vas en juger toi-même. Tu as un noble cœur et un esprit éminent, je le sais et j'en ai des preuves. Mais avec la même sincérité et la même certitude... je puis te dire que tu as une tête à la fois trop faible et trop vive, et que d'ici à vingt ans peut-être, peut-être toujours, Émile!... tu ne sauras pas te conduire. Tu seras sans cesse frappé de vertige, tu n'agiras jamais froidement, tu te passionneras pour ou contre les hommes et les choses, sans précaution et sans discernement, sans que la voix d'un nécessaire instinct de conservation te rappelle et t'avertisse au fond de ta conscience. Tu as une nature de poëte, et j'aurais beau vouloir me faire illusion à cet égard, tout me ramène à cette douloureuse certitude qu'il te faut un guide et un maître. Eh bien ! bénis Dieu, qui t'a donné pour maître et pour guide un père, ton meilleur ami. Je t'aime tel que tu es, bien que tu sois le contraire de ce que j'aurais désiré, si j'avais pu choisir mon fils. Je t'aime comme j'aimerais ma fille, si la nature ne s'était pas trompée de sexe : c'est te dire assez que je t'aime passionnément. Ne te plains donc pas de ton sort, et que mes reproches ne t'humilient jamais.

« Dans cette situation où nous sommes à l'égard l'un de l'autre, et qui, désormais, m'est bien avérée, je ferai à ton bonheur et à ton avenir d'immenses sacrifices ; je surmonterai mes répugnances, qui sont pourtant grandes, je le confesse, et je te laisserai épouser la fille illégitime d'un noble et d'une servante. Je satisferai, comme je te l'ai dit, ton cœur et tes sens ; mais c'est à la condition que ton esprit m'appartiendra entièrement, et que je disposerai de toi comme de moi-même.

— Est-il possible, ô mon Dieu ! dit Émile, à la fois ébloui et terrifié ; mais comment donc l'entendez-vous, mon père, et quel sens donnez-vous à cet abandon de moi-même ?

— Ne viens-je pas de te le dire ? Ne feins donc pas de ne pouvoir me comprendre. Tiens, Émile, je sais tout ton roman de Châteaubrun, et je pourrais te le raconter mot à mot, depuis ton arrivée, par un soir d'orage, jusqu'à Crozant, et depuis Crozant jusqu'à la conversation de samedi dans le verger de M. Antoine. Je connais maintenant les personnages aussi bien que toi-même, car j'ai voulu voir par mes propres yeux ; et hier, pendant que tu explorais les bords de la rivière, moi, sous prétexte d'insister sur la demande en mariage de Constant Galuchet, j'ai été à Châteaubrun, et j'ai causé longtemps avec mademoiselle Gilberte.

— Vous, mon père !...

— N'est-il pas tout simple que je veuille connaître celle que tu as choisie sans me consulter, et qui sera peut être un jour ma fille ?

— O mon père ! mon père !...

— Je l'ai trouvée charmante, belle, modeste, humble

et fière en même temps, s'exprimant bien, ne manquant ni de tenue, ni de bonnes manières, ni d'éducation, ni de raison surtout! Elle a refusé le prétendant que je lui offrais avec beaucoup de convenance. Oui, vraiment, de la douceur, de la modestie et de la dignité! J'ai été fort content d'elle! Ce qui m'a le plus frappé, c'est sa prudence, sa réserve, et l'empire qu'elle a sur elle-même; car je t'avoue bien que j'ai essayé de la piquer un peu, et même de l'offenser, pour voir le fond de son caractère. Le père était absent; mais la mère, cette drôle de petite vieille, dont tu aspires à devenir le gendre, était si fort irritée de mes réflexions sur son peu de fortune et sur la convenance parfaite d'un mariage avec Galuchet, qu'elle m'a traité du haut en bas; elle m'a appelé bourgeois; et comme je m'obstinais, exprès pour la pousser à bout, elle m'a dit, en mettant le poing sur la hanche, que sa fille était de trop bonne maison pour épouser le domestique d'un usinier; et que, quand même le fils de l'usinier se présenterait, on y regarderait encore à deux fois avant de se mésallier à ce point. Elle m'amusait beaucoup! Mais Gilberte réparait tout par son air calme et ferme. Je t'assure qu'elle tient à merveille le serment qu'elle t'a fait de patienter, d'attendre et de tout souffrir pour l'amour de toi.

— Oh! vous l'avez donc bien fait souffrir? s'écria Émile hors de lui.

— Oui, un peu, répondit tranquillement M. Cardonnet, et j'en suis bien aise. A présent, je sais qu'elle a du caractère, et je serais fort aise d'avoir une telle personne auprès de moi. Cela peut être très-utile dans un ménage, et rien n'est pis que d'avoir pour femme un être à la fois passif et têtu, qui ne sait que soupirer et se taire, comme... beaucoup que je connais. Cela me ferait plaisir, à moi, de me disputer quelquefois avec ma belle-fille, et de m'apercevoir tout à coup qu'elle voit juste, qu'elle veut fortement, et qu'elle est apte à te donner un bon conseil. Allons, Émile, ajouta l'industriel en tendant la main à son fils, tu vois que je ne suis ni aveugle, ni injuste, j'espère, et que je désire tirer bon parti de la situation où tu m'as placé.

— O mon Dieu! si vous consentez à mon bonheur, mon père, je fais avec vous un bail, et je deviens votre homme d'affaires, votre régisseur, votre ouvrier, pendant le nombre d'années où vous me jugerez incapable de me conduire moi-même. Je me soumettrai à toutes vos volontés, et je vous donnerai mon travail de tous les instants, sans jamais me plaindre, sans jamais résister à vos moindres désirs.

— Et sans me demander d'honoraires? ajouta en riant M. Cardonnet. Fi donc! Émile, ce n'est pas ainsi que je l'entends, et ce métier de domestique outragerait la nature. Non, non, il ne s'agit pas de me donner le change, et je ne suis pas homme à m'abuser sur le fond de tes intentions. Je ne suis pas encore assez ruiné pour n'avoir pas le moyen de payer un régisseur, et je crois que je ne pourrais pas en choisir un plus mauvais que toi pour traiter avec les ouvriers. Je veux que tu sois un autre moi-même, que tu m'aides au travail de l'élucubration, que tu t'instruises pour moi, que tu me donnes tes idées, sauf à moi à les combattre et à les modifier; qu'enfin tu cherches et inventes des moyens de fortune que j'exécuterai quand ils me conviendront. C'est ainsi que tes études continuelles et ton imagination féconde pourront me servir à décupler ta fortune. Mais pour cela, Émile, il ne s'agit pas de travailler avec indifférence et désintéressement, comme tu le fais depuis quinze jours. Je ne suis pas dupe de cette soumission temporaire, concertée avec Gilberte pour m'arracher mon consentement. Je veux la soumission de toute ta vie. Je veux que tu sois prêt à entreprendre des voyages (avec ta femme, si bon te semble !) pour examiner les progrès de l'industrie et surprendre, s'il le faut, les secrets de nos concurrents ; je veux que tu signes enfin, non sur du papier devant un notaire, mais sur ma tête et avec le sang de ton cœur, et devant Dieu, un contrat qui annihile tout ton passé de rêves et de chimères, et qui engage ta conviction, ta volonté, ta foi, ton avenir, ton dévouement, ta religion, à la réussite de mon œuvre.

— Et si je ne crois pas à votre œuvre ? dit Émile en pâlissant.

— Il faudra bien y croire ; ou, si elle est inexécutable, ce sera moi le premier qui n'y croirai plus. Mais ne pense pas m'échapper par ce détour. S'il nous faut lever d'ici notre tente, je la transporterai ailleurs, et ne m'arrêterai qu'à la mort. Là où je serai, et quelque chose que je fasse, il faut me suivre, me seconder et me sacrifier tous tes systèmes, tous tes songes...

— Quoi ! ma pensée elle-même, ma croyance à l'avenir ? s'écria Émile épouvanté. O mon père ! vous voulez me déshonorer à mes propres yeux !

— Tu recules ! Ah ! tu n'es pas même amoureux, mon pauvre Émile ! Mais brisons là. C'est assez d'émotions maintenant pour ta pauvre tête. Prends le temps de réfléchir. Je ne veux pas que tu me répondes avant que je t'interroge de nouveau. Consulte la force de ta passion, et va consulter ta maîtresse. Va à Châteaubrun, vas-y tous les jours, à toute heure ; tu n'y rencontreras plus Galuchet. Informe Gilberte et ses parents du résultat de cette conférence. Dis-leur tout. Dis-leur que je donne mon consentement pour vous unir dans un an, à condition que, dès aujourd'hui, tu me feras le serment que j'exige. Il faut que ta maîtresse sache cela exactement, je le veux ; et, si tu ne l'en informais pas, je m'en chargerais moi-même ; car je sais maintenant le chemin de Châteaubrun !

— J'entends, mon père, dit Émile profondément blessé et navré : vous voulez qu'elle me haïsse si je l'abandonne, ou me méprise si je l'obtiens au prix de mon abaissement et de mon apostasie. Je vous remercie de l'alternative où vous me placez, et j'admire le génie inventif de votre amour paternel.

— Pas un mot de plus, Émile, répondit froidement M. Cardonnet. Je vois que la folie du socialisme persiste, et que l'amour aura quelque peine à la vaincre. Je souhaite que Gilberte de Châteaubrun fasse ce miracle, afin que tu n'aies point à me reprocher de n'avoir pas consenti à ton bonheur. »

XXVII.

PEINES ET JOIES D'AMOUR.

Émile alla s'enfermer dans sa chambre et y passa deux heures en proie aux plus violentes agitations. La pensée de posséder Gilberte sans lutte, sans combat, sans passer par cette affreuse épreuve de briser le cœur de son père, qu'il avait jusque-là prévue avec effroi et douleur, le jetait dans une ivresse complète. Mais tout à coup l'idée de s'avilir à ses propres yeux par un serment impie, le plongeait dans un amer désespoir ; et, parmi ces alternatives de joie et de souffrance, il ne pouvait se résoudre à rien. Oserait-il aller se jeter aux pieds de Gilberte et lui tout avouer? Il comptait sur son courage et sur sa grandeur d'âme. Mais remplirait-il envers elle les devoirs de l'amour, si au lieu de lui cacher le terrible sacrifice qu'il pouvait lui faire en silence, il la mettait de moitié dans ses remords et ses angoisses? Ne lui avait-il pas dit cent fois à Crozant, que pour elle, et pour l'obtenir, il subirait tout et ne reculerait devant rien ? Mais il n'avait pas prévu alors que le génie infernal de son père invoquerait la force de son âme pour corrompre et perdre son âme, et il se voyait frappé d'un coup inattendu sous lequel il se trouvait éperdu et désarmé. Vingt fois il faillit retourner vers M. Cardonnet, pour lui demander au moins sa parole de ne point agir, et de cacher à la famille de Châteaubrun les intentions qu'il venait de dévoiler, jusqu'à ce que lui-même eût pris un parti. Mais une invincible fierté le retint. Après le mépris que son père lui avait témoigné, en le supposant assez faible pour apostasier de la sorte, irait-il lui montrer ses irrésolutions et lui livrer le fond de son cœur troublé par la passion ?

Mais quelle serait la victime la plus injustement frappée, de Gilberte ou de lui, si l'honneur l'emportait en lui sur l'amour ? Il était coupable par le fait envers elle, lui qui avait détruit son repos par une passion fatale, et qui l'avait entraînée à partager ses illusions. Qu'avait fait la pauvre Gilberte, cette douce et noble enfant, pour être arrachée au calme de sa pure existence, et immolée tout aussitôt à la loi d'un devoir austère ? N'était-il pas trop tard pour s'aviser de l'écueil contre lequel il l'avait poussée ? Ne fallait-il pas plutôt s'y briser lui-même pour la sauver, et sa conscience avait-elle le droit de reculer devant les derniers sacrifices, lorsqu'elle s'était irrévocablement engagée à Gilberte ?

Et puis, si Gilberte repoussait un sacrifice si énorme, Émile en serait-il moins déshonoré aux yeux de ses parents ? M. Antoine, qui aimait et pratiquait l'égalité par instinct, par besoin du cœur, et aussi par nécessité de position, comprendrait-il qu'Émile, à son âge, s'en fût fait une religion, et qu'une idée pût l'emporter en lui sur un sentiment, sur la foi jurée ? Et Janille ! que penserait-elle de la moindre hésitation de sa part, elle qui, dans son humble condition, nourrissait de si étranges préjugés aristocratiques, et profitait avec ses maîtres des priviléges de l'égalité, sans croire aucunement aux droits de l'égalité pour tous? Elle le tiendrait pour un misérable fou, ou plutôt elle penserait qu'il acceptait ce prétexte pour manquer à sa parole, et elle le bannirait de Châteaubrun avec colère. Qui sait si, avec le temps, elle ne travaillerait pas avec assez de succès l'esprit de Gilberte, pour que celle-ci partageât son mépris et son indignation?

Ne se sentant pas la force d'aller affronter une si dure épreuve, Émile essaya d'écrire à Gilberte. Il commença et déchira vingt lettres, et enfin, ne pouvant résoudre le problème de sa situation, il résolut d'aller ouvrir son cœur à son vieux ami, M. de Boisguilbault, et de lui demander conseil.

Pendant ce temps, M. Cardonnet, qui agissait dans toute la force et la liberté de ses cruelles inspirations, écrivait, lui aussi, à Gilberte une lettre ainsi conçue :

« Mademoiselle,

« Vous avez dû me trouver hier bien importun et bien peu galant. Je viens vous demander ma grâce et me confesser d'une petite feinte que vous me pardonnerez, j'en suis certain, quand vous connaîtrez mes intentions.

« Mon fils vous aime, je le sais, Mademoiselle, et je sais aussi que vous daignez approuver ses sentiments. J'en suis heureux et fier, à présent que je vous connais. Ne trouvez-vous pas légitime qu'avant de prendre une décision de la plus haute importance, j'aie voulu voir de mes propres yeux, et quelque peu éprouver le caractère de la personne qui dispose du cœur de mon fils et de l'avenir de ma famille?

« Je viens donc aujourd'hui, Mademoiselle, faire amende honorable à vos pieds, et vous dire que, quand on est aussi belle et aussi aimable que vous l'êtes, on peut se passer de bien des choses, et même de fortune, pour entrer dans une famille riche et honorable.

« Je vous demande, en conséquence, la permission de me présenter de nouveau chez vous, pour faire en règle à monsieur votre père la demande de votre main pour mon fils, aussitôt que mon fils m'y aura pleinement autorisé. Ce dernier mot demande une courte explication, et c'est dans cette lettre qu'elle doit trouver sa place.

« Je mets au bonheur de mon fils une seule condition, et cette condition ne tend qu'à rendre son bonheur plus complet, et à l'assurer indéfiniment. J'exige qu'il renonce à des excentricités d'opinion qui troubleraient notre bonne intelligence et qui compromettraient, dans l'avenir, sa fortune et sa considération. Je suis certain que vous avez trop de raison et d'esprit pour rien comprendre aux doctrines égalitaires et socialistes, à l'aide desquelles mon cher Émile compte bouleverser le monde avec ses jeunes amis, d'ici à peu de temps ; que les mots de solidarité humaine, de répartition égale des jouissances et des droits, et beaucoup d'autres termes techniques de la jeune école communiste, sont pour vous parfaitement inintelligibles. Je ne pense pas qu'Émile vous ait jamais ennuyée de ses déclamations philosophiques, et je concevrais difficilement qu'il eût obtenu, avec ce langage, le bonheur de vous plaire. Je ne doute donc point qu'il ne consente à s'en abstenir à tout jamais, et à en abjurer la folie. A ce prix, et pourvu qu'il s'engage avec moi par une parole libre, mais sacrée, je consentirai de toute mon âme à ratifier l'heureux choix qu'il a su faire d'une femme aussi parfaite que vous. Veuillez, Mademoiselle, exprimer à monsieur votre père tous mes regrets de ne l'avoir point rencontré, et lui faire part du contenu de la présente.

« Agréez les sentiments de haute estime et de sympathie toute paternelle avec lesquels je remets entre vos mains la cause de mon fils et la mienne.

« VICTOR CARDONNET. »

Tandis qu'un domestique galonné d'or et monté sur un beau cheval de main portait cette lettre à Châteaubrun, Émile, accablé de soucis, se dirigeait à pied vers le parc de Boisguilbault.

« Eh bien, dit le marquis en lui serrant la main avec force, je ne vous attendais plus que dimanche prochain ; je pensais que vous m'aviez oublié hier, et voici une douce surprise ! Je vous en remercie, Émile. Le temps est bien long, depuis que vous travaillez si assidûment pour votre père. Je ne puis qu'approuver cette soumission, bien que je me demande avec un peu d'effroi si elle ne vous mènera pas avec lui et ses principes plus loin que vous ne croyez... Mais qu'avez-vous, Émile, vous êtes pâle, oppressé ? Seriez-vous tombé de cheval ?

— Je suis venu à pied ; mais je suis tombé de plus haut, répondit Émile, et je crois que je viens mourir ici. Écoutez-moi, mon ami ; je viens vous demander la force du trépas ou le secret de la vie. Un bonheur insensé, un malheur épouvantable, sont aux prises dans mon pauvre cœur, dans ma tête brisée. Je porte en moi, depuis que je vous connais, un secret que je n'osais pas, que je ne pouvais pas vous dire, mais que je ne puis contenir aujourd'hui. J'ignore si vous le comprendrez ; j'ignore s'il y a en vous un point sympathique avec ma souffrance ; mais je sais que vous m'aimez, que vous êtes sage, éclairé, que vous adorez la justice. Il est impossible que vous ne me donniez pas un conseil salutaire. »

Et le jeune homme confia au vieillard toute son histoire,

mais en s'abstenant avec soin de lui nommer aucune personne, aucun lieu, aucune époque récente qui pût lui faire pressentir qu'il s'agissait de Gilberte et de sa famille. Il eût craint l'effet de ses préventions personnelles, et, voulant que rien ne pût influencer le jugement du marquis, il s'expliqua de manière à lui laisser croire que l'objet de son amour pouvait lui être complétement étranger, et résider soit à Poitiers, soit à Paris. Cette réserve de ne point prononcer le nom de sa maîtresse ne devait que paraître très-convenable à M. de Boisguilbault.

Lorsque Émile eut fini, il fut fort surpris de ne pas trouver son austère confident armé du courage stoïque qu'il avait à la fois prévu et redouté de sa part. Le marquis soupira, baissa la tête; puis la relevant vers le ciel : « La vérité, dit-il, est éternelle ! » Mais aussitôt après, il la laissa retomber sur son sein, en disant : « Et pourtant je sais ce que c'est que l'amour.

— Vous, mon ami? dit Émile, vous me comprenez donc, et je puis compter que vous me sauverez?

— Non, Émile; il m'est impossible de vous préserver d'un calice d'amertume. Quelque parti que vous preniez, il faut le boire jusqu'à la lie, et il ne s'agit que de savoir de quel côté est l'honneur, car, quant au bonheur, n'y comptez plus, il est à jamais perdu pour vous. »

— Ah! je le sens déjà, répondit Émile, et d'un jour de soleil et d'ivresse je passe dans les ténèbres de la mort. Savez-vous un mal profond et irréparable que je trouve au fond de tout, quelque sacrifice que je résolve? c'est que mon cœur est devenu de glace pour mon père, et que, depuis quelques heures, il me semble que je ne l'aime plus, que je ne crains plus de l'affliger, qu'il n'y a plus pour lui, en moi, ni estime, ni respect. O mon Dieu, préservez-moi de cette souffrance au-dessus de mes forces ! Jusqu'ici, vous le savez, malgré tout le mal qu'il m'a fait et l'effroi qu'il m'a causé, je le chérissais encore, et je réunissais toutes les forces de mon âme pour croire en lui. Je me sentais toujours fils et ami jusqu'au fond de mes entrailles, et aujourd'hui il me semble que le lien du sang s'est à jamais brisé, et que je lutte contre un maître étranger, qui m'opprime... qui pèse sur mon âme comme un ennemi, comme un spectre! Ah! je me rappelle un rêve que j'ai fait, la première nuit que j'ai passée dans ce pays-ci. Je voyais mon père se placer sur moi pour m'étouffer!... C'était horrible, et maintenant cette odieuse vision se réalise; mon père a mis ses genoux, ses coudes, ses pieds sur mon sein; il veut en arracher la conscience ou le cœur. Il fouille dans mes entrailles pour savoir quel endroit faible lui cédera. Oh! c'est une invention diabolique et un dessein parricide qui l'égare. Est-il possible que l'amour de l'or et le culte du succès inspirent de pareilles idées à un père contre son enfant? Si vous aviez vu avec quel sourire de triomphe il m'étalait l'inspiration subite de son étrange générosité! ce n'était pas un protecteur et un conseil; c'était un ennemi qui a tendu un piége, et qui saisit sa proie avec un rire perfide! « Choisis, semblait-il me dire, et si tu en meurs, qu'importe? j'aurai vaincu. » O mon Dieu, c'est affreux, affreux! de condamner et de haïr son père! »

Et le pauvre Émile, brisé de douleur, pencha son visage sur l'herbe où il était couché, et l'arrosa de larmes brûlantes.

« Émile, dit M. de Boisguilbault, vous ne pouvez ni haïr votre père, ni trahir votre maîtresse. Voyons, tenez-vous beaucoup à la vérité? pouvez-vous mentir? »

Le marquis avait touché juste. Émile se releva avec force.

« Non, Monsieur, non, dit-il, vous le savez bien, je ne puis mentir. Et à quoi sert le mensonge aux lâches? Quel bonheur, quel repos peut-il leur assurer? Quand j'aurai juré à mon père que je change de religion, que je crois à l'ignorance, à l'erreur, à l'injustice, à la folie, que je hais Dieu dans l'humanité, et que je méprise l'humanité en moi-même, se fera-t-il en moi quelque monstrueux prodige? serai-je convaincu? me sentirai-je tout à coup transformé en paisible et superbe égoïste?...

— Peut-être, Émile! ce n'est que le premier pas qui coûte dans le mal, et quiconque a trompé les hommes arrive à pouvoir se tromper lui-même. Cela s'est vu assez souvent pour être croyable!

— En ce cas, arrière le mensonge! car je me sens homme et ne puis me transformer en brute de mon plein gré. Mon père, avec toute son habileté et toute sa force, est un aveugle en ceci. Il croit à ce qu'il veut me faire croire, et si on l'engageait à prendre ma croyance pour la sienne, il ne le pourrait pas. Aucun intérêt, aucune passion ne le contraindrait à le faire, et il s'imagine qu'il ne me mépriserait pas, le jour où je me serais avili au point de commettre une lâcheté dont il se sait incapable? A-t-il donc besoin de me mépriser et de me détruire pour se confirmer dans ses principes inhumains?

— Ne l'accusez pas de tant de perversité : il est l'homme de son temps, que dis-je? il est l'homme de tous les temps. Le fanatisme ne raisonne pas, et votre père est un fanatique; il brûle et torture encore l'hérésie, croyant faire honneur à la vérité. Le prêtre qui vient nous dire à notre dernière heure : « Crois, ou tu seras damné, » est-il beaucoup plus sage ou plus humain? L'homme puissant qui dit au pauvre fonctionnaire ou à l'artiste malheureux : « Sers-moi et je t'enrichis, » ne croit-il pas lui faire une grâce et lui octroyer un bienfait?

— Mais c'est la corruption! s'écria Émile.

— Eh bien! reprit le marquis, par quoi donc le monde est-il gouverné aujourd'hui? Sur quoi donc repose l'édifice social? Il faut être bien fort, Émile, pour protester contre elle ; car alors il faut se résoudre à être sacrifié.

— Ah ! si j'étais seul victime de mon sacrifice, dit le jeune homme avec douleur ; mais *elle !* la pauvre et sainte créature ! il faudra donc qu'elle soit sacrifiée aussi !

— Dites-moi, Émile, si elle vous conseillait de mentir, l'aimeriez-vous encore ?

— Je n'en sais rien ! je crois que oui ! Puis-je prévoir un cas où je ne l'aimerais plus, puisque je l'aime ?

— Vous aimez, je le vois ! Hélas ! moi aussi, j'ai aimé !

— Oh ! dites-moi, eussiez-vous sacrifié l'honneur ?

— Peut-être, si on m'eût aimé !

— Oh ! faibles humains que nous sommes ! s'écria Émile. Eh quoi ! ne trouverai-je pas un appui, un guide, un secours dans ma détresse ? Personne ne me donnera-t-il la force ? La force, mon Dieu ! je te la demande à genoux ; et jamais je n'ai prié avec plus de foi et d'ardeur : je te demande la force ! »

Le marquis s'approcha d'Émile et le pressa contre son cœur. Des larmes coulaient sur ses joues ; mais il garda le silence, et ne l'aida point.

Émile pleura longtemps dans son sein et sentit qu'il aimait cet homme, que chaque épreuve lui révélait plus sensible que réellement fort. Il l'en aimait davantage, mais il souffrait de ne point trouver en lui le conseil énergique et puissant sur lequel il avait compté dans sa faiblesse. Il le quitta à l'entrée de la nuit, et le marquis se borna à lui dire : « Revenez demain, il faut que je sache ce que vous avez décidé. Je ne dormirai pas que je ne vous aie vu plus calme. »

Émile prit le plus long pour revenir à Gargilesse ; il fit un détour qui lui permit de passer à peu de distance de Châteaubrun par des sentiers couverts qui le dérobaient aux regards, et quand il vit les ruines d'assez près, il s'arrêta éperdu, songeant à ce que devait souffrir Gilberte depuis la cruelle visite de son père, et n'osant lui porter de meilleures nouvelles, dans la crainte de perdre tout courage et toute vertu.

Il était là depuis quelques instants, sans pouvoir se décider à rien, lorsqu'il s'entendit appeler à voix basse, avec un accent qui le fit tressaillir ; et jetant les yeux sur un petit bois de chênes qui bordait le chemin à sa droite, il vit dans l'ombre un pan de robe qui glissait derrière les arbres. Il s'élança de ce côté, et, lorsqu'il se fut assez engagé dans le bois pour n'avoir à craindre aucun témoin, Gilberte se retourna et l'appela encore.

« Venez, Émile, lui dit-elle lorsqu'il fut à ses côtés. Nous n'avons pas un instant à perdre... Mon père est dans la prairie, tout près d'ici. Je vous ai aperçu et reconnu au moment où vous descendiez dans ce chemin, et je me suis éloignée sans rien dire, pendant qu'il cause avec les faucheurs. J'ai une lettre à vous montrer, une lettre de M. Cardonnet ; mais la nuit ne nous permet pas de la lire, et je vais vous la dire à peu près mot à mot. Je la sais par cœur. »

Et quand Gilberte eut en quelque sorte récité cette lettre :

« Maintenant, dit-elle, expliquez-moi ce que cela signifie.... Je crois le comprendre ; mais j'ai besoin de le savoir de vous.

— O Gilberte ! s'écria Émile, je n'ai pas eu le courage d'aller vous le dire ; mais c'est la volonté de Dieu qui fait que je vous rencontre, et que mon sort va être décidé par vous. Dites-moi, ô ma Gilberte ! ô mon premier et dernier amour ! savez-vous pourquoi je vous aime ?

— C'est apparemment, répondit Gilberte en lui abandonnant sa main qu'il pressa contre ses lèvres, parce que vous avez deviné en moi un cœur fait pour vous aider.

— Eh bien, ma seule amie, mon seul bien en ce monde,

pouvez-vous me dire pourquoi votre cœur s'est donné à moi?

— Oui, je puis vous le dire, mon ami; c'est parce que vous m'avez paru, dès le premier jour, noble, généreux, simple, humain, bon en un mot, ce qui pour moi est la plus grande qualité qu'il y ait au monde.

— Mais il y a une bonté passive qui exclut en quelque sorte la noblesse et la générosité des sentiments, une douce faiblesse qui peut être un charme de caractère, mais qui, dans les occasions difficiles, transige avec le devoir et trahit les intérêts de l'humanité pour épargner la souffrance à quelques-uns et à soi-même?

— Je comprends cela, et je n'appelle pas bonté la faiblesse et la peur. Il n'y a pas de vraie bonté pour moi sans courage, sans dignité, sans dévouement surtout. Si je vous estime au point de vous dire sans méfiance et sans honte que je vous aime, Émile, c'est parce que je vous sais grand et de cœur et d'esprit; c'est parce que vous plaignez les malheureux et ne songez qu'à les secourir, parce que vous ne méprisez personne, parce vous souffrez des peines d'autrui, parce qu'enfin vous voudriez donner tout ce qui est à vous, jusqu'à votre sang, pour soulager les pauvres et les abandonnés. Voilà ce que j'ai compris de vous dès que vous avez parlé devant moi et avec moi : et voilà pourquoi je me suis dit : Ce cœur répond au mien; ces nobles pensées élèvent les miennes et me confirment dans tout ce que je pressentais; je vois dans cet esprit, qui me charme et me pénètre, une lumière que je suis forcée de suivre et qui me guide vers Dieu même. Voilà pourquoi, Émile, en me laissant aller à vous aimer, je ne sentais en moi ni effroi ni remords. Il me semblait accomplir un devoir; et je n'ai pas changé de sentiment en lisant les railleries que votre père vous adresse.

— Chère Gilberte, vous connaissez mon âme et ma pensée ; seulement votre adorable bonté, votre divine tendresse, m'ont fait un grand mérite de sentiments qui me paraissaient tellement naturels et imposés aux hommes par l'instinct que Dieu leur en a donné, que je rougirais de ne les point avoir. Eh bien, pourtant, ces sentiments qui doivent vous paraître tels à vous-même, puisque vous les portez en vous avec tant de candeur et de simplicité, beaucoup de personnes les repoussent et les raillent comme une dangereuse erreur. Il en est qui les haïssent et les méprisent parce qu'ils ne les ont pas... Il en est d'autres aussi qui, par une étrange anomalie, les ont jusqu'à un certain point, et n'en peuvent souffrir la déduction logique et les conséquences rigoureuses. Mon Dieu, je crains de ne pouvoir m'expliquer clairement !

— Oui, oui, je vous entends. Janille est bonne comme Dieu même, et, par ignorance ou préjugé, cette parfaite amie repousse mes idées d'égalité et veut me persuader que je puis aimer, plaindre et secourir les malheureux sans cesser de les croire d'une nature inférieure à la mienne.

— Eh bien, noble Gilberte, mon père a les mêmes préjugés que Janille, à un autre point de vue. Tandis qu'elle croit que la naissance devrait créer des droits à la puissance, il se persuade, lui, que l'habileté, la force et l'énergie en créent à la richesse, et que la richesse acquise a pour devoir de s'augmenter sans limites, à tout prix, et de poursuivre sa route dans l'avenir, sans jamais permettre aux faibles d'être heureux et libres.

— Mais c'est horrible ! s'écria Gilberte ingénument.

— C'est le préjugé, Gilberte, et l'empire terrible de la coutume. Je ne puis condamner mon père ; mais, dites-moi, lorsqu'il me demande de lui jurer que j'épouserai son erreur, que je partagerai sa passion ambitieuse et son intolérance superbe, dois-je lui obéir ? et si votre main est à ce prix, si j'hésite un instant, si une terreur profonde s'empare de moi, si je crains de devenir indigne de vous en reniant ma croyance à l'avenir de l'humanité, ne mérité-je point quelque pitié de vous, quelque encouragement ou quelque consolation?

— O mon Dieu, dit Gilberte en joignant les mains, vous ne comprenez pas ce qui nous arrive, Émile! votre père ne veut pas que nous soyons jamais unis, et sa conduite est pleine de ruse et d'habileté. Il sait bien que vous ne pouvez pas changer de cœur et de cerveau comme on change d'habit ou de cheval; et soyez certain qu'il vous mépriserait lui-même, qu'il serait au désespoir s'il obtenait ce qu'il vous demande! Non, non, il vous connaît trop, Émile, pour le croire, et il ne le craint guère; mais il arrive ainsi à ses fins. Il vous éloigne de moi, il essaie de nous brouiller ensemble, il se donne tous les droits et à vous tous les torts. Mais il n'y réussira pas, Émile; non, je vous le jure : votre résistance augmentera mon affection pour vous. Ah! oui, je comprends tout cela; mais je suis au-dessus d'une si pauvre embûche, et rien ne nous désunira jamais.

— O ma Gilberte, ô mon ange divin! s'écria Émile, dictez-moi ma conduite; je vous appartiens entièrement. Si vous l'ordonnez, je courberai la tête sous le joug; je commettrais toutes les iniquités, tous les crimes pour vous...

— J'espère que non! répondit Gilberte avec une douce fierté, car je ne vous aimerais plus si vous cessiez d'être vous-même, et je ne veux pas d'un époux que je ne pourrais pas respecter. Dites à votre père, Émile, que je ne vous accorderai jamais ma main à de telles conditions, et que, malgré tous les dédains qu'il me conserve au fond de son cœur, j'attendrai qu'il ait ouvert les yeux à la justice et son âme à des sentiments plus honorables pour nous deux. Je ne serai pas le prix d'une trahison.

— O noble fille! s'écria Émile en se jetant à ses genoux et en les embrassant avec ferveur; je vous adore comme mon Dieu et vous bénis comme ma providence! Mais je n'ai pas votre courage ; qu'allons-nous devenir?

— Hélas! dit Gilberte, nous allons cesser pendant quelque temps de nous voir. Il le faut; mon père et Janille étaient présents lorsque la lettre de votre père est arrivée. Mon pauvre père était ivre de joie et ne comprenait rien aux objections de la fin. Il vous a attendu toute la journée, et il vous attendra tous les jours, jusqu'à ce que je lui dise que vous ne devez pas venir, et alors j'espère que je pourrai justifier votre conduite et votre absence. Mais Janille ne vous pardonnera pas de longtemps; déjà elle s'étonne, s'inquiète et s'irrite de ce que vous tardez, et de ce que votre père semble attendre votre autorisation pour venir me demander en mariage. Si vous lui disiez maintenant ce que j'exige que vous fassiez, elle vous maudirait, et vous bannirait à jamais de ma présence.

— O mon Dieu! s'écria Émile, ne plus vous voir! non, c'est impossible!

— Eh bien! mon ami, qu'y aura-t-il donc de changé entre nous? Est-ce que vous cesserez de m'aimer, parce que, pendant quelques semaines, quelques mois peut-être, vous ne me verrez pas? est-ce que nous allons nous dire un adieu éternel? est-ce que vous ne croirez plus en moi? N'avions-nous pas prévu des obstacles, des souffrances, des époques de séparation?

— Non, non, dit Émile, je n'avais rien prévu, je ne pouvais pas croire que cela dût arriver! je n'y crois pas encore!...

— O mon cher Émile! ne manquez pas de force quand j'ai besoin de toute la mienne. Vous avez juré de vaincre la résistance de votre père, et vous la vaincrez. Voici déjà un de ses plus puissants efforts que nous venons de déjouer. Il était bien sûr d'avance que vous n'accepteriez pas le déshonneur, et il croit que vous vous rebuterez si facilement! Il ne vous connaît pas; vous persisterez à m'aimer, et à le lui dire, et à le lui prouver sans cesse. Voyez! le plus difficile est fait, puisqu'il sait tout, et que, au lieu de s'indigner et de s'affliger, il accepte le combat en riant, comme une partie de jeu où il se croit le plus fort. Ayez donc du courage; je n'en manquerai pas. N'oubliez pas que notre union est l'ouvrage de plusieurs années de persévérance et de religieux travail. Adieu, Émile, j'entends la voix de mon père qui se rapproche, je fuis. Restez ici, vous, pour ne reprendre votre route que quand nous serons bien loin.

— Ne plus vous voir! répétait Émile, ne plus vous entendre, et avoir du courage!

— Si vous en manquez, Émile, c'est que vous ne m'aimez pas autant que je vous aime; et que notre union ne vous promet pas assez de bonheur pour vous décider à combattre beaucoup et longtemps.

— Oh! j'aurai du courage! s'écria Émile, vaincu par l'énergie de cette noble fille. Je saurai souffrir et attendre. Vous verrez, Gilberte, si le bonheur que me promet l'avenir ne me fait pas tout supporter dans le présent. Mais quoi! ne pourrions-nous pas nous rencontrer quelquefois, par hasard, comme aujourd'hui, par exemple?

— Qui sait? dit Gilberte. Comptons sur la Providence.

— Mais on aide quelquefois la Providence! Ne peut-on trouver un moyen de s'entendre, de s'avertir?... en s'écrivant!...

— Oui, mais il faut tromper ceux qu'on aime!

— O Gilberte! que faire?

— J'y songerai, laissez-moi partir.

— Partir sans me rien promettre!

— Vous avez ma foi et mon âme, et ce n'est rien pour vous?

— Partez donc! dit Émile en faisant un violent effort pour désunir ses bras qui retenaient obstinément la taille souple de Gilberte; je suis encore heureux en vous laissant partir! Voyez si je vous aime, si je crois en vous et en moi-même!

— Croyez en Dieu, dit Gilberte; il nous protégera! »

Et elle disparut à travers les branches.

Émile resta longtemps à la place qu'elle venait de quitter; il baisa l'herbe que ses pieds avaient à peine foulée, l'arbre qu'elle avait effleuré de sa robe, et, longtemps couché dans ce taillis, témoin mystérieux de son dernier bonheur, il ne s'en arracha qu'avec peine. Gilberte courut après son père, qui avait repris le chemin des ruines et qui marchait vite devant elle. Tout à coup il se retourna, et, revenant sur ses pas : « Ah! ma pauvre enfant, je retournais te chercher, dit-il avec simplicité.

— C'est-à-dire, mon père, que vous m'aviez oubliée derrière vous, répondit Gilberte en s'efforçant de sourire.

— Non, non.... ne dis pas cela; Janille prétendrait que c'est une distraction! Je pensais à toi justement; cette lettre de M. Cardonnet me trotte toujours par la tête. Peut-être qu'Émile nous attend à la maison, qui sait? il n'aura pu venir plus tôt; son père l'aura retenu. Rentrons vite; je parie qu'il est là! »

Et le bonhomme doubla le pas avec confiance. Janille était d'une humeur massacrante; elle ne pouvait s'expliquer la lenteur d'Émile et concevait de graves inquiétudes. Gilberte essaya de les distraire, et pendant le souper elle se montra calme et presque gaie.

Mais à peine fut-elle seule dans sa chambre, qu'elle se jeta à genoux, la figure contre son lit, pour étouffer les sanglots qui brisaient sa poitrine.

XXVIII.

CONSOLATIONS.

Gilberte était résignée, quoique au désespoir. Émile était peut-être moins désolé, parce qu'au fond du cœur il n'était pas résigné encore. A chaque instant ses incertitudes revenaient, et, plus Gilberte s'était montrée grande et digne de son amour, plus cet amour lui faisait sentir son invincible puissance. Au moment de rentrer dans le village, il revint brusquement sur ses pas, voulant se persuader qu'il allait à Châteaubrun ; et, quand il eut marché quelques minutes, il s'assit sur un rocher, mit sa tête dans ses mains, et se sentit plus faible, plus amoureux, plus homme que jamais.

« Si M. de Boisguilbault l'avait vue et entendue, se disait-il, il comprendrait que je ne puis hésiter entre elle et moi, et qu'il faut l'obtenir, fût-ce au prix d'un mensonge ! Mon Dieu ! mon Dieu ! inspirez-moi. C'est vous qui m'avez envoyé cet amour, et si vous m'avez donné la force de le ressentir, vous ne voudriez pas me donner celle de le rompre.

— Eh bien, monsieur Émile ! que faites-vous là ? dit Jean Jappeloup, qu'il n'avait pas vu venir, et qui s'assit auprès de lui. Je vous cherchais, car je me suis habitué à causer avec vous le soir, et quand je ne vous vois pas après ma journée, ça me manque. Qu'est-ce qu'il y a ? voyons, est-ce que vous avez mal à la tête, que vous vous la tenez à deux mains, comme si vous aviez peur de la perdre ?

— Il ne serait plus temps, mon ami, répondit Émile ; ma pauvre tête est à jamais perdue.

— Vous êtes donc bien amoureux ? Allons ! à quand la noce ?

— Bientôt, Jean, quand nous voudrons! s'écria Émile, que cette idée jeta dans une sorte de délire. Mon père y consent, je l'épouse, oui, je l'épouse, entends-tu? car, sans cela il faut que je meure. N'est-ce pas, qu'il faut que je l'épouse?

— Diable! je le crois bien! comment hésiteriez-vous une minute? Ce n'est pas moi qui vous donnerais raison si vous la trompiez, et je crois bien, mon garçon, que je vous y forcerais, quand je devrais vous battre.

— Oui, n'est-ce pas, c'est mon devoir?

— Tiens! mais on dirait que vous en doutez? Vous avez l'air quasi égaré, en disant ça?

— Oui, je suis égaré, c'est vrai; mais n'importe : je connais maintenant mon devoir, et c'est toi qui me confirmes dans ma meilleure résolution. Allons ensemble à Châteaubrun!

— Vous y alliez donc? à la bonne heure; dépêchons-nous, car il se fait tard. Vous me conterez en chemin comment votre père a pu tout d'un coup se décider à être si sage, lui que je croyais fou!

— Mon père est fou, en effet, dit Émile en prenant le bras du charpentier, et en marchant près de lui avec agitation : tout à fait fou! car il consent, à condition que je lui ferai un mensonge dont il ne sera pas la dupe. Mais c'est pour lui un triomphe, un vrai plaisir que de m'amener à mentir!

— Ah ça, dit Jappeloup, vous n'avez pas bu? non! ça ne vous arrive jamais! et pourtant vous battez la campagne. On dit que l'amour grise comme le vin : il y paraît, car vous dites des choses qui n'ont ni rime, ni raison.

— Mon père, qui est fou, poursuivit Émile hors de lui, a voulu me rendre fou aussi, et il y réussit assez bien, tu vois! il veut que je lui dise que deux et deux font cinq, et même que j'en fasse serment devant lui. J'y consens, vois-tu! Que m'importe de flatter sa folie, pourvu que j'épouse Gilberte!

— Je n'aime pas tous ces discours-là, Émile, dit le charpentier, je n'y comprends rien et ça m'impatiente. Si vous êtes fou, je ne veux pas que Gilberte vous épouse. Tâchons de reprendre un peu nos esprits et arrêtons-nous là. Je n'ai pas envie de vous conduire à Châteaubrun, si vous voulez déraisonner de la sorte, mon fils!

— Jean, je me sens très-malade, dit Émile en s'asseyant de nouveau; j'ai le vertige. Tâche de me comprendre, de me calmer, de m'aider à me comprendre moi-même. Tu sais que je ne pense pas comme mon père; eh bien! mon père veut que je pense comme lui, voilà tout! Cela ne se peut pas; mais pourvu que je dise comme lui, qu'importe!

— Mais dire quoi? au nom du diable! s'écria Jean, qui avait, comme on sait, fort peu de patience.

— Oh! mille folies, répondit Émile, qui sentait un frisson glacé succéder par intervalles à une chaleur brûlante; par exemple, que c'est un grand bonheur pour les pauvres qu'il y ait des riches.

— C'est faux! dit Jean, haussant les épaules.

— Que plus il y aura de riches et de pauvres, mieux ira le monde.

— Je le nie.

— Que c'est une guerre que Dieu commande, et que les riches doivent marcher à cette guerre avec transport.

— Dieu le défend, au contraire!

— Enfin, qu'il faut que les gens d'esprit soient plus heureux que les pauvres d'esprit, parce que c'est l'ordre de la Providence!

— Il en a menti, mille tonnerres! s'écria Jean en

frappant le rocher de son bâton. Finissez donc de répéter toutes ces bêtises-là ; car je ne peux pas les entendre. Le bon Dieu a dit lui-même tout le contraire de ça, et il n'est venu sur la terre accommodé en charpentier que pour le prouver.

— Il s'agit bien de Dieu et de l'Évangile ! reprit Émile. Il s'agit de Gilberte et de moi. Je ne persuaderai jamais à mon père qu'il se trompe. Il faut que je dise comme lui, Jean ; et alors je serai libre d'épouser Gilberte ; il ira lui-même la demander demain pour moi à son père.

— Vrai ! mais il est donc fou, de croire que vous serez de bonne foi en répétant ses billevesées ? Ah ! oui, je vois tout de bon que la tête est déménagée, et c'est cela qui vous fait de la peine, Émile ; car je vois bien aussi que vous êtes triste au fond du cœur, mon pauvre enfant ! »

Émile versa des larmes qui le soulagèrent, et reprenant sa raison, il expliqua plus clairement au charpentier ce qui se passait entre son père et lui.

Jean l'écouta la tête baissée, puis après avoir réfléchi longtemps, il lui dit en lui prenant la main : « Émile, il ne faut pas faire ces mensonges-là, c'est indigne d'un homme. Je vois bien que votre père est plus rusé que timbré, et qu'il ne se contentera pas de deux ou trois paroles en l'air, comme on dit quelquefois pour apaiser un homme qui a trop pris de vin et qu'on traite comme un petit enfant. Votre père, quand vous aurez menti, ou promis ce que vous ne pouvez pas tenir, ne vous laissera pas respirer, et si vous essayez de redevenir un homme, il vous dira : « Souviens-toi que tu n'es plus rien ! » Il est dur et fier, je le connais bien ; il ne vous donnera pas seulement un jour par semaine pour penser à votre guise, et puis il rendra votre femme malheureuse. Je vois ça d'ici, il vous fera rougir devant elle, et il manœuvrera si bien qu'elle en viendra à rougir de vous.

Foin du mensonge et des paroles de mauvaise foi ! Pas de ça, Émile, je vous le défends.

— Mais Gilberte !

— Mais Gilberte dira comme moi, et Antoine aussi, et Janille... Ma mie Janille dira ce qu'elle voudra... Moi, je ne veux pas que tu mentes ! Il n'y a pas de Gilberte qui pût me faire mentir.

— Il faut donc que je renonce à elle, que je ne la vois plus ?

— Ça c'est un malheur, dit Jean d'un ton ferme ; mais quand le malheur est sur nous, il faut savoir le supporter. Allez trouver M. de Boisguilbault, il vous dira comme moi ; car, d'après tout ce que vous m'avez raconté de lui, c'est un homme qui voit juste et qui pense bien.

— Eh bien, Jean, j'ai vu M. de Boisguilbault, et il comprend que ce sacrifice est au-dessus de mes forces.

— Il sait que vous aimez Gilberte ? Oui-da ? vous le lui avez dit ?

— Il sait que j'aime, mais je ne la lui ai pas nommée.

— Et il vous conseille de mentir ?

— Il ne me conseille rien.

— Il a donc perdu la tête, lui aussi ? Allons, Émile, vous m'écouterez, moi, parce que j'ai raison. Je ne suis ni riche, ni savant ; je ne sais pas si ça m'ôte le droit de manger mon soûl et de dormir dans un lit, mais je sais bien que quand je prie le bon Dieu, il ne m'a jamais dit : « Va te promener ; » et que quand je lui demande ce qui est vrai ou faux, mal ou bien, il me l'a toujours enseigné, sans me répondre : « Va à l'école. » Voyons, réfléchissez un peu. Nous voilà sur la terre beaucoup de pauvres, et un petit tas de riches ; car si tout le monde avait de grosses parts, la terre serait trop petite. Nous nous gênons fort les uns les autres, et nous avons beau faire, nous ne pouvons pas nous aimer : à preuve, qu'il faut des gendarmes et des prisons pour nous accorder. Comment ça pourrait-il être autrement? Je n'en sais rien. Vous dites là-dessus de jolies choses, et quand vous êtes sur ce chapitre-là, je passerais les jours et les nuits à vous écouter, tant ça me plaît de vous entendre arranger tout ça dans votre tête. C'est pour cela que je vous aime ; mais je ne vous ai jamais dit, mon garçon, que j'espérais voir ça. Ça me paraît bien loin, si c'est possible, et moi, qui suis habitué à la peine, je ne demande au bon Dieu que de nous laisser comme nous sommes, sans permettre aux grands riches d'empirer notre sort. Je sais bien que si tout le monde était comme vous, comme moi, comme Antoine et comme Gilberte, nous mangerions tous la même soupe à la même table ; mais je vois bien aussi que tous les autres ne voudraient point entendre parler de cet arrangement-là, et qu'il y aurait trop à dire et à faire pour les y amener. Je suis fier, moi, et je me passe fort bien de qui me méprise : voilà ma sagesse. Je ne me tourmente guère la cervelle pour la politique ; je n'y comprends rien ; mais je ne veux pas qu'on me mange, et je déteste les gens qui disent : « Dévorons tout. » Votre père est un de ces mangeurs-là, et si vous lui ressembliez, je vous fendrais la tête avec ma hache plutôt que de vous laisser penser à Gilberte. Dieu a voulu que vous fussiez bon et que la vérité vous parût une bonne affaire ; gardez-la donc, la vérité, puisque c'est la seule chose que les méchants ne puissent pas ôter de la terre. Que votre père dise : « C'est comme cela ; ça m'arrange, et je veux que cela soit! » Laissez-le dire, il est fort parce qu'il est riche, et ni vous, ni moi, ne pouvons le retenir ; mais qu'il soit assez têtu et assez colère pour vouloir vous faire dire que c'est bien comme cela, et que Dieu est content de ce qui se fait..... halte-là! C'est contre la religion de dire que Dieu aime le mal, et nous sommes chrétiens, que je pense? Avez-vous été baptisé? moi aussi, et j'ai renié Satan. Du moins on y a renoncé pour moi, et j'y ai renoncé pour les autres, quand j'ai été parrain. Par ainsi, nous ne devons ni faire de faux serments, ni blasphémer; et dire que tous les hommes ne se valent pas en venant au monde, et ne méritent pas tous le bonheur, c'est dire qu'il y en a qui sont condamnés à l'enfer avant de naître. J'ai dit, Émile! Vous ne mentirez pas, et vous ferez renoncer votre père à cette jolie condition-là!

— Ah! mon ami, si je pouvais seulement voir Gilberte une fois par semaine! si je n'étais pas déshonoré aux yeux de son père et banni de sa maison, je ne perdrais ni l'espoir, ni le courage!...

— Déshonoré aux yeux d'Antoine! Eh bien, pour qui le prenez-vous donc? Croyez-vous qu'il voulût d'un renégat et d'un cafard pour gendre?

— Oh! s'il comprenait comme vous, Jean! mais il ne comprendra rien à ma conduite.

— Antoine n'a pas inventé la poudre, j'en conviens. Il n'a jamais pu se mettre bien dans la tête le carré de l'hypoténuse que j'ai appris en cinq minutes, rien qu'à le voir faire à un compagnon. Mais aussi vous le croyez par trop simple. En fait d'honneur et de bons sentiments, ce vieux-là sait tout ce qu'on doit savoir. Vous pensez donc qu'il faut être bien malin et bien savant pour comprendre que deux et deux font quatre et non pas cinq? Moi, je dis qu'il n'est pas besoin pour cela d'avoir lu une pleine chambre de gros livres, comme le vieux Boisguilbault, et que tout homme malheureux en ce monde sent fort bien que son sort est injuste quand il ne l'a pas mérité. Eh bien, donc! est-ce que l'ami Antoine n'a pas souffert et pâti, lui aussi? Est-ce que les riches ne lui ont pas tourné le dos quand il est devenu pauvre? Est-ce qu'il peut leur donner raison contre lui, qui n'a jamais eu un morceau de pain sans en donner les trois quarts aux autres, parfois le tout? Et si vous n'étiez pas un homme bien pensant, auriez-vous pris de l'amitié pour lui? Seriez-vous amoureux de sa fille jusqu'à vouloir l'épouser, si vous aviez les idées de votre père? Non, vous ne l'auriez pas regardée, ou bien vous l'auriez séduite; mais vous penseriez qu'elle n'a point de dot, et vous l'abandonneriez vilainement. Allons, Émile, mon enfant, du courage! Les honnêtes gens vous estimeront toujours, et je vous réponds d'Antoine; je m'en charge. Si Janille crie, je crierai aussi, et on verra qui a la voix plus haute et la langue mieux pendue, d'elle ou de moi. Quant à Gilberte, comptez qu'elle aura toute sa vie un bon sentiment pour vous, et qu'elle vous saura gré de votre droiture. Elle n'en aimera pas d'autre, allez! Je la connais; c'est une fille qui n'a qu'une parole : mais un temps viendra où votre père changera d'idée. C'est quand il sera malheureux à son tour, et je vous ai prédit que cela arriverait.

— Il n'en croit rien.

— Vous lui avez donc dit ce que je pense de son usine?

— Je le devais.

— Vous avez eu tort, mais c'est fait, et ce qui doit être sera. Allons, Émile, revenons au village et couchez-vous, car je vois bien que vous avez le frisson et que vous sentez d'avoir la fièvre. Va, mon garçon, ne te laisse pas tourner le sang comme ça, et compte un peu sur le bon Dieu! J'irai demain matin à Châteaubrun; je parlerai, moi, et il faudra bien qu'on m'entende. Je te réponds qu'au moins tu n'auras pas le chagrin d'être brouillé avec ceux-là pour avoir fait ton devoir.

— Brave Jean! tu me fais du bien, toi! tu me donnes de la force, et, depuis que tu me parles, je me sens mieux.

— C'est que je vas droit au fait, moi, et ne m'embarrasse pas des choses inutiles.

— Tu iras donc demain à Châteaubrun? dès demain? quoique ce soit un jour de travail?

— Oh! demain : comme je travaille gratis, je peux commencer ma journée à l'heure qu'il me plaira. Savez-vous pour qui je travaille demain, Émile? Voyons, devinez : ça vous fera faire un effort pour sortir de vos soucis.

— Je ne devine pas. Pour M. Antoine?

— Non, Antoine n'a guère de travaux à faire faire, le pauvre compère, et il y suffit tout seul; mais il a un voisin qui n'en manque pas, et qui ne compte guère ses journées d'ouvrier.

— Qui donc? M. de Boisguilbault s'est-il réconcilié avec ta figure?

— Non pas que je sache; mais il n'a jamais défendu à ses métayers de me donner de l'ouvrage. Il n'est pas homme à vouloir me faire du tort, et il n'y a guère que les gens de sa maison qui sachent qu'il m'en veut, si toutefois il m'en veut; le diable seul comprend ce qu'il y a là-dessous! Enfin, je vous dis que je travaille pour lui sans qu'il s'en aperçoive; car vous savez qu'il va visiter ses propriétés tout au plus une fois l'an. C'est un peu loin de chez nous; mais grâce à votre père, les ouvriers sont si rares, qu'on est venu me demander; et je ne me suis pas fait prier, quoique j'eusse ailleurs une besogne qui pressait. Ça me fait plaisir, à moi, de travailler pour ce vieux-là! Mais, comme bien vous pensez, je ne me laisserai pas payer. Je lui dois bien assez, après ce qu'il a fait pour moi.

— Il ne souffrira pas que tu travailles gratis pour lui.

— Il faudra bien qu'il le souffre, car il n'en saura rien. Est-ce qu'il sait ce qui se fait dans ses fermes? Il fait son compte en gros au bout de l'an, et ne s'embarrasse guère des détails.

— Mais si ses métayers lui comptent tes journées comme les ayant payées ?

— Il faudrait que ce fussent des fripons, et, tout au contraire, ils sont honnêtes gens. Les gens, voyez-vous, sont ce qu'on les fait. Le vieux Boisguilbault n'est pas volé, quoique rien au monde ne fût si facile ; mais comme il ne vexe ni ne pressure personne, personne n'a besoin de le tromper et de prendre plus qu'il ne lui revient. Ce n'est pas comme votre père. Il compte, il discute, il surveille, lui, et on le vole, et on le volera toujours : voilà les belles affaires qu'il fera toute sa vie. »

Jean réussit à distraire et presque à consoler Émile. Ce caractère droit, hardi et ferme, eut sur lui une heureuse influence, et il se coucha plus tranquille, après avoir reçu de lui la promesse qu'il saurait le lendemain soir dans quelle disposition étaient les parents de Gilberte à son égard. Jean se faisait fort de leur ouvrir les yeux sur le fond de sa conduite et de celle de M. Cardonnet. La douleur nous rend faibles et confiants, et, quand le courage nous manque, nous n'avons rien de mieux à faire que de remettre notre sort dans les mains d'une personne active et résolue. Si elle ne résout pas aussi aisément qu'elle s'en flatte les embarras de notre position, du moins son contact nous fortifie, nous ranime ; sa confiance passe en nous insensiblement et nous rend capables de nous aider nous-mêmes.

« Ce paysan que mon père méprise, pensait Émile en s'endormant, cet ignorant, ce pauvre, ce simple de cœur m'a pourtant fait plus de bien que M. de Boisguilbault ; et quand je demandais à Dieu un conseil, un appui, un sauveur, il m'a envoyé son plus pauvre et son plus humble serviteur pour me tracer mon devoir en deux mots.

Oh! que la vérité a de force dans la bouche de ces êtres à instincts droits et purs! et que notre science est vaine au prix de celle du cœur! Mon père! mon père! je sens plus que jamais que vous êtes aveuglé, et la leçon que je reçois de ce paysan est ce qui vous condamne le plus! »

Quoique plus calme d'esprit, Émile fut pris dans la nuit d'une fièvre assez forte. Au milieu des violentes contractions de l'esprit, on oublie de soigner et de préserver le corps. On se laisse épuiser par la faim, surprendre par le froid et l'humidité, lorsqu'on est baigné de sueur ou brûlé de fièvre. On ne sent point l'atteinte du mal physique, et lorsqu'il s'est emparé de nous, il y a une sorte de soulagement à subir cette diversion aux peines de l'âme; on se flatte alors de ne pas pouvoir être longtemps malheureux sans en mourir, et c'est quelque chose que de se croire trop faible pour les éternelles douleurs.

M. de Boisguilbault attendit son jeune ami toute la journée, et une vive inquiétude s'empara de lui le soir, lorsqu'il ne le vit pas arriver. Le marquis s'était attaché fortement à Émile; sans le lui exprimer, à beaucoup près, autant qu'il le sentait, il ne pouvait plus se passer de sa société. Il éprouvait une grande reconnaissance pour ce noble enfant que sa froideur et sa tristesse n'avaient jamais rebuté, et qui, après s'être obstiné à lire dans son âme, lui avait religieusement tenu la promesse d'un dévouement filial. Ce triste vieillard, réputé si ennuyeux, et qui, par découragement, s'exagérait à lui-même ses défauts involontaires, avait trouvé un ami au moment où il croyait n'avoir plus qu'à mourir seul et sans laisser un regret après lui. Émile l'avait presque réconcilié avec la vie, et il s'abandonnait parfois à une douce illusion de paternité, en voyant ce jeune homme s'habituer à sa maison, partager ses austères délassements, ranger sa bibliothèque, feuilleter ses livres, promener ses chevaux, régler même quelquefois ses affaires pour lui épargner un ennui capital ; enfin se plaire chez lui et avec lui, comme si la nature et l'accoutumance de toute la vie eussent écarté la distance des âges et la différence des goûts.

Longtemps le vieillard avait eu des retours de méfiance, et il avait essayé de comprendre Émile dans son système de misanthropie bizarre : mais il n'y avait pas réussi. Lorsqu'il avait passé trois jours à vouloir se persuader que le désœuvrement ou la curiosité lui amenait ce commensal avide de conversation sérieuse et de discussion philosophique, s'il voyait reparaître dans sa solitude cette figure enjouée, expansive et candide dans sa hardiesse, il sentait l'espoir revenir avec lui, et il se surprenait à aimer tout de bon, au risque d'être plus malheureux quand reviendrait le doute. Bref, après avoir passé toute sa vie, et les vingt dernières années surtout, à se préserver des émotions qu'il ne se croyait plus capable de partager, il retombait sous leur empire, et ne pouvait plus supporter l'idée d'en être privé.

Il marcha avec agitation dans toutes les allées de son parc, attendit à toutes les grilles, soupirant à chaque pas, tressaillant au moindre bruit ; et enfin, accablé de ce silence et de cette solitude, navré à l'idée qu'Émile était aux prises avec une douleur qu'il ne pouvait alléger, il sortit dans la campagne, et s'avança dans la direction de Gargilesse, espérant toujours voir un cheval noir venir à sa rencontre.

Il était fort rare que M. de Boisguilbault osât faire une sortie si marquée hors de son vaste enclos, et il ne pouvait se résoudre à suivre les chemins battus, dans la crainte de rencontrer quelque figure à laquelle il ne serait pas très-habitué. Il allait donc à vol d'oiseau, par les prairies, sans toutefois perdre de vue la route que devait tenir Émile. Il marchait lentement et d'un pas que l'on eût pu croire incertain, mais que la prudence et la circonspection de ses moindres habitudes rendaient plus ferme qu'il ne le paraissait.

En approchant d'un bras de rivière qui, après être sorti de son parc, serpentait dans la vallée, il entendit résonner une cognée, et plusieurs voix frappèrent son attention. Il avait coutume de s'éloigner toujours du bruit qui lui révélait la présence de l'homme, et de faire un détour pour éviter une rencontre quelconque, mais il avait aussi une préoccupation qui, cette fois, le fit agir en sens contraire. Il avait la passion des arbres, si l'on peut parler ainsi, et ne permettait point à ses tenanciers d'en abattre, à moins qu'ils ne fussent complétement morts. Le bruit d'une cognée lui faisait donc toujours dresser l'oreille, et il ne pouvait alors résister au désir d'aller voir, par ses yeux, si ses ordres n'avaient pas été enfreints.

Il entra donc résolument dans le pré où les ouvriers travaillaient, et ce fut avec un naïf sentiment de douleur qu'il vit une trentaine d'arbres magnifiques, tout couverts de feuillage, étendus sur le flanc, et dépecés déjà en partie. Un métayer, aidé de ses garçons, travaillait à charger plusieurs tronçons sur une charrette à bœufs. La cognée qui fonctionnait avec tant d'activité, et qui faisait résonner tous les échos de la vallée, était entre les mains diligentes de Jean Jappeloup!

M. de Boisguilbault ne s'était pas vanté, le jour où il avait dit à Émile, d'un ton glacial, qu'il était fort irascible. C'était encore là une des anomalies de son caractère. A la vue du charpentier, dont la figure ou seulement le nom, lui causait toujours une émotion pénible, il pâlit; puis, le voyant mettre en pièces ses beaux arbres encore jeunes et parfaitement sains, il éprouva un frisson de colère, devint rouge, balbutia des paroles confuses, et s'élança vers lui avec une impétuosité dont ne l'aurait jamais cru capable quiconque l'eût vu, un instant auparavant, marcher à pas comptés, appuyé sur sa canne à pommeau guilloché.

XXIX.

AVENTURE.

L'abatis d'arbres qui blessait si vivement M. de Boisguilbault avait été fait sur le bord de la petite rivière, et les sveltes peupliers, les vieux saules et les aunes majestueux, en tombant pêle-mêle, avaient formé comme un pont de verdure sur cet étroit courant. Tandis que les bœufs étaient occupés à en retirer quelques-uns avec des cordes, et à les traîner vers les chariots destinés à les emporter, le vigoureux charpentier, courant sur les tiges abattues qui barraient encore la rivière, s'appliquait à couper les branches entrecroisées dont la résistance paralysait l'effort des animaux de trait. Ardent au travail et passionné pour la destruction que sa profession utilise, il déployait son courage et son habileté avec une sorte de transport. La rivière était profonde et rapide en cet endroit, et le poste de Jean était assez périlleux pour qu'aucun autre n'eût osé le partager. Courant avec la légèreté et l'aplomb d'un jeune homme jusque vers l'extrémité flexible des arbres couchés en travers sur l'eau, il se retournait parfois pour couper la tige même sur laquelle il se tenait en équilibre, et au moment où un craquement sérieux lui annonçait que son appui allait s'enfoncer sous ses pieds, il sautait lestement sur une tige voisine, électrisé par le danger et par l'étonnement de ses camarades. Sa hache brillante tournoyait en éclairs autour de lui, et sa voix sonore stimulait les autres travailleurs, surpris de trouver si facile une tâche que l'intelligence et l'énergie d'un seul homme commandait, simplifiait et enlevait comme par miracle.

Si M. de Boisgaibault eût été de sang-froid, il eût admiré à son tour, et même il eût ressenti un certain respect pour l'homme qui portait la puissance du génie dans l'accomplissement de ce travail grossier. Mais la vue d'une belle plante pleine de sève et de vie, tranchée par le fer au milieu de son développement, l'indignait et lui déchirait le cœur, comme s'il eût assisté à une scène de meurtre, et, quand cet arbre lui appartenait, il le défendait comme si c'eût été un membre de sa famille.

« Que faites-vous là, maladroits imbéciles ! s'écria-t-il en brandissant sa canne, et d'une voix de fausset que la colère rendait aiguë et perçante comme celle d'un fifre. Et toi, bourreau ! cria-t-il à Jean Jappeloup, as-tu juré de me blesser et de m'outrager sans cesse? »

Le paysan a l'oreille dure, le paysan berrichon surtout. Les bouviers, échauffés par une ardeur inaccoutumée, n'entendirent pas la voix du maître, d'autant plus que le grincement des cordes, le craquement des jougs et les cris puissants et dominateurs du charpentier couvrirent ces sons grêles. Le temps était à l'orage, l'horizon était chargé de nuées violettes qui montaient rapidement. Jean, baigné de sueur, avait retenu tout le monde, en jurant qu'il fallait achever cette besogne avant la pluie qui allait gonfler la rivière, et qui pouvait emporter les arbres abattus. Une sorte de rage s'était emparée de lui, et, malgré la piété qui régnait au fond de son cœur, il jurait comme un païen, comme s'il eût cru ainsi décupler ses forces. Le sang bourdonnait dans son oreille ; des exclamations de fureur et de joie lui échappaient à chaque exploit de son bras robuste, et venaient se mêler aux grondements de la foudre. Des coups de vent impétueux l'enveloppaient de feuillage et faisaient voltiger sur son front les mèches argentées de sa rude chevelure. Avec son teint pâle, ses yeux étincelants, son tablier de cuir, sa grande taille maigre, son bras nu et armé, il avait l'air d'un cyclope faisant, sur les flancs de l'Etna, sa provision de bois, pour alimenter le foyer de sa forge infernale.

Tandis que le marquis s'épuisait en impuissantes clameurs, le charpentier, ayant dégagé le dernier obstacle, revint en courant sur le tronc arrondi d'un jeune érable, avec une adresse qui eût fait honneur à un acrobate de profession, sauta sur le rivage, et, saisissant la corde de l'attelage, il allait unir l'exubérance de sa force athlétique à celle des bœufs épuisés de fatigue, lorsqu'il sentit tomber assez sèchement sur ses reins, couverts seulement d'une grosse chemise, le jonc souple et nerveux de M. de Boisguilbault.

Le charpentier se crut fouetté par une branche, comme cela lui était arrivé assez souvent dans cette bataille contre les rameaux verdoyants. Il laissa échapper un juron terrible, et, se retournant avec vivacité, il coupa en deux la canne du marquis avec sa cognée, en disant :

« En voilà une qui ne battra plus personne. »

A peine avait-il prononcé cette formule d'extermination, que ses yeux, voilés par l'ivresse du travail, s'éclaircirent tout à coup, et, qu'à la lueur d'un grand éclair, il vit son bienfaiteur debout devant lui, pâle comme un spectre. Le marquis tenait encore, dans sa main tremblante de rage, la pomme d'or et le tronçon de sa canne. Ce tronçon était si court qu'il s'en était fallu de bien peu que Jean n'abattît la main imprudemment levée sur lui.

— Par les cinq cent mille noms du diable, monsieur de Boisguilbault ! s'écria-t-il en jetant sa cognée ; si c'est votre esprit qui vient là pour me tourmenter, je vous ferai dire une messe ; mais si c'est vous, en chair et en os, parlez-moi, car je ne suis pas patient avec les gens de l'autre monde.

— Que fais-tu ici? pourquoi détruis-tu mes plantations, bête stupide? répondit M. de Boisguilbault, que le danger auquel il venait d'échapper comme par miracle n'avait nullement calmé.

— Excusez, reprit Jean stupéfait, vous ne paraissez pas content! C'est donc vous qui tapez comme ça? Vous n'êtes pas mignon dans la colère, et vous n'avertissez pas le monde. Ah çà! ne recommencez plus, car si vous ne m'aviez pas rendu un si grand service, je vous aurais déjà coupé en deux comme un osier.

— Not' maître, not' maître, faites pardon, dit le métayer, qui avait abandonné lestement la tête de ses bœufs pour se mettre entre le charpentier et le marquis, c'est moi qui ai demandé le Jean pour abattre nos arbres. Personne ne s'y entend comme lui, et il fait l'ouvrage de dix à lui tout seul. Voyez s'il a perdu son temps! Depuis midi jusqu'à cette heure, il a jeté bas ces trente arbres, il les a débités comme vous voyez, et il nous a aidés à les retirer de l'eau. Ne vous fâchez pas contre lui, not' maître! C'est un rude ouvrier, et ça serait pour son profit qu'il ne travaillerait pas si bien.

— Et pourquoi abat-il mes arbres? qui lui a permis de les abattre?

— C'est des arbres que la dribe avait déracinés, not' maître, et qui commençaient à jaunir : une dribe de plus, et l'eau les emportait avec la souche. Voyez si je vous trompe! »

Le marquis retrouva alors assez de calme pour regarder autour de lui, et pour constater que l'inondation du mois de juin avait couché ces arbres sur le flanc. La terre largement crevassée et les racines en l'air attestaient la vérité du rapport qu'on lui faisait. Mais, ne voulant pas encore s'en rapporter au témoignage de ses yeux :

« Et pourquoi n'avez-vous pas attendu mes ordres pour les enlever? dit-il, ne vous ai-je pas défendu cent fois de mettre la cognée à un seul arbre sans m'avoir consulté?

— Mais, not' maître, vous ne vous souvenez donc pas que j'ai été vous avertir de ce dégât, le lendemain même de la dribe? que vous m'avez dit : « En ce cas, il faut les ôter de là et en planter d'autres? » Voilà le temps propice pour planter, et je me dépêchais de faire de la place, d'autant plus qu'il y a là de beaux et bons arbres pour faire des échelles de longueur, et que ça ne m'aurait pas contenté de vous les laisser perdre. Si vous voulez donner un coup de pied jusque dans notre cour, vous verrez qu'il y en a une douzaine de rangés sous le hangar, et demain nous y porterons le reste.

— A la bonne heure, répondit M. de Boisguilbault, honteux de sa précipitation. Je me souviens, en effet, de vous avoir permis de le faire. Je l'avais oublié : j'aurais dû venir voir cela plus tôt.

— Dame! vous sortez si peu, not' maître! dit le bon paysan. L'autre jour, pourtant, j'avais rencontré M. Émile, comme il allait vous voir, et je lui avais montré le dommage, en lui recommandant de vous en faire souvenir. Il l'aura donc oublié?

— Apparemment, dit M. de Boisguilbault; n'importe, rentrez chez vous, car voici la nuit et l'orage.

— Mais vous allez vous mouiller, not' maître, il faut venir attendre à la maison que la pluie ait fini de tomber.

— Non pas, dit le marquis, elle peut durer longtemps, et je ne suis pas assez loin de chez moi pour ne pouvoir rentrer à temps.

— Not' maître, vous n'aurez pas le temps, la voilà qui commence, et ça va tomber dru!

— C'est bon, c'est bon, je vous remercie, c'est mon affaire, dit le marquis. » Et, tournant le dos, il s'éloigna, tandis que ses métayers et leurs bœufs reprenaient le chemin du domaine [1].

— Ça n'y fait pas trop bon pour un homme d'âge comme lui ! dit le métayer à son fils, en regardant le marquis partir d'autant plus lentement qu'il était privé de l'appui de sa canne.

— S'il avait voulu patienter, répondit le jeune paysan, on aurait pu lui aller chercher sa voiture. *Ah çà ! Gaillard ! Chauvet !* cria-t-il à ses bœufs, courage, mes enfants. *Quiche ! arrière ! vire, mon mignon !* »

Et, ne songeant plus qu'à diriger son attelage encorné à travers les prés humides, le père et le fils disparurent derrière les buissons, suivis de tout leur monde, sans s'inquiéter davantage du vieux maître. Telle est l'insouciance naturelle au paysan.

M. de Boisguilbault atteignit l'extrémité de la prairie par laquelle il était venu, et au moment de franchir la haie, il se retourna et vit Jean Jappeloup qui était resté assis sur une souche, au milieu de son abatis, comme un vainqueur méditant douloureusement sur le champ de bataille. Toute l'ardeur, toute la gaieté du robuste ouvrier étaient tombées subitement ; il était immobile, indifférent à la pluie qui commençait à se mêler sur sa tête à la sueur du travail, et il paraissait en proie à une tristesse profonde.

« Ma destinée est d'offenser cet homme-là, et de ne le rencontrer que pour souffrir, » se dit M. de Boisguilbault. Et il hésita longtemps, partagé entre un naïf repentir et une violente répugnance.

Il se décida à lui faire signe de venir à lui, mais Jean

---

1. On appelle encore *domaine*, dans nos campagnes, les fermes et les métairies.

ne parut pas le voir, quoiqu'il fît encore un peu de jour ; à l'appeler d'une voix dont la colère n'élevait plus le diapason, mais Jean ne parut pas l'entendre.

« Allons, se dit M. de Boisguilbault à lui-même, tu es coupable ; il faut t'exécuter. » Et il marcha droit au charpentier.

« Pourquoi restes-tu là ? » lui dit-il en lui frappant sur l'épaule.

Jean tressaillit, et, sortant comme d'un rêve :

« Ah ! ah ! que me voulez-vous donc ? dit-il d'un ton brusque et courroucé. Venez-vous encore pour me battre ? Tenez, voilà le reste de votre canne ! je comptais vous le reporter demain matin pour vous faire souvenir de ce qui vous est arrivé ce soir.

— J'ai eu tort, dit M. de Boisguilbault en balbutiant.

— C'est bientôt dit, j'ai eu tort, reprit le charpentier ; avec ça, quand on est riche, vieux et marquis, on croit tout réparé.

— Et quelle réparation exiges-tu de moi ?

— Vous savez bien que je n'en peux demander aucune. D'une chiquenaude, je vous casserais en deux, et, en outre, je suis votre obligé. Mais je vous en voudrai toute ma vie pour m'avoir rendu la reconnaissance humiliante et lourde à porter. Je n'aurais pas cru que ça dût jamais m'arriver, car je n'ai pas le cœur plus mal fait qu'un autre, et je m'étais soumis au chagrin de ne pouvoir pas vous remercier. A présent, tenez, j'aime mieux aller en prison, ou recommencer à vagabonder que d'emporter un coup de canne. Allez-vous-en, laissez-moi tranquille. J'étais en train de me raisonner, et voilà que vous me remettez en colère. J'ai besoin de me dire que vous êtes un peu fou, pour ne pas vous en dire davantage.

— Eh bien, c'est vrai, Jean, je suis un peu fou, répondit tristement le marquis, et ce n'est pas la première fois qu'il m'arrive de perdre l'empire de ma raison pour des misères. C'est à cause de cela que je vis seul, que je ne sors pas, et que je me montre le moins possible. Ne suis-je pas assez puni ? »

Jean ne répliqua pas ; ce triste aveu faisait succéder la pitié à la colère.

« Maintenant, dites-moi ce que je puis faire pour réparer mon tort, reprit M. de Boisguilbault d'une voix tremblante.

— Rien, répondit le charpentier, je vous pardonne.

— Je vous en remercie, Jean. Voulez-vous venir travailler chez moi ?

— A quoi bon, puisque je travaille ici pour vous ? Ma figure vous ennuie, et il ne tenait qu'à vous de ne pas la voir. Je n'allais pas vous chercher. Et puis, vous voudriez me payer mes journées, et quand je travaille pour vos métayers, vous ne pouvez pas me contraindre à recevoir leur argent.

— Mais ton travail me profite, puisque l'ouvrage reste acquis à mes propriétés. Jean, je ne veux pas qu'il en soit ainsi.

— Ah ! vous ne voulez pas ? Je m'en moque bien, moi ! Vous ne pouvez pas m'empêcher de m'acquitter de cette façon-là ; et, puisque vous m'avez injurié et battu, je m'acquitterai, mordieu ! pour vous faire enrager. Ça vous humilie, pas vrai ? Eh bien, ça me venge.

— Venge-toi autrement.

— Et comment donc ? Que je vous frappe ? Nous ne serions pas quittes : je resterais toujours votre obligé, et je ne veux rien vous devoir.

— Eh bien, acquitte-toi, si bon te semble, puisque tu es si fier et si têtu, dit le marquis perdant patience. Tu es aveugle et méchant, puisque tu ne vois pas la peine que j'éprouve. Tu serais assez vengé si tu la comprenais ; mais tu veux une vengeance brutale et cruelle. Tu veux te réduire à la misère et t'épuiser de fatigue pour me faire rougir et pleurer tous les jours de ma vie.

— Si vous le prenez comme ça... dit Jean à demi vaincu, non, je ne suis pas un méchant homme, et je peux vous pardonner une folie de jeunesse. Diable ! c'est que vous avez encore la tête vive et la main leste ! Qu'est-ce qui dirait ça ? Enfin, n'en parlons plus ; encore une fois, je vous pardonne.

— Tu consens à travailler pour moi ?

— A moitié prix. Faisons cet arrangement-là pour en finir.

— Il n'y a aucune proportion entre ma position et la tienne. Il y en aurait encore moins entre ton travail et ton salaire ; sois généreux : c'est la plus belle et la plus complète des vengeances. Viens travailler pour moi comme tu travailles pour tout le monde ; oublie que je t'ai rendu un service dont ma bourse ne s'est pas seulement aperçue, et force-moi ainsi à être ton obligé, puisque tu accepteras, en dédommagement d'un outrage irréparable, la plus misérable des réparations, celle de l'argent.

— Comme vous tournez ça, je n'y comprends plus goutte. Allons, nous verrons si nous pouvons nous entendre. Mais si je vais chez vous et que ma figure vous mette encore en colère ! Voyons, ne pouvez-vous pas me dire, au moins, ce que vous avez eu si longtemps contre moi ? Vous me devriez bien ça ! Il faut que, sans le savoir, je ressemble à quelqu'un qui vous a fait du mal. Ce n'est toujours pas quelqu'un d'ici ; car je ne connais dans le pays que le vieux cheval du curé de Cuzion à qui je ressemble.

— Ne me fais pas de questions ; il m'est impossible de te répondre. Admets que je suis sujet à des accès de folie, et aime-moi par pitié, puisque je ne puis être aimé autrement.

— Monsieur de Boisguilbault, dit le charpentier avec effusion, il ne faut pas parler comme cela : ce n'est pas vous rendre justice. Vous avez des défauts, c'est vrai, des caprices, des vivacités un peu fortes ; mais, au fond, vous savez bien qu'on est obligé de vous respecter, parce que vous avez un cœur juste, que vous aimez le bien et que vous n'avez jamais fait un malheureux autour de vous ; et puis, vous avez des idées... que vous n'avez pas prises seulement dans vos livres, des idées que les riches n'ont pas souvent, et qui rendraient le monde heureux, si le monde voulait penser comme vous. Pour avoir ces idées-là, il ne suffit pas d'être instruit et raisonnable, il faut aimer beaucoup tous les hommes qui sont sur la terre, et n'avoir pas une pierre à la place du cœur ; c'est pourquoi il faut bien que Dieu s'en soit mêlé. Ne dites donc pas qu'on vous aimerait par pitié ; vous n'auriez qu'à vouloir être aimé, et il ne faudrait pas beaucoup vous changer pour en venir à bout.

— Que faudrait-il donc faire, suivant toi ?

— Il ne s'agirait que de ne pas vouloir en empêcher ceux qui y sont portés.

— Quand donc l'ai-je fait ?

— Maintes fois, et, pour ne parler que de moi, puisqu'il y en a d'autres dont vous ne voulez sûrement pas encore qu'on vous rappelle le nom....

— Parle-moi de toi, Jean, dit M. de Boisguilbault avec un empressement douloureux.... ou plutôt.... viens prendre ton souper et ton gîte chez moi ce soir. Je veux que nous soyons, dès aujourd'hui, entièrement réconciliés, mais à certaines conditions que je te dirai peut-être... et qui sont étrangères au fond de notre querelle. La pluie augmente, et ces branches ne nous garantissent plus.

— Non, je n'irai pas chez vous ce soir, dit le charpentier, mais je vous reconduirai jusqu'à votre porte ; car voilà une mauvaise nuée, et il ne fera pas bon à marcher dans un instant. Tenez, monsieur de Boisguilbault, voulez-vous me croire ? mettez sur vos épaules mon tablier de cuir ; ça n'est pas beau, mais ça ne touche que du bois (mon état est propre, c'est ce qui m'en a toujours plu), et puis ça ne craint pas l'eau.

— Je veux au contraire que tu le mettes sur ton dos, ce tablier ; tu es trempé de sueur, et quoique tu veuilles me traiter en vieillard, tu n'es pas jeune non plus, mon ami ; allons, pas de cérémonie ! je suis bien vêtu. Ne t'enrhume pas pour moi ; souviens-toi que je t'ai frappé ce soir.

— Vous êtes malin comme le diable, vous ! Allons, marchons ! Non, je ne suis plus jeune, quoique je ne sente pas encore beaucoup les années ! Mais savez-vous que je n'ai guère que dix ans de moins que vous ? Vous souvenez-vous du temps où j'ai construit votre maison de bois dans votre parc ? votre chalet, comme vous l'appelez ? Eh bien, il y a eu dix-neuf ans, à la Saint-Jean dernière, que j'y ai planté le bouquet.

— Oui, c'est vrai, rien que dix-neuf ans ! Il me semblait qu'il y avait davantage. Au reste, la maisonnette est fort bien construite, et il y aurait peu de réparations à y faire. Veux-tu t'en charger ?

— Si elle en a besoin, je ne dis pas non. C'est un ouvrage qui m'a pourtant donné bien du mal dans le temps. Ai-je regardé souvent vos diables d'images pour tâcher de la faire ressembler !

— C'est ton chef-d'œuvre, et il t'amusait.

— Oui, il y avait des jours où ça m'amusait trop, ça me rendait malade ; mais quand vous veniez me dire : « Jean, ce n'est pas ça ; tu vas me tromper.... » dame ! me mettiez-vous en colère !

— Tu te fâchais, tu m'envoyais presque promener!

— Et vous me laissiez dire, dans ce temps-là. Je n'aurais jamais cru qu'après avoir eu tant de patience avec moi pendant si longtemps, un beau jour vous vous fâcheriez sans me dire pourquoi. Voyons, qu'est-ce qu'il y a donc a y faire, à cette maison de bois?

— Il y a une diable de porte qui ne ferme plus.

— Le bois a joué? Quand faut-il que j'y aille?

— Demain. C'est pour cela que tu vas venir coucher chez moi; il fait trop mauvais temps pour que tu retournes ce soir à Gargilesse.

— C'est vrai qu'il fait noir à se casser le cour. Prenez garde où vous marchez, vous allez dans le fossé! Mais quand il pleuvrait des lames de faux, j'irais coucher ce soir à mon endroit.

— Tu as donc des affaires sérieuses?

— Oui... Je veux voir mon petit Émile Cardonnet, à qui j'ai quelque chose à dire.

— Émile? L'as-tu vu aujourd'hui?

— Non, je suis parti de grand matin pour m'occuper de lui. Si vous n'étiez pas si drôle, on vous conterait ça, puisque vous savez le fond de son histoire.

— Je ne crois pas qu'il ait de secrets pour moi; pourtant, s'il t'a confié quelque chose de plus qu'à moi, je ne veux pas le savoir.

— Soyez tranquille, je n'ai pas non plus envie de vous le dire.

— Et tu ne peux même pas me donner de ses nouvelles? J'en suis fort inquiet. J'espérais le voir aujourd'hui, et c'est pour aller à sa rencontre que j'étais sorti.

— Ah! alors, je comprends comment, vous qui ne sortez pas de votre parc, vous avez été si loin. Mais vous avez tort de suivre comme ça les prés. C'est coupé de ruisseaux qui ne sont pas minces, et voilà que je ne sais plus où nous sommes. Comme ça tombe, mille millions de diables ! voilà juste le temps qu'il faisait le soir qu'Émile est arrivé dans ce pays-ci. Je l'ai rencontré sous une grosse pierre où il s'était mis à l'abri, et je ne savais guère qu'en m'appuyant là je mettais la main sur un ami, sur un vrai cœur d'homme, sur un trésor !

— Tu lui es donc fort attaché ? Il avait essayé de me parler de toi bien souvent.....

— Et vous ne vouliez pas le laisser dire ? Je m'en doute. Tenez, c'est un homme comme vous, pas plus fier au fond de l'âme, et aussi prêt à donner sa vie que sa bourse pour les malheureux. Seulement, il ne se fâche pas pour rien, et quand il vous a dit une bonne parole, on ne craint pas qu'il vous allonge un coup de trique.

— Oh ! je sais qu'il est beaucoup meilleur, et surtout plus aimable que moi. Si tu le vois ce soir ou demain matin, apporte-moi de ses nouvelles ; dis-lui de venir me voir, je suis accablé de ses chagrins.

— Et moi aussi ; mais j'ai meilleure espérance que lui et vous. Pourtant, si j'étais riche comme vous...

— Que ferais-tu ?

— Je ne sais ; mais l'argent arrange tout avec des gens de l'étoffe du père Cardonnet. Si vous vouliez l'embarquer dans quelque gros marché et y sacrifier quelques centaines de mille francs, vous qui avez trois ou quatre millions, et pas d'enfants ! Il n'est pas si riche qu'il en a l'air, lui ! Il se fait peut-être plus de revenu que vous, mais son fonds n'est guère gros, que je crois !

— Ainsi, tu approuverais qu'on lui achetât la liberté de son fils ?

— Il y a des gens qui ne donnent jamais, et qui vendent ce qu'ils doivent. Mais, par le sang du diable ! nous voilà dans l'étang ! Arrêtez-vous ! arrêtez-vous ! ce n'est pas de la terre, c'est de l'eau ; nous avons trop pris sur la droite :

ce n'est pourtant pas le vin qui nous a troublé la cervelle. Par où allons-nous sortir de là ?

— Je n'en sais rien ; il y a longtemps que nous marchons, et nous devrions être à Boisguilbault.

— Attendez ! attendez ! je me reconnais, dit le charpentier. Voilà derrière nous une petite clarté avec un gros arbre... attendons l'éclair... regardez bien... le voilà . oui, j'y suis, C'est la maison de la mère Marlot ! Diable, il y a des malades là-dedans, deux enfants qui ont la fièvre typhoïde, qu'on dit ! C'est égal, c'est une bonne femme, et d'ailleurs, sur toutes vos terres, vous êtes certain d'être bien reçu.

— Oui, cette femme est ma locataire, si je ne me trompe.

— Qui ne vous paie pas gros, ni souvent, que je crois ! Allons, donnez-moi la main.

— Je ne savais pas qu'elle eût des enfants malades, dit le marquis en entrant dans la cour de la chaumière.

— C'est tout simple ; vous ne sortez pas, et vous n'allez jamais si loin. Mais d'autres y ont pensé ; voyez ! voilà une carriole et un cheval de ma connaissance, ça peut nous servir.

— Quelle est donc cette dame, dit le marquis en regardant à travers la vitre de la chaumière.

— Vous ne la connaissez donc pas ? dit le charpentier tout ému.

— Je ne me rappelle pas de l'avoir jamais rencontrée, répondit M. de Boisguilbault en examinant l'intérieur avec plus d'attention. C'est sans doute une personne charitable, qui remplit auprès des malheureux les devoirs que je néglige.

— C'est la sœur du curé de Cuzion, reprit Jean Jappeloup, c'est une bonne âme, une jeune veuve très-charitable, comme vous le dites. Attendez que je la prévienne de votre arrivée, car, je la connais, elle est un peu timide... »

Il s'élança dans la chaumière, dit rapidement quelques paroles à l'oreille de la vieille femme et de Gilberte, qu'il venait, par une inspiration subite, de métamorphoser en sœur de curé, puis il revint prendre M. de Boisguilbault et le fit entrer en lui disant : « Venez, monsieur le marquis, venez ! vous ne ferez peur à personne. Les malades vont mieux, et il y a là un bon petit feu de javelle pour vous sécher. »

XXX.

LE SOUPER IMPRÉVU.

Il fallait que le temps fût bien mauvais, ou que le marquis subît à son insu quelque mystérieuse influence ; car il se décida à affronter la rencontre d'une personne inconnue. Il entra, et saluant la prétendue veuve avec une politesse craintive, il s'approcha du feu où la vieille femme s'empressa de jeter de nouvelles branches en s'apitoyant sur les vêtements mouillés de son vieux maître. « Oh ! bonnes gens, est-il possible ; comme vous voilà fait, monsieur le marquis ! vrai, je ne vous aurais pas reconnu si le Jean ne m'avait pas avertie. Chauffez-vous, chauffez-vous, notre monsieur ; car, à votre âge, il y a là de quoi attraper le coup de la mort. » Et, croyant se montrer officieuse et attentive avec ses sinistres prévisions, la bonne femme, toute troublée d'ailleurs de recevoir une pareille visite, faillit mettre le feu à sa cheminée.

« Non, ma bonne femme, lui dit le marquis, je suis fort solidement vêtu en tout temps, et je sens à peine la pluie...

— Oh ! je le crois bien que vous êtes bien vêtu ! reprit-elle, voulant lui faire un compliment qu'elle supposait propre à le flatter ; car vous avez bien le moyen de l'être !..

— Il ne s'agit pas de cela, reprit le marquis ; c'est pour vous dire de ne pas tant vous démener, et de ne pas quitter vos malades pour moi. Je suis fort bien ici, et la vie d'un vieillard comme moi est moins précieuse que celle de ces jeunes enfants. Sont-ils malades depuis longtemps?

— Depuis une quinzaine, Monsieur ! Mais le plus mauvais est passé, Dieu merci !

— Pourquoi, lorsque vous avez des malades, ne venez-vous pas me voir?

— Oh nenny ! je n'oserais pas. Je craindrais de vous ennuyer. On est si simple, nous autres ! on ne sait pas bien parler, et on est honteux de demander.

— C'est moi qui devrais venir m'informer de vos misères, dit le marquis en soupirant ; et je vois que des âmes plus actives et plus dévouées le font à ma place ! »

Gilberte se tenait au fond de la chambre. Muette d'effroi et n'osant se prêter à la ruse du charpentier, elle essayait de se dissimuler derrière les gros rideaux de serge du lit où gisait le plus jeune des enfants. Elle eût voulu n'avoir rien à dire, et, tout en préparant une tisane, elle cachait son visage tourné vers la muraille, et ramenait son petit châle sur ses épaules. Un fichu de grosse dentelle noire, noué sous le menton, cachait, ou du moins éteignait l'or de sa chevelure, que le marquis eût pu reconnaître, s'il en eût jamais remarqué la nuance et la splendeur. Mais, deux fois seulement, M. de Boisguilbault avait rencontré Gilberte donnant le bras à son père. Il avait reconnu de loin M. Antoine, et avait détourné la tête. S'il s'était vu forcé de passer près d'eux, il avait fermé les yeux pour ne point voir les traits redoutés de cette jeune fille. Il n'avait donc aucune idée de sa tournure, de sa physionomie ou de ses manières.

Jean avait su mentir avec tant d'à-propos et d'aplomb,

que le marquis ne se douta de rien. La figure de Sylvain Charasson, accroupi comme un chat dans les cendres, et profondément endormi, pouvait ne lui être pas aussi inconnue, car le page de Châteaubrun, maraudeur effronté de sa nature, avait dû être surpris par lui maintes fois le long de ses haies, accroché à ses branches couvertes de fruits ; mais il faisait si peu de questions, et il mettait au contraire un soin si assidu à ne rien voir et à ne rien savoir de tout ce qui dépassait le mur de son parc, qu'il ne savait aucunement le nom et la condition de cet enfant.

N'éprouvant donc aucune méfiance, et se sentant porté par l'agitation morale et physique qu'il avait éprouvée dans cette soirée, à plus d'expansion que de coutume, il osa suivre des yeux les mouvements de la dame charitable, et même s'approcher d'elle pour lui faire quelques questions sur ses malades. La réserve un peu sauvage de cette amie des pauvres le frappait d'un respect particulier, et il trouvait noble et de bon goût qu'au lieu d'étaler devant lui ses bonnes œuvres, elle parût troublée et contrariée d'avoir été surprise au milieu de ses fonctions de sœur de charité.

Gilberte avait une telle peur d'être reconnue, qu'elle craignait de faire entendre le son de sa voix, et, comme si son organe n'eût pas été aussi étranger au marquis que sa figure, elle attendait que la paysanne répondît pour elle aux interrogations. Mais Jean, qui craignait que la vieille femme ne sût pas jouer son rôle et ne vînt à trahir, par maladresse, l'incognito de Gilberte, se plaçait toujours devant elle, et la repoussait vers la cheminée en lui faisant des yeux terribles chaque fois que M. de Boisguilbault avait le dos tourné. La mère Marlot, tremblante et ne comprenant rien à ce qui se passait chez elle, ne savait à qui entendre et faisait des vœux pour que, la pluie cessant, elle pût être délivrée de la présence de ces nouveaux hôtes.

Enfin Gilberte, un peu rassurée par la voix douce et les manières courtoises du marquis, s'enhardit à lui répondre; et comme il s'accusait toujours de négligence : « J'ai ouï dire, Monsieur, lui dit-elle, que vous étiez d'une santé fort délicate, et que vous lisiez beaucoup. Je conçois que vos occupations ne vous permettent pas de remplir des soins si multipliés. Moi, je n'ai rien de mieux à faire, et je demeure si près d'ici, que je n'ai pas grand mérite à venir soigner les malades de la paroisse. »

Elle regarda le charpentier en disant ces derniers mots, comme pour lui faire remarquer qu'elle entrait enfin dans l'esprit de son rôle, et Jean se hâta d'ajouter, pour donner plus de poids à cette phrase de dévote : « D'ailleurs, c'est une nécessité et un devoir de position. Si la sœur du curé ne prenait soin des pauvres, qui le ferait?

— Je serais un peu réconcilié avec ma conscience, dit le marquis, si madame voulait s'adresser à moi lorsqu'il m'arrive d'ignorer ou d'oublier mes devoirs. Ce que mon zèle n'accomplit pas, ma bonne volonté du moins pourrait y suppléer; et tandis que madame se réserverait la plus noble et la plus pénible tâche, celle de soigner les malades de ses propres mains, je pourrais ajouter par mon argent, aux ressources trop restreintes de la charité du prêtre. Permettez-moi de m'associer à vos bonnes actions, Madame, je vous en supplie, ou si vous ne voulez pas me faire cet honneur, adressez-moi tous vos pauvres. Une simple recommandation de vous me les rendra sacrés.

— Je sais qu'ils n'ont pas besoin de cela, monsieur le marquis, répondit Gilberte, et que vous en secourez beaucoup plus que je ne peux le faire.

— Vous voyez bien que non, puisque je ne me trouve

ici que par hasard, et que vous y êtes venue tout exprès.

— Mais non ; je n'ai pas deviné qu'ils avaient besoin de moi, répondit Gilberte : c'est cette pauvre femme qui est venue me chercher ; sans cela j'aurais pu fort bien l'ignorer aussi.

— Vous voulez en vain diminuer votre mérite pour atténuer mes torts. On va vous chercher, vous, et on n'ose pas s'adresser à moi : ceci me condamne et vous glorifie.

— Diantre ! ma Gilberte, dit le charpentier à la jeune fille en l'attirant à l'écart, m'est avis que vous faites des miracles et que vous apprivoiseriez le vieux hibou si vous vouliez en avoir le courage. *Ah mais!* comme dit Janille, ça va bien, et si vous voulez faire et dire comme moi, je vous réponds que vous le raccommoderez avec votre père.

— Oh ! si je le pouvais ! mais, hélas ! mon père m'a fait promettre, jurer même de ne jamais l'essayer.

— Et pourtant il mourrait d'envie que ça réussît ! Tenez, s'il vous a fait promettre ça, c'est qu'il croyait impossible ce qui est très-possible aujourd'hui... pas demain peut-être, mais ce soir ! Il faut battre le fer quand il est chaud, et vous voyez bien qu'il y a un fameux changement, puisque nous sommes venus là ensemble et qu'il me parle de bonne amitié.

— Comment donc s'est fait ce miracle ?

— C'est une canne qui a fait ce miracle-là sur mon dos ; je vous conterai ça plus tard. En attendant, il faut être gentille, un peu hardie, avoir de l'esprit, enfin ressembler en tout, ce soir, à votre ami Jean. Écoutez, je commence !

Et quittant brusquement la jeune fille, Jean se rapprocha du vieillard. « Savez-vous, lui dit-il, ce que cette dame me raconte à l'oreille ? C'est qu'elle veut absolument vous reconduire chez vous dans sa voiture. Ah ! monsieur de Boisguilbault, vous ne pouvez pas refuser à une dame; elle dit que les chemins sont trop gâtés pour que vous marchiez, que vous êtes trop mouillé pour attendre ici votre voiture, qu'elle a un cabriolet avec un bon cheval, une vraie jument de curé qui ne se fâche et ne s'étonne de rien, et qui va assez vite quand on n'a pas le bras engourdi et qu'il y a une mèche au fouet. Dans un quart d'heure, vous serez rendu chez vous, au lieu que vous en avez pour une heure à patauger dans la boue et les cailloux. »

M. de Boisguilbault adressait des remerciements affectueux à la belle veuve, et ne voulait point accepter; mais Gilberte insista elle-même avec une grâce irrésistible. « Je vous en supplie, monsieur le marquis, dit-elle en tournant vers lui ses beaux yeux encore effrayés comme ceux d'une colombe à demi apprivoisée, ne me faites pas le chagrin de me refuser; ma voiture est laide, pauvre et crottée, mon cheval aussi; mais l'un et l'autre sont solides. Je sais fort bien conduire, et Jean me ramènera.

— Mais cette course vous retardera trop, dit le marquis; on sera inquiet chez vous.

— Non! dit Jean; voilà le page de M. le curé, celui qui lui sert sa messe et qui lui sonne la cloche; c'est un drôle qui a bon pied, bon œil, et qui ne craint pas plus l'eau qu'une grenouille. Il a aux pattes des escarpins de chêne un peu plus solides que les vôtres, et il va marcher aussi vite vers Cuzion qu'un trait de scie dans une planche de sapin. Il dira qu'on n'ait pas à s'inquiéter; que madame est en bonne compagnie, et que c'est le vieux Jean qui la ramène. Ainsi c'est dit! — Écoute ici, l'éveillé, dit-il à Charasson, qui bâillait à se démettre la mâchoire et regardait, d'un air ébahi, M. de Boisguilbault; viens que je te ranime un peu au grand air, et que je te mette sur ton chemin.

Il traîna et porta presque Sylvain à quelques pas de la

chaumière, et là, lui mettant son tablier de cuir sur les épaules, il lui dit, en lui tirant les oreilles un peu fort, pour lui graver ses paroles dans la mémoire : « Cours à Châteaubrun, et dis à M. Antoine que Gilberte vient à Boisguilbault avec moi ; qu'il se tienne tranquille, que tout va bien de ce côté-là, et que dût-elle passer la nuit dehors, il ne faut pas qu'il s'inquiète. Entends-tu ? comprends-tu ?

— J'entends bien, mais je ne comprends guère, répondit Sylvain. Voulez-vous bien laisser mes oreilles, grand vilain Jean ?

— Je te les allongerai encore, si tu raisonnes ; et si tu fais mal ma commission, je te les arracherai demain.

— J'ai entendu, ça suffit ; lâchez-moi.

— Et si tu t'amuses en route, gare à toi !

— Pardié, il fait un joli temps pour s'amuser !

— Et si tu me perds ma peau de bique !...

— Pas si bête, elle ne me *gâtera* pas ! »

Et l'enfant se mit à courir vers les ruines, se dirigeant dans les ténèbres avec l'instinct d'un chat.

« A présent, dit Jean en sortant la brouette et la vieille jument de dessous le hangar, à nous deux, ma vieille brave Lanterne ! Ah ! monsieur Sacripant, ne vous fâchez pas, c'est moi ! Vous avez suivi votre jeune maîtresse, c'est bien ; mais M. le marquis, qui ne regarde pas les gens, n'a pas peur de regarder les chiens, et il pourrait vous connaître. Faites-moi le plaisir de suivre votre ami Charasson. Vous retournerez chez vous à pied, j'en suis désolé. » Et, allongeant deux grands coups de fouet au pauvre animal, il le força de s'enfuir en courant sur les traces de Sylvain. « Allons, monsieur le marquis, je vous attends ! » cria le charpentier. Et le marquis, vaincu par l'insistance de Gilberte, monta dans la brouette, où il se plaça entre elle et Jean Jappeloup.

Les étoiles du ciel ne virent pas cet étrange rapprochement ; car d'épais nuages voilaient leur face, et la mère Malot, seule témoin de cette aventure inouïe, n'eut pas l'esprit assez libre pour se livrer à de longs commentaires. Le marquis lui avait mis sa bourse dans la main en franchissant le seuil de sa maison, et elle passa le reste de la nuit à compter les beaux écus qu'elle contenait et à soigner ses petits, en disant : « Cette chère demoiselle, c'est elle qui nous a porté bonheur ! »

Le marquis prit les rênes, ne voulant pas souffrir que son aimable compagne eût la peine de le conduire. Jean s'arma du fouet pour stimuler d'un bras vigoureux l'ardeur de la pauvre Lanterne. Gilberte, que Janille, dans la prévision de l'orage, avait munie d'un large parapluie et du vieux manteau de son père, en la laissant vaquer à ses habitudes charitables, s'occupa à préserver ses compagnons ; et comme le vent lui disputait le manteau, elle le fixa d'une main sur les épaules de M. de Boisguilbault, tandis que de l'autre elle soutenait le parapluie de toute sa force pour abriter la tête du vieillard avec un soin filial. Le marquis fut si touché de ces généreuses attentions, qu'il perdit toute sa timidité et lui exprima sa reconnaissance dans les termes les plus affectueux que le respect put lui permettre. Gilberte tremblait à l'idée que d'un moment à l'autre cette sympathie pouvait se changer en fureur, et le vieux Jean riait dans sa barbe, en recommandant toutes choses à la Providence.

Quoiqu'il ne fût guère plus de neuf heures, tout le monde était couché au château de Boisguilbault lorsque nos voyageurs y arrivèrent. Jamais personne autre que le vieux Martin ne s'occupait du maître après le coucher du soleil, et ce soir-là Martin ayant fermé le parc après avoir vu le marquis entrer dans son chalet, ne se doutait guère qu'il avait fait une sortie et qu'il courait les champs par la pluie et la foudre, en compagnie d'un vieux charpentier et d'une jeune demoiselle.

Jean ne se souciait pas beaucoup de franchir la grille de la cour avec Gilberte ; car il était impossible, demeurant aussi près de Châteaubrun, que quelques serviteurs, sinon tous, ne connussent pas la figure de cette charmante fille, et la première exclamation devait la trahir.

Cependant la pluie tombait toujours, et il n'y avait aucun motif plausible pour faire descendre à la porte extérieure le marquis ou Gilberte, d'autant plus que M. de Boisguilbault voulait absolument que ses compagnons entrassent chez lui pour attendre au coin du feu la fin d'une pluie si obstinée et si froide. Jean mourait pourtant d'envie de saisir ce prétexte pour prolonger le rapprochement ; mais Gilberte refusait avec terreur d'entrer dans le sombre manoir de Boisguilbault, et il était certain qu'il y avait grand danger à le faire.

Heureusement, les habitudes excentriques du marquis lui rendirent impossible l'entrée de son château. Il eut beau agiter la cloche à diverses reprises, le vent rugissait avec fureur et emportait au loin la vibration. Aucun domestique, aucune servante ne couchait dans cette partie du bâtiment, où régnait systématiquement une affreuse solitude ; et quant au vieux Martin, seul excepté de cette règle, il était trop sourd pour entendre, soit la cloche, soit la foudre.

M. de Boisguilbault fut très-mortifié de ne pouvoir exercer l'hospitalité dont tout lui faisait un devoir, et conçut beaucoup de dépit contre lui-même de n'avoir pas prévu ce qui arrivait. Sa colère faillit revenir, et se tourner contre le vieux Martin, qui se couchait avec le soleil. Enfin, prenant tout à coup son parti : « Je vois bien, dit-il, qu'il faut que je renonce à rentrer chez moi, et qu'à moins d'avoir du canon pour prendre ma maison d'assaut, je ne réveillerai personne ; mais si madame ne craint pas de visiter la cellule d'un anachorète, j'ai ailleurs un gîte dont la clef ne me quitte pas, et où nous trouverons tout ce qu'il faut pour se reposer et se réchauffer. » En parlant ainsi, il tourna la tête du cheval vers le parc, mit pied à terre à la grille, l'ouvrit lui-même, et y fit entrer le cabriolet en tirant Lanterne par la bride, tandis que Jean pressait le bras de la tremblante Gilberte pour la déterminer à tenter l'aventure. « Dieu me confonde ! lui dit-il à voix basse, il nous conduit dans sa maison de bois, où il passe toutes les nuits à évoquer le diable ! Sois tranquille, ma Gilberte, je suis avec toi, et c'est aujourd'hui que nous allons mettre Satan à la porte d'ici. »

M. de Boisguilbault, ayant refermé derrière lui la grille du parc, ordonna au charpentier de conduire le cheval, et de le suivre au pas jusqu'à une espèce de hangar de jardinier où souvent Émile plaçait *Corbeau* lorsqu'il arrivait ou voulait partir tard ; et tandis que Jean s'occupait de mettre à couvert la pauvre Lanterne et la brouette de M. Antoine, le marquis offrit son bras à Gilberte, en lui disant : « Je suis désolé de vous faire faire quelques pas sur le sable ; mais vous n'aurez pas le temps de mouiller votre chaussure, car mon ermitage est là, derrière ces rochers. »

Gilberte frissonna de tous ses membres en entrant seule dans le chalet avec cet étrange vieillard, qu'elle avait toujours cru atteint de folie, et qui l'entraînait dans les ténèbres. Cependant elle se rassura un peu lorsqu'il ouvrit une seconde porte, et qu'elle vit le corridor éclairé par une lampe placée dans une niche ornée de fleurs. Cette demeure élégante et confortable, malgré ses dehors et son style rustiques, lui plut extrêmement, et sa jeune imagination, amoureuse de simplicité poétique, crut se retrouver dans le genre de palais qu'elle avait maintes fois rêvé.

Depuis qu'Émile avait été admis dans le mystérieux chalet, il s'y était opéré de notables améliorations. Il avait représenté au vieillard que le stoïcisme des habitudes par lesquelles il voulait protester contre sa propre richesse, commençait à devenir trop rigide pour son âge ; et, bien que M. de Boisguilbault ne fût encore atteint d'aucune infirmité notable, il avouait y avoir beaucoup souffert du froid pendant la mauvaise saison. Émile avait apporté lui-même du vieux château des tapis, des tentures, d'épais rideaux et des meubles commodes ; il y avait souvent allumé le vaste poële pour combattre l'humidité des nuits pluvieuses, et le marquis s'était laissé aller à la douceur d'être soigné, douceur toute morale pour lui, et où il trouvait la preuve d'une affection attentive et délicate. Le jeune homme avait aussi arrangé et embelli la pièce où le vieillard prenait souvent avec lui son repas du soir. Il en avait fait une sorte de salon, et Gilberte fut charmée de poser ses petits pieds, pour la première fois de sa vie, sur de magnifiques peaux d'ours, et d'admirer, sur une console de marbre, de beaux vases de vieux Sèvres, remplis des fleurs les plus rares.

La cheminée, remplie de pommes de pin très-sèches, fut allumée comme par enchantement, lorsque le marquis y eut jeté une feuille de papier enflammée, et les bougies, reflétées dans une glace à cadre de chêne contourné et bizarrement sculpté, remplirent bientôt la chambre d'une clarté éblouissante pour les yeux d'une fille habituée à la pauvre petite lampe où Janille épargnait l'huile, à l'exemple de la Femme forte de la Bible.

M. de Boisguilbault mit une sorte de coquetterie, pour la première fois de sa vie, à faire les honneurs de son chalet à une si aimable hôtesse. Il eut un naïf plaisir à la voir examiner et admirer ses fleurs, et lui promit que, dès le lendemain, elle en aurait toutes les greffes et toutes les graines pour renouveler *le jardin du presbytère.* Rendu un instant à la vivacité de la jeunesse, il trottait de tous côtés pour chercher les petites curiosités qu'il avait rapportées de son voyage en Suisse, et les lui offrait avec une joie ingénue ; et, comme elle refusait, en rougissant, de rien accepter, il prit le petit panier dans lequel elle avait apporté des sirops et des confitures à ses malades, et le remplit de jolis ouvrages en bois découpés à Fribourg, d'échantillons de cristal de roche, d'agates et de cornalines taillées en cachets et en bagues ; enfin de toutes les fleurs qui remplissaient les vases, et dont il fit un énorme bouquet le moins maladroitement qu'il put.

La grâce touchante avec laquelle Gilberte, confuse, remerciait le vieillard, ses questions naïves sur le voyage en Suisse dont M. de Boisguilbault avait gardé un souvenir enthousiaste (exprimé en termes un peu classiques), l'intérêt qu'elle mettait à l'écouter, ses réflexions intelligentes lorsqu'elle parvenait à se mettre à l'aise, le son enchanteur de sa voix, la distinction de ses manières simples et naturelles, son absence de coquetterie, et un mélange de terreur et d'entraînement répandu dans sa contenance et dans ses traits, qui donnait à sa beauté un caractère plus saisissant encore que d'habitude, son teint animé, ses yeux humides de fatigue et d'émotions, son sein oppressé par d'étranges angoisses, un sourire angélique qui semblait demander grâce ou protection ; tout cela pénétra si fortement le marquis et le domina si rapidement, qu'il se sentit tout à coup épris jusqu'au fond de l'âme ; épris saintement, non d'un ignoble désir de vieillard pour la jeunesse et la beauté, mais d'un amour de père pour une chaste et adorable enfant ! et lorsque le charpentier vint les rejoindre, tout ébloui et charmé lui-même de se trouver dans une chambre si claire et si chaude, il crut rêver en entendant M. de Boisguilbault dire à Gilberte : « Approchez donc vos pieds de la cheminée, ma chère enfant ; je tremble que vous n'ayez gagné un rhume ce soir, et je ne me le pardonnerais de ma vie ! »

Puis, entraîné par une expansion extraordinaire, le marquis, se retournant vers le charpentier, lui tendit la main en disant : « Approche donc aussi, toi, et viens t'asseoir auprès du feu avec nous. Pauvre Jean ! tu étais à peine vêtu, et tu es mouillé jusqu'aux os ! c'est encore moi qui en suis la cause ; si tu n'avais pas voulu m'accompagner, tu serais entré à la ferme, et tu y serais encore ; tu aurais soupé surtout, et tu es à jeun !... Comment faire pour te donner à manger ici ? car je suis sûr que tu meurs de faim !

— Ma foi, à vous dire vrai, monsieur de Boisguilbault, répondit le charpentier en souriant et en fourrant ses sabots dans la cendre chaude, je me moque de la pluie, mais non du jeûne. Votre maison de bois est devenue diablement belle, depuis que je n'y ai mis la main ; mais s'il y avait un morceau de pain dans quelqu'une de ces armoires, dont j'ai posé les rayons jadis... je les trouverais encore plus jolies... Depuis midi jusqu'à la nuit, j'ai cogné comme un sourd, et je me sens plus faible qu'une mouche, à présent !

— Eh ! mais, j'y songe ! s'écria M. de Boisguilbault, je n'ai pas soupé, moi non plus ; je l'ai complétement oublié, et je suis sûr qu'il y a là quelque chose, je ne sais où ! Cherchons, Jean, cherchons, et nous trouverons !

— Frappez, et l'on vous ouvrira ! dit gaiement le charpentier en secouant la porte du fond.

— Pas par là, Jean ! dit vivement le marquis, il n'y a rien là que des livres.

— Ah ! c'est la porte qui ne tient pas ! reprit Jean, la voilà qui me tombe dans les mains. Demain, j'arrangerai ça ! ce n'est qu'un peu de bois à ôter d'en haut pour que le pêne joigne. Comment! votre vieux Martin n'a pas l'esprit d'arranger ça? Il a toujours été maladroit et embarrassé, ce chrétien-là! »

Jean, plus fort à lui seul que les deux vieillards de Boisguilbault, referma la porte sans songer à éprouver la moindre curiosité, et le marquis lui sut gré de cette insouciance, car il l'avait observé attentivement, et avec une sorte d'inquiétude, tant qu'il avait tenu le bouton de la serrure.

« Il y a ordinairement ici un guéridon tout servi, reprit M. de Boisguilbault; je ne conçois pas ce qu'il peut être devenu, à moins que Martin ne m'ait oublié ce soir!

— Oh! oh! à moins que vous ne l'ayez pas remontée, la vieille horloge de sa cervelle n'a pas été en défaut, dit le charpentier, qui se rappelait avec plaisir tous les détails de l'intérieur du marquis, autrefois si bien connus de lui. Qu'est-ce qu'il y a derrière ce paravent? Oui-da! ça me paraît bien friand et guère solide! » Et il exhiba, en repliant le paravent, un guéridon chargé d'une galantine, d'un pain blanc, d'une assiette de fraises et d'une bouteille de Bordeaux.

— C'est joli à offrir à une dame, ça, monsieur de Boisguilbault!

— Oh! si je croyais que Madame voulût accepter mon souper! dit le marquis en faisant rouler le guéridon auprès de Gilberte.

— Pourquoi non? hé! dit Jean en ricanant. Je parie que la bonne âme a songé aux autres avant de songer à nourrir son corps. Voyons, si elle mangeait seulement deux ou trois fraises, et vous, cette viande blanche, monsieur de Boisguilbault, moi, je m'arrangerai bien du pain mollet et d'un verre de vin noir.

— Nous mangerons comme devraient manger tous les hommes, répondit le marquis : chacun suivant son appétit, et l'expérience va nous prouver, j'en suis sûr, que la part trop forte, destinée à un seul, va être suffisante pour plusieurs. Oh ! je vous en prie. Madame, procurez-moi le bonheur de vous servir.

— Je n'ai aucunement faim, dit Gilberte, qui, depuis plusieurs jours, était trop accablée et trop agitée pour n'avoir pas perdu l'appétit ; mais, pour vous décider à souper tous les deux, je ferai mine de souper aussi. »

M. de Boisguilbault s'assit auprès d'elle, et la servit avec empressement. Jean prétendit qu'il était trop crotté pour se mettre à côté d'eux, et quand le marquis eut insisté, il avoua qu'il se trouvait fort mal à l'aise sur des chaises si molles et si profondes. Il tira un escabeau de bois, qui restait de l'ancien mobilier rustique, et, se plaçant sous le manteau de la cheminée pour se sécher des pieds à la tête, il se mit à manger de grand cœur. Sa part fut amplement suffisante, car Gilberte ne fit que goûter les fraises, et le marquis était d'une sobriété phénoménale. D'ailleurs, eût-il eu plus d'appétit que de coutume, il se fût volontiers privé pour l'homme qu'il avait battu deux heures auparavant, et qui lui pardonnait avec tant de candeur.

Le paysan mange lentement et en silence ; ce n'est pas pour lui la satisfaction d'un besoin capricieux et fugitif, c'est une espèce de solennité ; car cette heure de repas est en même temps, dans la journée de travail, une heure de repos et de réflexion. Jappeloup devint donc très-grave en coupant méthodiquement son pain par petits morceaux, et en regardant brûler les pommes de pin dans le foyer. M. de Boisguilbault, ayant épuisé à peu près avec Gilberte tout ce qu'on peut dire à une personne qu'on ne connaît pas, retomba aussi dans son laconisme habituel, et Gilberte, accablée par plusieurs nuits d'insomnie et de larmes, sentit que la chaleur du feu, succédant au froid de l'orage, la jetait dans un assoupissement insurmontable. Elle lutta tant qu'elle put, mais la pauvre enfant n'était guère plus accoutumée que son ami le charpentier aux fauteuils moelleux, aux tapis de fourrure et à l'éclat des bougies. Tout en essayant de répondre et de sourire aux paroles de plus en plus rares du marquis, elle se sentit comme magnétisée; sa belle tête se renversa insensiblement sur le dossier, son joli pied s'étendit vers le feu, et sa respiration égale et pure trahit tout à coup la victoire impérieuse du sommeil sur sa volonté.

M. de Boisguilbault, voyant le charpentier absorbé dans une sorte de méditation, se mit alors à examiner les traits de Gilberte avec plus d'attention qu'il n'avait encore osé le faire, et une sorte de frisson s'empara de lui lorsqu'il vit, sous la dentelle noire, à demi détachée de sa coiffure, la profusion de son éblouissante chevelure dorée. Mais il fut tiré de sa contemplation par le charpentier, qui lui dit à voix basse :

« Monsieur de Boisguilbault, je parie que vous ne vous doutez guère de ce que je vais vous apprendre? Regardez bien cette jolie petite dame, et puis je vous dirai qui elle est! »

M. de Boisguilbault pâlit et regarda le charpentier avec des yeux effarés.

XXXI.

INCERTITUDE.

« Eh bien, monsieur de Boisguilbault, l'avez-vous assez regardée, reprit le charpentier d'un air malin et satisfait, et ne pouvez-vous deviner vous-même ce qui doit vous intéresser le plus en elle? »

Le marquis se leva et retomba tout aussitôt sur sa chaise. Un rayon de lumière avait enfin traversé son esprit, et sa pénétration, si longtemps en défaut, allait, tout d'un coup, plus loin que Jean ne le souhaitait. Il crut avoir deviné, et il s'écria avec un accent de violente indignation : « Elle ne restera pas ici un instant de plus ! »

Gilberte, effrayée et réveillée en sursaut, vit devant elle la figure irritée du marquis; elle se crut perdue, et pensant avec désespoir qu'au lieu de rapprocher son père de M. de Boisguilbault, elle allait être la cause d'une inimitié plus profonde, elle ne songea plus qu'à assumer sur elle toute la faute, et à demander grâce pour M. Antoine. Tombant sur ses genoux avec la grâce d'une fleur qui se courbe sous le vent d'orage, elle s'empara de la main tremblante du marquis, et, trop émue pour parler, elle courba sa tête charmante, et appuya, sur le bras du vieillard, son front couvert d'une mortelle pâleur.

« Eh bien, eh bien, dit le charpentier en s'emparant de l'autre main du marquis et en la secouant avec force, à quoi songez-vous donc, monsieur de Boisguilbault, d'effrayer ainsi cette enfant? Est-ce que vos lubies vous reprennent, et faut-il que je me fâche, à la fin?

— Qui est-elle ? reprit le marquis en essayant de repousser Gilberte, mais trop crispé pour en avoir la force ; dites-moi qui elle est, je veux le savoir !

— Vous le savez bien, puisqu'on vous l'a déjà dit, répliqua Jean en haussant les épaules : c'est la sœur sans fortune et sans nom d'un curé de campagne. Est-ce pour cela que vous lui parlez si durement? Et voulez-vous qu'elle sache ce que je sais de vous? Tâchez donc qu'elle ne s'aperçoive pas de vos accès, monsieur de Boisguilbault, vous voyez bien que vos airs méchants la rendent malade de peur! et c'est une drôle de manière de lui faire fête et honneur dans votre maison! Elle ne devait guère s'attendre à cela, après avoir eu tant d'honnêtetés pour vous; et le pire, c'est que je ne peux pas lui dire à qui vous en avez, puisque je n'y comprends rien moi-même, pour l'instant!

— Je ne sais pas si vous vous jouez de moi, dit le marquis tout troublé ; mais que vouliez-vous donc me dire tout à l'heure?

— Quelque chose qui vous eût fait plaisir, mais que je ne vous dirai pas, puisque vous n'avez plus votre tête.

— Jean, parlez, expliquez-vous, je ne puis supporter cette incertitude!

— Je ne puis la supporter non plus, dit Gilberte fondant en larmes : Jean, je ne sais pas ce que vous avez dit ou voulu dire de moi ; je ne sais pas quelle est ma situation ici, mais je la trouve insupportable ; allons-nous-en!

—Non... non... dit le marquis plein d'irrésolution et de honte ; il pleut encore, il fait un temps affreux, et je ne veux pas que vous partiez.

—Eh bien, pourquoi donc vouliez-vous la chasser tout à l'heure? reprit Jean avec une tranquillité dédaigneuse ; qui peut rien comprendre à vos caprices? Moi, j'y renonce, et je m'en vais.

— Je ne resterai pas ici sans vous! s'écria Gilberte en se levant et en courant après le charpentier, qui faisait mine de partir.

—Mademoiselle... ou madame, dit M. de Boisguilbault en l'arrêtant et en retenant aussi le charpentier, daignez m'écouter, et si vous êtes étrangère aux tristes préoccupations dont je suis assailli en cet instant, pardonnez-moi une agitation qui doit vous paraître bien ridicule, mais qui est bien pénible, je vous assure! Je vous en dois pourtant l'explication. On vient de me donner à entendre que vous n'étiez pas la personne que je croyais... mais une autre personne... que je ne veux point voir et point connaître... Mon Dieu! je ne sais comment vous dire...

Ou vous me comprenez trop, ou vous ne pouvez pas du tout me comprendre !...

« Ah ! je vous comprends à la fin, moi, dit le rusé charpentier, et je vas dire à madame ce que vous ne pouvez pas venir à bout de lui expliquer. Madame Rose, ajouta-t-il en s'adressant à Gilberte, et en lui donnant résolûment le nom de la sœur du curé de Cusion, vous connaissez bien mademoiselle Gilberte de Châteaubrun, votre jeune voisine? Eh bien, M. le marquis a une grande rancune contre elle, à ce qu'il paraît; il faut croire qu'elle lui a fait quelque vilaine offense; et comme j'allais lui dire quelque chose par rapport à vous et à M. Émile....

— Que dis-tu? s'écria le marquis, Émile?

— Ça ne vous regarde pas, reprit Jean : vous ne saurez plus rien, je parle à madame Rose... oui, madame Rose, M. de Boisguilbault déteste mademoiselle Gilberte ; il s'est imaginé que c'était peut-être vous ; voilà pourquoi il voulait vous jeter dehors, et plutôt par la fenêtre que par la porte. »

Gilberte éprouvait une mortelle répugnance à soutenir cet étrange et audacieux persiflage ; pendant quelques instants elle avait éprouvé une si vive sympathie pour le marquis, qu'elle se reprochait d'abuser de son erreur et de l'exposer à des émotions qui paraissaient le faire autant souffrir qu'elle-même. Elle résolut de le désabuser peu à peu, et d'être plus hardie que son facétieux complice, en affrontant les suites de la colère de M. de Boisguilbault.

« Il y a du moins, dit-elle avec une noble assurance, une énigme pour moi dans ce que j'entends. Je ne puis comprendre que Gilberte de Châteaubrun soit un objet de réprobation pour un homme aussi juste et aussi respectable que M. de Boisguilbault. Comme je ne sais rien d'elle qui puisse justifier un pareil mépris, et qu'il m'importe de savoir à quoi m'en tenir sur son compte, je supplie monsieur le marquis de me dire tout le mal qu'il sait d'elle, afin, du moins, qu'elle puisse se disculper auprès des personnes honnêtes qui la connaissent.

— J'aurais désiré, dit le marquis avec un profond soupir, que le nom de Châteaubrun ne fût pas prononcé devant moi...

— C'est donc un nom entaché d'infamie? reprit Gilberte avec un mouvement d'irrésistible fierté.

— Non... non... je n'ai jamais dit cela, répondit le marquis, dont la colère tombait aussi vite qu'elle s'allumait. Je n'accuse personne, je ne reproche rien à qui que ce soit. Je suis brouillé avec la personne dont on parle; je ne veux point qu'on m'en parle, mais je n'en parle pas non plus... et alors pourquoi donc m'adresser d'inutiles questions?

— Inutiles questions! répéta Gilberte; vous ne pouvez pas les juger ainsi, monsieur le marquis. Il est fort étrange qu'un homme tel que vous soit brouillé avec une jeune personne qu'il ne connaît pas, qu'il n'a peut-être jamais vue... Il faut donc qu'elle ait commis quelque indigne action ou dit quelque odieuse parole contre lui, et c'est ce que je veux savoir, c'est ce que je vous supplie de me dire; afin que, si Gilberte de Châteaubrun ne mérite ni estime ni confiance, je me préserve du contact d'une fille aussi dangereuse.

— C'est ça qui s'appelle parler! s'écria Jean en frappant dans ses mains. Allons! je serai bien aise aussi de savoir qu'en penser; car enfin cette Gilberte m'a fait du bien, à moi; elle m'a donné à boire et à manger quand j'avais faim et soif; elle a filé sa laine pour me couvrir quand j'avais froid. Je l'ai toujours vue charitable, douce, dévouée à ses parents, et honnête fille s'il en fut! A présent, si elle a commis quelque péché honteux, j'aurai honte moi-même d'être son obligé, et je ne veux plus rien lui devoir.

— Ce sont vos ridicules explications qui soulèvent cet inutile débat! dit le marquis en s'adressant au charpentier. Où avez-vous pris toutes les sottises que vous m'attribuez? C'est avec le père de cette jeune personne que je suis brouillé pour d'anciennes querelles, et non avec une enfant que je ne connais pas, et dont je n'ai rien à dire, absolument rien...

— Et que vous auriez pourtant chassée de chez vous si elle eût osé s'y présenter! dit Gilberte en examinant le marquis, dont l'embarras commençait à la rassurer beaucoup.

— Chassée?... non; je ne chasse personne! répondit-il : j'aurais seulement pu trouver un peu blessant, un peu étrange qu'elle eût songé à venir ici.

— Eh bien, elle y a songé bien des fois, pourtant, dit Gilberte; je le sais, moi, car je connais ses pensées, et je vais répéter ce qu'elle m'a dit...

— A quoi bon? dit le marquis en détournant la tête, et pourquoi s'occuper si longtemps d'un mouvement qui m'est échappé sans réflexion? Je serais désespéré de faire naître dans l'esprit de qui que ce soit une mauvaise pensée contre la jeune fille... Je ne la connais pas, je le répète, et ne puis rien lui reprocher. La seule chose que je désire, c'est que mes paroles ne soient pas répétées, torturées, amplifiées... Entendez-vous, Jean? vous prenez sur vous d'interpréter les exclamations qui m'échappent, et vous le faites fort mal. Je vous prie, si vous avez quelque affection pour moi, ajouta le marquis avec un triste effort, de ne jamais prononcer mon nom à Châteaubrun, et de ne me mêler à aucun propos. Je demande aussi à madame de me préserver de tout contact indirect, de toute explication détournée, de toute espèce de relation, enfin, avec cette famille ; et si, pour obtenir que mon repos, à cet égard, continue à être respecté, je dois démentir ce que ma vivacité peut avoir eu d'irréfléchi, je suis prêt à protester contre tout ce qui pourrait porter atteinte, dans ma pensée, à la réputation et au caractère de mademoiselle de Châteaubrun. »

Le marquis parla ainsi avec une froideur mesurée qui lui rendit toute la convenance et la dignité de son rôle habituel. Gilberte eût préféré un retour de colère qui lui eût fait espérer une réaction de faiblesse et d'attendrissement. Elle ne se sentit plus le courage d'insister, et, comprenant, aux manières tout à coup glacées du marquis, qu'elle était à demi devinée, et qu'une invincible méfiance venait de naître en lui, elle se sentit si mal à l'aise, qu'elle eût voulu partir sur l'heure ; mais Jean n'était nullement satisfait de l'issue de cette explication, et il résolut de frapper le dernier coup.

« Allons, dit-il, c'est comme M. de Boisguilbault voudra. Il est bon et juste au fond du cœur, madame Rose ; ne lui faisons donc plus de peine, et partons ! mais auparavant, je voudrais qu'il y eût une autre sorte d'explication entre vous deux... Allons, un peu d'épanchement ! Vous allez rougir, me gronder, pleurer peut-être... Mais moi, je sais ce que je fais, je sais que voici une occasion qui ne se retrouvera peut-être jamais, et qu'il faut savoir subir un peu d'embarras pour assister et consoler ceux qu'on aime... Vous me regardez d'un air tout étonné ! vous ne savez donc pas que M. de Boisguilbault est le meilleur ami de notre Émile, qu'il a toute sa confiance, et que, sans savoir qu'il s'agissait de vous, il connaît fort bien toutes ses peines et toutes les vôtres ? Oui, monsieur de Boisguilbault, voilà madame Rose... c'est elle ! vous me comprenez bien, vous ? Ainsi donc, parlez-lui, donnez-lui du courage ; dites-lui qu'Émile a bien fait, et elle aussi, de ne pas vouloir céder à la malice du père Cardonnet. Voilà ce que je voulais vous dire quand vous m'avez interrompu avec un esclandre à propos de mademoiselle de Châteaubrun, à laquelle Dieu sait si je pensais ! »

Gilberte devint si confuse, que M. de Boisguilbault, qui recommençait à la regarder avec un intérêt mêlé d'inquiétude, en fut touché, et s'efforça de la rassurer. Il lui prit la main, et, la ramenant à son fauteuil : « Ne soyez pas troublée devant moi, dit-il ; je suis un vieillard, et c'est un autre vieillard qui trahit vos secrets. Sans doute cet homme-là a des façons d'agir bien hardies et bien inusitées ; mais puisque ses intentions sont bonnes, et que son caractère à part le place dans l'intimité de l'être qui nous intéresse le plus au monde, vous et moi, essayons de surmonter notre mutuel embarras, et de profiter en effet de l'occasion !... »

Mais Gilberte, confondue de la résolution de caractère du charpentier, et terrifiée de voir le secret de son cœur entre les mains d'un homme qui lui inspirait encore plus d'effroi que de confiance, mit ses deux mains sur son visage et ne répondit pas.

« Allons ! dit le charpentier, que rien au monde ne pouvait faire reculer dans ses entreprises, soit qu'il s'agît de combattre un scrupule ou d'abattre une forêt, la voilà toute mortifiée, et je serai boudé pour mon indiscrétion ! mais si Émile était là, il ne me désavouerait pas. Il serait content que M. de Boisguilbault vît par ses yeux s'il a bien placé son sentiment, et il sera un peu fier demain quand M. de Boisguilbault lui dira : « Je l'ai vue, je la connais, et je ne m'étonne plus de rien ! » Pas vrai, monsieur de Boisguilbault, que vous direz cela ? »

M. de Boisguilbault ne répondit rien. Il regardait toujours Gilberte, partagé entre un attrait puissant et un soupçon terrible. Il fit quelques tours dans l'appartement pour combattre une énorme oppression, et, après bien des soupirs et des combats intérieurs, il revint prendre les deux mains de Gilberte :

« Qui que vous soyez, lui dit-il, vous disposez du sort du plus noble enfant que ma vieillesse ait pu rêver pour son soutien et sa consolation. Je vais bientôt mourir, et je quitterai la terre sans y avoir connu un instant de bonheur, si je n'y laisse Émile en paix avec lui-même.

« Oh! je vous en supplie, vous qui allez exercer sur tout son avenir une influence si grande... si bienfaisante ou si funeste!... conservez à la vérité ce cœur digne d'en être le sanctuaire. Vous êtes bien jeune, vous ne savez pas encore ce que c'est que l'amour d'une femme dans la vie d'un homme comme lui! Vous ne savez peut-être pas qu'il dépend de vous d'en faire un héros ou un lâche, un martyr ou un apostat! Hélas! ce que je vous dis en cet instant, sans doute vous n'en comprenez pas la portée... Non, vous êtes trop jeune : plus je vous regarde, plus vous me paraissez une enfant! Pauvre jeune être, sans expérience et sans force, vous allez disposer d'une âme forte, pour la briser ou l'ennoblir... Pardonnez-moi ce que je vous dis, je suis fort ému et je ne sais pas trouver les paroles qui conviennent... Je ne voudrais ni vous affliger ni vous causer de l'embarras; mais je me sens triste, effrayé, et plus vous êtes belle et candide, plus je sens que l'âme d'Émile ne m'appartient plus!

— Pardonnez-moi, monsieur le marquis, répondit Gilberte en essuyant ses larmes, je vous comprends fort bien, et, quoique bien jeune, en effet, je sens quelle est la responsabilité que je porte devant Dieu; mais ce n'est pas de moi qu'il s'agit, ce n'est pas moi que je veux défendre et justifier auprès de vous, c'est Émile; c'est ce noble cœur dont vous semblez douter. Oh! rassurez-vous! Émile ne mentira ni aux hommes, ni à vous, ni à son père, ni à lui-même. J'ignore si je comprends bien l'importance de ses idées et la profondeur des vôtres; mais j'adore la vérité. Je ne suis pas philosophe, moi, je suis trop ignorante! Mais je suis pieuse, je suis nourrie des préceptes de l'Évangile, et je ne puis les interpréter dans un sens opposé à ceux qu'Émile leur donne. Je comprends que son père, qui invoque pourtant aussi l'Évangile, quand la fantaisie lui en vient, veut qu'il mente à la foi de l'Évangile, et, si je croyais Émile capable d'y consentir, je rougirais de m'être assez grossièrement trompée pour aimer un homme sans lumières et sans conscience! mais je n'ai pas eu ce malheur. Émile saura renoncer à moi, s'il le faut, plutôt que de renoncer à lui-même; et, quant à moi, je saurai bien avoir du courage, si par moments le sien venait à défaillir. Je ne le crains pourtant pas : je sais qu'il souffre, et je souffre aussi; mais je serai digne de son affection, comme il est digne de la vôtre, et Dieu nous aidera à tout supporter, car il n'abandonne pas ceux qui souffrent pour l'amour de lui et pour la gloire de son nom.

— C'est bien dit! s'écria le charpentier, et je voudrais savoir parler comme ça. Mais, n'importe, je pense de même, et le bon Dieu m'en sait autant de gré.

— Oui! vous avez raison, dit M. de Boisguilbault, frappé de la conviction que révélait l'accent énergique du charpentier; je ne savais pas, Jean, que vous dussiez être pour Émile un ami aussi dévoué et plus utile peut-être que moi-même.

— Je ne dis pas ça, monsieur de Boisguilbault; je sais qu'Émile vous considère comme son père véritable, à la place du père peu chrétien que le sort lui a donné; mais je suis un peu son ami, et hier soir je me flatte de lui avoir remonté l'esprit, comme ce matin je l'ai remonté à d'autres... Quant à elle, dit-il en désignant Gilberte, elle n'a eu besoin de personne. Je m'y attendais bien! Dès le premier moment, son parti a été pris, et m'est avis que c'est assez joli pour son âge d'avoir eu cette force-là, bien que vous paraissiez n'y pas faire grande attention! »

Le marquis hésita, et marcha encore sans rien dire; puis il s'arrêta près de la fenêtre, l'entr'ouvrit, et dit, en revenant à Gilberte :

« La pluie est passée, je crains que vos parents ne soient inquiets de vous, je... je ne veux pas vous retenir plus longtemps ce soir... mais... nous nous reverrons, et je serai mieux préparé à causer avec vous... car j'ai beaucoup de choses à vous dire.

— Non, monsieur le marquis, répondit Gilberte en se levant, nous ne nous reverrons jamais ; car il faudrait vous tromper encore, et cela me serait impossible. Le hasard m'a fait vous rencontrer, et j'ai cru remplir un devoir en vous rendant quelques soins bien humbles que mon cœur me commandait. Jusque-là je n'avais pas été coupable, je vous en fais juge vous-même, car pour vous les faire accepter, il fallait mentir ; et, d'ailleurs, mon père m'avait fait jurer que je ne vous importunerais jamais de sa douleur, de son repentir d'une offense qu'il vous a faite et que j'ignore, de son affection pour vous, qui est restée comme une plaie douloureuse au fond de son âme!... Dans mes rêves d'enfant, j'avais formé souvent le projet de venir me jeter à vos pieds, de vous dire: « Mon père souffre, il est malheureux à cause de vous. S'il vous a offensé, prenez en expiation de ses torts, mes pleurs, mon abaissement, ma soumission, ma vie, si vous voulez! mais tendez-lui la main, et foulez-moi aux pieds, je vous bénirai encore, si vous ôtez du cœur de mon père le chagrin qui le ronge et le poursuit jusque dans son sommeil. » Oui, voilà le songe dont je m'étais bercée autrefois! mais j'y ai renoncé parce que mon père me l'a ordonné, jugeant que je ne ferais qu'augmenter votre colère ; et j'y renonce plus que jamais, ce soir, en voyant votre froideur et l'aversion que mon nom vous inspire. Je me retire donc sans vous implorer pour lui, et pénétrée d'une certitude bien douloureuse : c'est que mon père est victime d'une grande injustice de votre part! mais je mettrai tous mes soins à l'en distraire et à l'en consoler. Et quant à vous, monsieur le marquis, je vous laisse de quoi me punir de la ruse innocente à laquelle je me suis prêtée ce soir, pour préserver la santé et peut-être la vie de celui que mon père a tant aimé! je vous laisse mon secret, qui vous a été révélé bien malgré moi, mais que je ne rougis plus de savoir entre vos mains : car c'est le secret d'une âme fière et d'un amour que Dieu a béni en me l'inspirant. Ne craignez plus de me revoir, monsieur le marquis, ne craignez plus que Jean, cet ami imprudent, mais généreux, qui s'est exposé à vos ressentiments pour nous réconcilier avec vous, vous importune jamais de notre souvenir. Je saurai l'y faire renoncer. J'ai été honorée ce soir de votre hospitalité, monsieur le marquis, et vous me permettrez de ne l'oublier jamais. Vous n'aurez point à vous en repentir ; car vous n'aurez pas été la dupe d'un mensonge, et, si c'est un soulagement à votre aversion, vous êtes encore à même de chasser outrageusement de votre présence la fille d'Antoine de Châteaubrun.

— Je voudrais bien voir ça! s'écria Jean Jappeloup en se plaçant auprès d'elle, et en prenant son bras sous le sien ; moi qui ai eu tout le tort et qui ai fait, malgré elle, tous les mensonges, moi qui avais mis dans ma tête qu'elle mettrait la main de son père dans la vôtre... Vous êtes entêté, monsieur de Boisguilbault ; mais, par tous les diables! vous ne ferez pas d'affront à ma Gilberte, car je

me souviendrais alors que j'ai coupé ce soir votre canne
en deux !

— Vous déraisonnez, Jean, répondit froidement M. de
Boisguilbault. Mademoiselle, dit-il à Gilberte, voulez-vous
me permettre de vous donner le bras pour retourner à
votre voiture ? »

Gilberte accepta en tremblant ; mais elle sentit que le
bras du marquis tremblait bien davantage. Il l'aida silencieusement à monter en voiture ; puis, remarquant qu'il
faisait encore grand froid, quoique le ciel fût redevenu
serein : « Vous sortez d'un endroit très-chaud, lui dit-il,
et vous n'êtes pas assez couverte ; je vais vous aller chercher un vêtement. »

Gilberte le remercia en lui montrant qu'elle avait le
manteau de son père.

« Mais il est humide, et c'est pire que rien, » reprit le
marquis. Et il retourna vers le chalet.

— Au diable le vieux fou ! dit Jean en fouettant la jument avec humeur ; j'ai assez de lui. Je suis en colère
contre lui ; je n'ai réussi à rien, et il me tarde d'être sorti
de sa tanière. Je n'y remettrai jamais les pieds ; les regards de cet homme-là m'enrhument. Allons-nous-en, ne
l'attendons pas !

— Au contraire, il faut l'attendre, et ne pas le forcer à
courir après nous, dit Gilberte.

— Bah ! est-ce que vous croyez qu'il se soucie beaucoup de vous laisser enrhumer ? Et d'ailleurs, il n'y pense
plus : voyez s'il reviendra ! Allons-nous-en ! »

Mais quand ils furent devant la grille, ils s'aperçurent
qu'elle était fermée, que M. de Boisguilbault en avait
gardé la clef, et qu'il fallait bien l'attendre ou retourner
la lui demander. Jean jurait tout haut après lui, lorsque
le marquis parut tout à coup, portant un paquet qu'il posa
sur les genoux de Gilberte en lui disant : « Je vous ai fait

un peu attendre; j'ai eu quelque peine à trouver ce que je cherchais. Je vous prie de le garder pour votre usage, ainsi que ces petits objets que vous avez oubliés avec votre panier. Ne descendez pas, Jappeloup, je vais vous ouvrir la grille. » Et quand ce fut fait : « Je compte sur vous demain, mon cher, » ajouta-t-il.

Et il tendit au charpentier une main que celui-ci hésita à serrer, ne comprenant rien aux mouvements décousus d'une âme si incertaine et si troublée.

« Mademoiselle de Châteaubrun, dit alors le marquis d'une voix faible, voulez-vous aussi me donner la main avant que nous nous quittions? »

Gilberte sauta légèrement sur le gazon, ôta son gant et prit la main du vieillard qui tremblait horriblement. Saisie d'un mouvement de pitié respectueuse, elle la porta à ses lèvres en lui disant :

« Vous ne voulez pas pardonner à Antoine, pardonnez du moins à Gilberte! »

Un gémissement profond sortit de la poitrine du vieillard. Il fit un mouvement comme pour approcher ses lèvres du front de Gilberte, mais il s'éloigna avec effroi; puis il lui prit la tête, la pressa un instant dans ses deux mains comme s'il eût voulu la briser, baisa enfin ses cheveux blonds qu'il mouilla d'une larme froide comme la goutte d'eau qui se détache du glacier; et, tout à coup, la repoussant avec violence, il s'enfuit en cachant son visage dans son mouchoir. Gilberte crut entendre un sanglot se perdre dans l'éloignement avec le bruit de ses pas inégaux sur le gravier et celui de la brise dans les trembles.

XXXII.

PRÉSENT DE NOCES.

Il y avait quelque chose d'effrayant et de déchirant à la

fois dans l'étrange adieu de M. de Boisguilbault, et Gilberte en fut si émue, qu'elle recommença elle-même à pleurer.

« Allons, qu'y a-t-il? lui dit Jean lorsqu'ils furent sur le chemin de Châteaubrun ; allez-vous perdre vos yeux ce soir? Vous êtes quasi aussi folle que ce vieux, ma Gilberte ; car tantôt vous êtes raisonnable et parlez d'or, puis tout d'un coup, vous redevenez faible et gémissante comme un petit enfant. Voulez-vous que je vous dise, M. de Boisguilbault est un excellent cœur ; mais, pour sûr, et quoi qu'en dise Émile et votre père, il a la tête dérangée. Il n'y a pas à compter sur lui, de même qu'il n'y a jamais à en désespérer. Il se peut que vous n'entendiez plus jamais parler de lui, comme il se peut, tout aussi bien, qu'il saute un beau jour au cou de votre père, s'il le rencontre dans un bon moment. Ça dépendra de la lune !

— Je ne sais plus qu'en penser, répondit Gilberte ; car je crois, en effet, que je deviendrais folle aussi si je vivais près de lui. Il me fait une peur affreuse, et pourtant j'ai pour lui des mouvements de tendresse irrésistible. C'est bien ce qu'il inspirait à Émile dans les commencements ; Émile a fini par l'aimer et ne plus le craindre. Donc, la bonté l'emporte en lui sur le caprice de la maladie.

— Je vous dirai ça plus tard, reprit le charpentier, car décidément il faut que j'y retourne et que je l'étudie.

— Mais tu l'as tant connu autrefois ! il n'était donc pas le même ?

— Oh ! il a bien empiré ! Il était triste et silencieux d'habitude, et quelquefois un peu colère. Mais ça durait peu, et il était meilleur après. C'est bien encore la même chose ; mais je crois que ce qui lui arrivait une ou deux fois par an, lui arrive maintenant une ou deux fois par jour, et qu'il est à la fois plus méchant et plus doux.

— Comme il paraît malheureux ! » dit Gilberte, dont le

cœur se serrait au souvenir du sanglot qu'elle avait entendu et dont l'écho était resté dans ses oreilles.

Janille et Antoine attendaient Gilberte avec une ardente impatience. Le rapport de Charasson les avait frappés de stupeur, et, croyant qu'il battait la campagne ou qu'il mentait pour leur cacher quelque accident arrivé à Gilberte, ils avaient couru chez la mère Marlot pour calmer leur inquiétude. Son récit les avait rassurés, mais n'avait rien éclairci. Janille était irritée contre le charpentier et n'augurait rien de bon de cette folle entreprise. Antoine s'effrayait avec elle, puis, tout aussitôt, conformément à sa nature confiante, il se livrait à de riantes illusions et bâtissait mille châteaux en Espagne.

« Janille, disait-il, notre enfant et notre ami Jean peuvent à eux deux faire des prodiges. Que dirais-tu si tu les voyais venir avec Boisguilbault?

— Ah! voilà votre tête folle! répondait Janille. Vous oubliez que c'est impossible, et que le vieux sournois est plutôt capable de tordre le cou à notre fille que d'écouter de bonnes raisons. Et puis, quelles excuses peuvent faire valoir des gens qui ne savent rien de rien?

— C'est justement pour cela. Tout ce que Boisguilbault craint au monde, c'est que nous n'ayons mis les nôtres dans la confidence : car c'est l'orgueil blessé, tout autant que l'amitié trahie, hélas! qui le rend si craintif et si malheureux. Pauvre marquis! peut-être que la candeur de notre enfant et la loyauté de Jean l'attendriront. Puisse-t-il me pardonner de ce que je n'oublierai jamais!

— Plaignez-vous lorsque vous avez un trésor comme Gilberte! Mais ne comptez pas qu'elle l'apprivoise. Celui-là ne reviendra pas plus à Châteaubrun que le beau fils Cardonnet, et nos ruines ne reverront jamais ni l'un ni l'autre.

— Émile reviendra avec le consentement de son père,

ou il ne reviendra pas, Janille, je te l'ai promis ; mais, en attendant, sa conduite est louable : Jean nous l'a bien prouvé ce matin.

— C'est-à-dire que vous n'y avez rien compris, pas plus que moi; mais que, par faiblesse, vous avez fait semblant d'être persuadé! vous n'en faites jamais d'autres, et vous ne voyez pas qu'en louant la belle conduite de ce maudit jeune homme, vous exaltez la tête de votre fille. Vous feriez bien mieux de la dégoûter de lui en lui prouvant qu'il est fou, ou qu'il ne l'aime guère. »

Leur discussion fut interrompue par le bruit du trot de Lanterne, qui, en rasant le rocher, produisait une cadence bien reconnaissable. Ils coururent à la rencontre de Gilberte, et lorsqu'ils l'eurent ramenée au pavillon, au milieu des questions précipitées des uns et des réponses entrecoupées des autres, le paquet que le marquis avait remis à Gilberte, et qu'elle n'avait pas songé à ouvrir, frappa les regards de Janille. « Qu'est-ce que cela? s'écria-t-elle en dépliant un magnifique cachemire de l'Inde, bleu d'azur, brodé en or fin : mais c'est le manteau d'une reine!

— Ah! juste Dieu! s'écria M. Antoine en touchant le châle d'une main tremblante et en pâlissant : je reconnais cela!

— Et qu'est-ce que c'est que cette boîte? dit Janille en ouvrant un écrin qui venait de tomber du châle.

— Ce sont des minéraux, je crois, répondit soudain Gilberte, des cristaux du Mont-Blanc, qu'il a ramassés lui-même dans son voyage.

— Non pas, non pas, vous confondez, dit le charpentier, ça brille autrement, ça; regardez donc! »

Et Gilberte vit avec surprise une rivière d'énormes diamants d'un éclat éblouissant.

« Mon Dieu! mon Dieu! je reconnais tout cela, balbutiait M. de Châteaubrun en proie à une émotion terrible.

— Taisez-vous donc, Monsieur, lui dit Janille en lui poussant le coude; vous connaissez les diamants et les cachemires; c'est possible; vous avez été assez riche pour en avoir beaucoup vu autrefois. Est-ce une raison pour parler si haut et nous empêcher de les regarder? Diantre! ma fille, tu n'as pas perdu ton temps! Il y a peut-être là de quoi faire rebâtir notre château, et M. de Boisguilbault n'est point si ladre que je croyais. »

Gilberte, qui avait vu fort peu de diamants en sa vie, persistait à croire que ce collier était en cristal de roche taillé; mais M. de Châteaubrun, en ayant examiné le fermoir et les pierres, le remit dans l'écrin en disant avec une mélancolie distraite : « Il y a là pour plus de cent mille francs de diamants. M. de Boisguilbault te donne une dot, ma fille!

— Cent mille francs! s'écria Janille, cent mille francs! Pensez-vous à ce que vous dites, Monsieur? est-ce possible?

— Ces petits grains reluisants valent tant d'argent! dit Jappeloup avec un étonnement naïf dépourvu de convoitise; et ça se garde comme ça dans une petite boîte, sans servir à rien?

— Cela se porte, dit Janille en passant le collier autour du cou de Gilberte, et j'espère que ça rend belle! Mets donc ce châle sur tes épaules, ma fille! Pas comme ça! J'ai vu à Paris des dames qui en portaient; mais du diantre si je peux me souvenir comment c'était arrangé.

— C'est fort beau, mais fort incommode, dit Gilberte, et il me semble que je suis déguisée avec ce cachemire et ces bijoux. Allons, replions et serrons tout cela pour le renvoyer à M. de Boisguilbault. Il se sera trompé, il aura cherché à tâtons. Il a cru me donner des bagatelles, et il m'a remis les cadeaux de noces qu'il a faits à sa femme.

— Oui, dit le charpentier, il se sera trompé, pour sûr : car on ne donne pas la défroque de sa défunte à une étrangère. Il était si troublé, le pauvre homme! Il n'y a pas que vous qui ayez des distractions, monsieur Antoine!

— Non, il ne s'est pas trompé, dit M. Antoine. Il sait ce qu'il fait, lui, et Gilberte peut garder ces présents.

— Tiens, tiens! je le crois bien, s'écria Janille. Ils sont bien à elle, n'est-ce pas, monsieur Antoine? Tout ça lui appartient légitimement... puisque M. de Boisguilbault le lui donne!

— Mais c'est impossible, mon père! je n'en veux pas, dit Gilberte : qu'en ferais-je? Je serais vraiment fort ridicule si j'allais me promener dans notre brouette avec mes robes d'indienne, couverte de diamants et d'un cachemire de l'Inde.

— Dame! vous feriez un peu rire le monde, dit le charpentier; les dames du pays en crèveraient de rage. Et puis tous les hannetons viendraient donner de la tête sur vos diamants, car ils se jettent comme des imbéciles sur ce qui brille; et en cela ils font comme les hommes. Si M. de Boisguilbault voulait vous doter, pour faire voir qu'il se raccommode avec M. Antoine, il aurait mieux fait de vous donner une de ses petites métairies avec un cheptel de huit bœufs.

— Tout cela est bel et bon, dit Janille; mais avec des petites pierres brillantes on fait de l'argent, on agrandit le pavillon, on rachète des terres, on se fait deux ou trois mille livres de rente, et on trouve un mari qui vous en apporte autant. Alors on est à son aise pour le reste de ses jours, et on se moque un peu de MM. Cardonnet père et fils!

— Au fait, dit M. Antoine, voilà ton existence assurée, ma fille! Ah! que M. de Boisguilbault sait noblement se venger! Je savais bien, moi, ce que je disais quand je le défendais contre toi, Janille! Prétendras-tu encore que c'est un vilain et méchant homme?

— Nenni, Monsieur, nenni! il a du bon, je le reconnais. Allons, racontez-nous donc comment tout ça s'est passé, vous autres! »

On en eut jusqu'à minuit à causer, à se rappeler les moindres circonstances, à se livrer à mille commentaires sur la future conduite du marquis à l'égard d'Antoine. Jean Jappeloup, trop attardé pour retourner à son village, coucha à Châteaubrun. M. Antoine s'endormit dans des rêves de bonheur, et Janille dans des rêves de fortune. Elle avait oublié Émile et les chagrins récents. « Tout cela passera, disait-elle, et les cent mille francs resteront. Nous n'aurons plus à faire à des Galuchet, quand on nous verra propriétaires d'une jolie fortune de campagne. » Et déjà elle faisait dans sa tête l'énumération de tous les jeunes hobereaux de la contrée qui pouvaient aspirer à la main de Gilberte.

« Si un roturier se présente, pensait-elle, il faudra qu'il ait au moins pour deux cent mille francs de propriétés au soleil! » Et elle mit sous son traversin la clef de l'armoire où elle avait serré le *pot au lait* de Gilberte.

Gilberte, cédant à une fatigue extrême, finit par s'endormir aussi, après avoir pris une grande résolution. Le lendemain, elle causa longtemps avec son père à l'insu de Janille, puis elle demanda à cette dernière de lui laisser emporter les présents de M. de Boisguilbault dans sa chambre, pour les regarder à son aise. La bonne femme les lui remit sans méfiance, car Gilberte se voyait cette fois dans la nécessité de dissimuler avec son opiniâtre gouvernante; puis elle écrivit une lettre qu'elle montra à son père.

« Tout ce que tu fais est bien, ma fille, dit-il avec un profond soupir ; mais gare à Janille, quand elle le saura !

— Ne craignez rien, cher père, répondit la jeune fille ; nous ne lui dirons pas que je vous ai mis dans la confidence, et tout son dépit tombera sur moi seule.

— A présent, reprit M. Antoine, il faut attendre notre ami Jean, car on ne peut pas confier ces objets-là à un étourdi comme maître Charasson. »

Gilberte attendit le retour du charpentier avec d'autant plus d'impatience, qu'elle comptait recevoir par lui des nouvelles d'Émile. Elle ignorait qu'Émile fût malade. Mais, à l'idée de sa douleur, elle éprouvait une anxiété qui ne lui permettait plus de songer à elle-même, et ces jours d'absence, qu'elle avait cru pouvoir supporter avec tant de courage, lui paraissaient si longs et si sombres, qu'elle se demandait avec effroi comment Émile pourrait les endurer. Elle se flattait qu'il trouverait le moyen de lui écrire, bien qu'elle n'eût pas voulu l'y autoriser, ou du moins que le charpentier saurait lui rapporter les moindres paroles de leur entretien.

Mais le charpentier ne vint pas, et le soir arriva sans apporter aucun soulagement aux angoisses de la jeune fille. Une contrariété réelle venait s'ajouter à sa peine secrète. M. Antoine se montrait défaillant à l'endroit de la résolution que Gilberte avait prise, et qu'il avait d'abord approuvée, de refuser les dons de M. de Boisguilbault. A chaque instant il menaçait de consulter Janille, sans laquelle il n'avait jamais su prendre un parti depuis vingt ans, et Gilberte tremblait que l'impérieux *veto* de sa vieille amie ne vînt s'opposer à la restitution projetée.

Le lendemain, Jean ne vint pas davantage. Il travaillait sans doute pour M. de Boisguilbault, et Gilberte s'étonnait qu'étant occupé à si peu de distance, il ne devinât pas le besoin qu'elle éprouvait de s'entretenir avec lui, ne fût-ce qu'un instant. Une vague inquiétude la portait de ce côté. Elle se mit en route pour la chaumière de la mère Marlot, et, comme d'habitude, elle mit dans son panier les modestes friandises dont elle privait son dîner pour les malades. Mais, en même temps, craignant qu'en son absence M. de Châteaubrun n'ouvrît son cœur à Janille, et que le scellé de la gouvernante ne fût apposé sur les bijoux, elle les enveloppa, ainsi que le cachemire, les cacha au fond de son panier et résolut de ne plus s'en séparer que pour les remettre à leur destination.

Vivant à la campagne dans une condition plus que modeste, Gilberte était habituée à sortir seule aux environs de sa demeure. La pauvreté délivre de l'étiquette, et il semble que la vertu des filles riches soit plus fragile ou plus précieuse que celle des pauvres, puisqu'on ne leur laisse point faire un pas sans escorte.

Gilberte allait seule à pied avec autant de sécurité qu'une jeune paysanne, et elle était réellement moins exposée encore, car elle était connue, aimée et respectée de tous ceux qu'elle pouvait rencontrer.

Elle n'avait peur ni d'un chien, ni d'une vache, ni d'une couleuvre, ni d'un poulain échappé. Les enfants de la campagne savent se préserver de ces petits dangers, qu'un peu de présence d'esprit et de sang-froid suffisent pour éviter. Elle n'emmenait donc son page rustique et ne montait dans la brouette de famille que lorsque le temps menaçait, ou qu'elle avait hâte de rentrer. Ce soir-là, le soleil brillait encore dans un ciel pur, les chemins étaient secs, et elle partit d'un pied léger à travers les sentiers des prairies. Par la traverse, la chaumière de la Marlot était également près de Châteaubrun et de Boisguilbault.

Les enfants de la pauvre femme étaient en pleine convalescence. Gilberte ne s'arrêta pas longtemps auprès d'eux. La Marlot lui raconta comme quoi M. de Boisguilbault lui avait laissé cent francs le jour de leur rencontre dans sa chaumière, et lui apprit que Jean Jappeloup travaillait dans le parc, à la maison de bois. Elle l'avait vu passer de loin, le matin, chargé de divers outils.

Gilberte pensa que, dès lors, elle pouvait espérer de rencontrer le charpentier lorsqu'il s'en retournerait à Gargilesse, et elle résolut d'aller l'attendre sur le chemin qu'il devait prendre aussitôt après le coucher du soleil. Mais, craignant d'être aperçue et reconnue aux abords du parc, elle emprunta, sous prétexte de la fraîcheur du soir et d'un peu de malaise, une mante de bure à la mère Marlot. Elle rabattit le capuchon sur ses blonds cheveux, et, ainsi enveloppée, elle marcha en droite ligne et se glissa comme une biche à travers les buissons, jusque vers la grille du parc qui donnait sur le chemin de Gargilesse. Là, elle s'enfonça dans les saules de la petite rivière, non loin de l'endroit où elle côtoyait la lisière du parc, et elle remarqua que la grille était encore ouverte, preuve que M. de Boisguilbault n'était pas dans son enclos; car aussitôt qu'il y avait mis le pied, on fermait avec soin toutes les issues, et cette habitude sauvage du châtelain était bien connue dans le pays.

Cette observation l'enhardit, et elle avança jusqu'au seuil de la grille pour essayer d'apercevoir Jean Jappeloup. Le toit du chalet frappa ses regards; il était bien peu éloigné. L'allée était sombre et déserte.

En avançant avec précaution, Gilberte, qui était légère comme un oiseau, pouvait fuir à temps, et, déguisée comme elle l'était, ne pas se laisser reconnaître. Jean serait là sans doute, et, si elle le trouvait seul, elle lui ferait signe et satisferait sa mortelle impatience d'avoir des nouvelles d'Émile.

Le chalet était ouvert; il n'y avait personne; des outils de menuiserie étaient épars sur le plancher. Un profond silence régnait partout. Gilberte avança sur la pointe du pied, et déposa sur la table le paquet et la lettre qu'elle avait apportés. Puis, faisant réflexion que des objets aussi précieux pouvaient être exposés dans un endroit si mal gardé, elle chercha des yeux, posa la main sur une porte qui lui parut être celle d'une armoire, et, remarquant que la serrure était enlevée, elle se dit avec raison que Jean était occupé à la réparer, qu'il allait sans doute venir la replacer, et qu'elle n'avait rien de mieux à faire que de mettre son dépôt sous la main du plus fidèle des amis. Mais comme elle ouvrait la prétendue armoire pour y glisser le paquet, elle se trouva à l'entrée d'un cabinet en désordre, en face d'un grand portrait de femme.

Gilberte n'eut pas besoin de regarder longtemps cette peinture pour reconnaître l'original d'un portrait en miniature qu'elle avait vu entre les mains de son père, et qu'elle avait toujours soupçonné être celui de la mère *inconnue* qui lui avait donné le jour. Quand même la ressemblance n'eût pas été bien saisissable, au premier coup d'œil, dans la différence de proportions des deux portraits, la pose, le costume, et ce châle bleu que Gilberte tenait précisément dans ses mains, lui eussent fait comprendre que la miniature avait été faite en même temps que le grand portrait, ou plutôt qu'elle en était la copie réduite. Elle étouffa un cri de surprise, et sa pudique imagination se refusant à comprendre la possibilité d'un adultère, elle se persuada qu'en vertu de quelque mariage secret, comme on en voit dans les romans, elle pouvait être la proche parente, la nièce ou la petite-nièce de M. de Boisguilbault. En ce moment elle crut entendre marcher à l'étage supérieur, et, pleine d'effroi, elle jeta le paquet sur la cheminée et s'enfuit avec la rapidité d'une flèche.

XXXIII.

HISTOIRE DE L'UN RACONTÉE PAR L'AUTRE.

Quelques instants après la fuite de Gilberte, Jean revenait poser la serrure du cabinet, suivi de M. de Boisguilbault, qui attendait son départ pour faire fermer le parc. Le charpentier avait remarqué l'inquiétude du marquis, de quelle manière il observait tous ses mouvements pendant qu'il travaillait à cette porte; impatienté de la curiosité qu'on lui supposait apparemment, il releva la tête et dit avec sa franchise accoutumée : « Pardieu, monsieur de Boisguilbault, vous avez bien peur que je ne regarde ce que vous avez caché là-dedans! Songez donc que je l'aurais vu depuis une heure, si j'avais voulu; mais je ne m'en soucie guère, et j'aimerais mieux que vous me disiez : *Ferme les yeux*, plutôt que de me surveiller comme vous faites. »

M. de Boisguilbault changea de visage et fronça les sourcils. Il jeta un coup d'œil sur le cabinet et vit que le courant d'air avait fait tomber une grande toile verte dont il avait assez gauchement couvert le portrait, et que Jean, à moins d'être aveugle, avait dû le voir. Il prit alors son parti, ouvrit la porte toute grande, et lui dit avec un calme forcé : « Je ne cache rien là, et tu peux regarder, si bon te semble.

—Oh! je ne suis guère curieux de vos gros livres, répondit en riant le charpentier : je n'y connais rien, et je ne comprends pas qu'il ait fallu écrire tant de paroles pour savoir se conduire. Mais voilà le portrait de votre défunte dame! je la reconnais, c'est bien elle; vous l'avez donc fait mettre là, ce portrait? de mon temps, il était dans le château.

— Je l'ai fait mettre ici pour le voir sans cesse, dit le marquis avec tristesse ; eh bien, depuis qu'il y est, je l'ai à peine regardé. J'entre dans ce cabinet le moins que je peux, et si je craignais que tu ne le visses, c'est que je craignais de le voir moi-même. Cela me fait mal. Ferme cette porte, si tu n'as plus besoin qu'elle soit ouverte.

— Et puis, vous craignez qu'on ne vous fasse parler de votre chagrin? Je comprends ça, moi, et je gage, d'après ce que vous me dites là, que vous ne vous êtes jamais consolé de la mort de votre femme! Eh bien, c'est comme moi de la mienne, et vous pouvez bien n'avoir pas honte de ça devant moi, monsieur de Boisguilbault ; car tout vieux que je suis... tenez, j'ai là comme quelque chose qui me coupe le cœur en deux, quand je pense que je suis seul au monde! Je suis pourtant d'un caractère gai, et je n'avais pas toujours été heureux dans mon ménage; mais, que voulez-vous? c'est plus fort que moi : je l'aimais, cette femme! C'est fini, le diable ne m'eût pas empêché de l'aimer.

— Mon ami, dit M. de Boisguilbault attendri, et faisant un douloureux retour sur lui-même, tu as été aimé, ne te plains pas trop ! et puis tu as été père. Qu'est devenu ton fils, où est-il?

— Il est dans la terre avec ma femme, monsieur de Boisguilbault!

— Je l'ignorais... je savais seulement que tu étais veuf... Pauvre Jean! pardonne-moi de te rappeler tes chagrins! Oh! je te plains du fond de mon cœur! avoir un enfant et le perdre! »

Le marquis appuya sa main sur l'épaule du charpentier, qui était penché sur le parquet pour travailler, et toute la bonté de son âme reparut sur sa figure. Jean laissa tomber ses outils, et, s'appuyant sur son genou :

« Savez-vous, monsieur de Boisguilbault, que j'ai été plus malheureux que vous, dit-il avec abandon : vous ne pouvez pas vous douter de la moitié de ce que j'ai souffert !

— Dis-le-moi ; si cela te soulage, je le comprendrai !

— Eh bien, je veux vous le dire, à vous qui êtes un homme savant et qui jugez les choses de ce monde mieux que personne, quand vous avez l'esprit tranquille. Je vas vous dire ce que bien des gens savent dans mon endroit, mais ce dont je n'ai jamais voulu causer avec personne. Ma vie a été drôle, allez ! j'étais aimé, et je ne l'étais pas : j'avais un fils, et je n'étais pas sûr d'être son père !...

— Que dis-tu ? Non ! ne dis pas cela ; il ne faut jamais parler de ces choses-là ! dit le marquis bouleversé.

— Vous avez raison tant que ça dure ! mais à nos âges on peut parler de tout, et vous n'êtes pas un homme pareil à ces imbéciles qui ne trouvent qu'à rire dans le plus grand malheur dont le prochain puisse être accablé. Vous n'êtes ni railleur, ni méchant, vous ! eh bien, je veux que vous me disiez si j'ai eu tort, si je me suis mal conduit, si j'ai agi comme un homme ou comme une bête, enfin si vous eussiez fait comme moi ; car tout le monde m'a quasi blâmé dans le temps, et si je n'avais eu le bras solide, et, au bout, la réplique vive, chacun se fût permis de me rire au nez. Tenez, jugez ! Ma femme, ma pauvre Nannie, aimait un de mes amis, un beau garçon, un bon camarade, ma foi ! et elle m'aimait pourtant aussi. Je ne sais comment diable la chose s'est faite, mais mon fils s'est trouvé, un beau matin, ressembler à Pierre beaucoup plus qu'à Jean. Ça sautait aux yeux, Monsieur ! et il y avait des moments où j'avais envie de battre Nannie, d'étrangler l'enfant et de fendre le crâne à Pierre.... Et puis.... et puis!.... je n'ai jamais rien dit. J'ai pleuré, j'ai prié Dieu! Ah! que j'ai souffert! J'ai battu ma femme, sous prétexte qu'elle rangeait mal la maison; j'ai tiré les oreilles du petit, sous prétexte qu'il faisait trop de bruit aux miennes; j'ai cherché querelle à Pierre pour une partie de quilles, et j'ai failli lui casser les deux jambes avec la boule. Et puis, quand tout le monde pleurait, je pleurais aussi, et je me regardais comme un scélérat. J'ai élevé l'enfant et je l'ai pleuré; j'ai enterré la femme et je la pleure encore; j'ai conservé l'ami et je l'aime toujours... Et voilà comment les choses ont fini pour moi. Qu'en dites-vous? »

M. de Boisguilbault ne répondit pas. Il parcourait la chambre et faisait crier le parquet sous ses pieds.

« Vous me trouvez bien lâche et bien sot, je parie, dit le charpentier en se relevant; mais vous voyez bien, du moins, que vos peines n'approchent pas des miennes! »

Le marquis se laissa tomber sur son fauteuil et garda le silence. Des larmes coulaient lentement sur ses joues.

« Eh bien, monsieur de Boisguilbault, pourquoi pleurez-vous? reprit Jean avec une grande candeur : vous voulez donc me faire pleurer aussi? mais vous ne pourriez pas en venir à bout! j'ai versé tant de larmes de colère et de chagrin, dans le temps, qu'il ne m'en reste plus, je gage, une seule dans le corps. Allons! allons! prenez votre passé en patience, et offrez votre présent à Dieu; car il y a des gens plus maltraités que vous, vous le voyez bien! Vous, vous aviez pour femme une belle dame bien sage, bien éduquée et bien tranquille. Peut-être qu'elle ne vous faisait pas autant de caresses et d'amitiés que j'en recevais de la mienne; mais, au moins, elle ne vous trompait pas, et la preuve que vous pouviez dormir sur vos deux oreilles, c'est que vous la laissiez

aller à Paris sans vous, quand ça lui convenait; vous
n'étiez pas jaloux, vous n'aviez pas sujet de l'être! et
moi, j'avais mille démons dans la cervelle à toutes les
heures du jour et de la nuit. J'épiais, j'espionnais, je me
cachais d'être jaloux; j'en rougissais, mais je souffrais le
martyre; et plus j'observais, plus je voyais qu'on était
habile à me tromper. Je n'ai jamais rien pu surprendre.
Nannie était plus fine que moi; et quand j'avais perdu
mon temps à la guetter, elle me faisait une scène d'avoir
douté d'elle. Quand l'enfant fut en âge de ressembler à
quelqu'un, et que je vis que ce n'était pas à moi... que
voulez-vous? je crus que j'en deviendrais fou; mais je
m'étais habitué à l'aimer, à le caresser, à travailler pour
le nourrir, à trembler quand il se faisait une bosse à la
tête, à le voir sauter autour de mon établi, se mettre à
cheval sur mes poutres et s'amuser à ébrécher mes outils. Je n'avais que celui-là! je l'avais cru à moi, il ne
m'en venait pas d'autres, je ne pouvais me passer d'enfant, quoi! Et il m'aimait tant, ce diable de garçon! il
me faisait de si jolies caresses, il avait tant d'esprit! et
quand je le grondais, il pleurait à fendre l'âme. Enfin je
me suis mis à oublier mes soupçons et à me persuader si
bien que j'étais son père, que, quand une balle me l'a
tué à l'armée, j'ai eu envie de me tuer moi-même. C'est
qu'il était beau et brave, aussi bon ouvrier que bon sol-
dat, et ce n'était pas sa faute s'il n'était pas mon fils! il
aurait rendu ma vie heureuse; il m'aurait aidé au travail
et je ne serais pas seul à vieillir. J'aurais quelqu'un pour
me tenir compagnie, pour causer avec moi le soir après
ma journée, pour me soigner quand je suis malade, pour
me coucher quand je suis gris, pour me parler de sa
mère, dont je n'ose jamais parler à personne parce que
tout le monde, excepté lui, a su mon malheur. Allons!
allons! monsieur de Boisguilbault, vous n'en avez pas eu

tant à supporter, vous! On ne vous a pas donné un héritier de contrebande, et si vous n'en avez pas eu le profit, vous n'en avez pas eu la honte!

— Et je n'en aurais pas eu le mérite! dit le marquis. Jean, rouvre cette porte, et laisse-moi regarder le portrait de la marquise. Tu m'as donné du courage. Tu m'as fait du bien! J'étais insensé le jour où je t'ai chassé d'auprès de moi. Tu m'aurais empêché de devenir faible et fou. J'ai cru éloigner un ennemi, et je me suis privé d'un ami!

— Mais pourquoi, diable! me preniez-vous pour votre ennemi? dit le charpentier.

— Tu n'en sais rien? dit le marquis en attachant sur lui des yeux perçants.

— Rien, répondit le charpentier avec assurance.

— Sur ton honneur? reprit M. de Boisguilbault en lui pressant la main avec force.

— Sur mon salut éternel! répliqua Jean en levant la main au ciel avec dignité. J'espère que vous allez enfin me le dire? »

Le marquis ne sembla pas entendre cet appel énergique et sincère. Il sentait que Jean avait dit la vérité, et il était allé se rasseoir. Puis, tournant son fauteuil du côté de la porte du cabinet, que Jean avait rouverte, il contemplait avec une tristesse profonde les traits de sa femme.

« Que tu aies continué à aimer ta femme, dit-il; que tu aies pardonné à l'enfant innocent, je le conçois!..... mais que tu aies pu revoir et supporter l'ami qui te trahissait, voilà ce qui me confond!

— Ah! monsieur de Boisguilbault, voilà, en effet, ce qui m'a été le plus difficile! d'autant plus que ce n'était pas un devoir, et que tout le monde m'aurait approuvé, si je lui avais cassé les côtes. Mais savez-vous ce qui me désarma? c'est que je vis qu'il avait un grand repentir et un vrai chagrin. Tant que la fièvre d'amour le tint, il m'aurait marché sur le corps pour aller rejoindre sa maîtresse. Elle était belle comme une rose du mois de mai ; je ne sais pas si vous l'avez vue et si vous vous en souvenez, mais je sais bien que Nannie était quasi aussi belle, dans son genre, que madame de Boisguilbault. J'en étais fou, et lui aussi ! Il se serait fait païen pour elle, et moi je me fis imbécile. Mais, quand la jeunesse commença à se passer, je vis bien qu'ils ne s'aimaient plus, et qu'ils avaient honte de leur faute. Ma femme s'était remise à m'aimer, en voyant que j'étais bon et généreux, et lui, il avait son péché si lourd sur le cœur, que quand nous buvions ensemble, il voulait toujours s'en confesser à moi ; mais je ne le voulais pas, et quelquefois il se mit à genoux devant moi, dans l'ivresse, en criant comme un fou :

— « Tue-moi, Jean, tiens, tue-moi ! je l'ai mérité, et j'en serai content ! »

« Quand il était dégrisé, il ne se souvenait plus de cela, mais il se serait fait hacher pour moi ; et, à l'heure qu'il est, après M. Antoine, c'est mon meilleur ami. Le sujet de nos peines n'existe plus, l'amitié est restée. C'est à cause de lui que j'ai eu un procès avec la régie, et que je suis devenu vagabond pendant quelque temps. Eh bien, il travaillait pour mes pratiques, afin de me les conserver ; il m'apportait de l'argent, et il me les a rendues ; il n'a rien qui ne m'appartienne, et, comme il est plus jeune que moi, c'est lui, j'espère, qui me fermera les yeux. Il me doit bien cela ; mais enfin, il me semble que je l'aime à cause du mal qu'il m'a fait, et du courage que j'ai eu de lui pardonner !

—Hélas ! hélas ! dit M. de Boisguilbault, on est sublime quand on ne craint pas d'être ridicule ! »

Il referma doucement la porte du cabinet, et, revenant vers la cheminée, ses yeux furent frappés enfin de la vue du paquet et d'une lettre à son adresse.

« Monsieur le marquis,

« Je vous avais promis que vous n'entendriez plus parler de moi; mais vous me forcez vous-même à vous rappeler que j'existe, et, pour la dernière fois, je vais le faire.

« Ou vous avez fait une méprise en me remettant des objets d'une valeur considérable, ou vous avez voulu me faire l'aumône.

« Je ne rougirais pas d'accepter les secours de votre charité, si j'étais réduite à les implorer; mais vous vous êtes trompé, monsieur le marquis, si vous m'avez crue dans la misère.

« Notre position est aisée relativement à nos besoins et à nos goûts, qui sont modestes et simples. Vous êtes riche et généreux; je serais coupable d'accepter des bienfaits que vous saurez reporter sur tant d'autres : ce serait voler les pauvres.

« Ce qu'il m'eût été doux d'emporter, et que j'aurais donné mon sang pour l'obtenir, c'est un mot d'oubli et de pardon, une parole d'amitié pour mon père. Ah! Monsieur, vous ne savez pas ce que souffre le cœur d'un enfant quand il voit son père accusé injustement, et qu'il ignore les moyens de le disculper! Vous n'avez pas voulu me les fournir, puisque vous avez persisté devant moi à garder le silence sur la cause de vos ressentiments; mais comment n'avez-vous pas compris que, dans cette situation, je ne pouvais pas accepter vos dons et profiter de vos bontés!

« Et cependant je garde un petit anneau de cornaline que

vous avez passé à mon doigt, lorsque je suis entrée chez vous sous un nom supposé. C'est un objet sans valeur, m'avez-vous dit, un souvenir de vos voyages... Il m'est précieux, bien que ce ne soit pas un gage de réconciliation que vous ayez voulu m'accorder; mais il me rappellera, à moi, un instant bien doux et bien cruel, où j'ai senti tout mon cœur s'élancer vers vous et de vaines espérances s'évanouir aussitôt. Je devrais pourtant vous haïr, vous qui haïssez un père que j'adore! J'ignore comment il se fait que je vous rends vos présents sans orgueil blessé et que je renonce à votre sympathie avec une douleur profonde.

« Agréez, monsieur le marquis, les sentiments respectueux de   GILBERTE DE CHATEAUBRUN. »

XXXIV.

RÉSURRECTION.

« C'est toi, Jean, dit M. de Boisguilbault, qui as apporté ici ce paquet et cette lettre?

— Non, Monsieur, je n'ai rien apporté du tout, et je ne sais pas ce que c'est, répondit le charpentier avec l'accent de la vérité.

— Comment te croire, reprit le marquis, lorsque avant-hier tu me mentais avec tant d'aplomb, en me présentant une personne sous le nom d'une autre?

— Avant-hier je mentais, mais je n'en aurais pas juré; aujourd'hui j'en jure : je n'ai vu entrer personne, je ne sais qui a apporté cela. Mais puisque vous parlez le premier de ce qui s'est passé avant-hier, je ne l'aurais pas osé, moi... Laissez-moi donc vous dire que cette pauvre enfant a pleuré tout le long du chemin en pensant à vous, et que...

— Je t'en supplie, Jean, ne me parle pas de cette demoiselle, ni de son père! Je t'ai promis que je t'en parlerais, moi, quand cela serait nécessaire, et, à cette condition, tu t'es engagé à ne pas me tourmenter. Attends que je t'interroge!

— Soit! mais si pourtant vous me faites attendre trop longtemps, et que je perde patience?

— Je ne t'en parlerai peut-être jamais, et tu te tairas toujours, dit le marquis d'un ton d'humeur bien marqué.

— A savoir! reprit le charpentier; ce ne sont pas là nos conventions!

— Allons, va-t'en, dit M. de Boisguilbault sèchement. Ta journée est finie, tu refuses de souper ici, et sans doute Émile t'attend avec impatience. Dis-lui de prendre courage et que j'irai le voir bientôt... demain, peut-être.

— Si vous le traitez comme moi, si vous refusez de lui parler et de l'entendre parler de Gilberte, quel bien voulez-vous que lui fasse votre visite? Ce n'est pas là ce qui le guérira.

— Jean, tu m'impatientes, tu me fais mal! Va-t'en donc!

— Allons! le vent a tourné! pensa le charpentier. Attendons que le soleil revienne! »

Il passa sa veste et descendit le parc. M. de Boisguilbault le suivit pour fermer lui-même cette dernière porte après lui. Le jour durait encore. Le marquis remarqua sur le sable, fraîchement passé au râteau, la double trace d'un petit pied de femme tourné dans les directions opposées que Gilberte avait suivies pour aller au chalet et en revenir. Il ne fit point part de cette observation au charpentier, et elle échappa à celui-ci.

Cependant Gilberte avait attendu plus qu'elle n'y comptait. Le soleil était couché depuis dix minutes, et le temps lui paraissait mortellement long. L'approche de la nuit et la crainte de rencontrer quelqu'un du château qui pût la connaître, augmentant son inquiétude et son impatience, elle se hasarda à sortir du lieu où elle se tenait cachée et à descendre un peu le cours de la rivière, afin de se trouver encore à portée de voir venir le charpentier. Mais elle n'eut pas fait trois pas à découvert qu'elle entendit marcher derrière elle, et se tournant avec précipitation, elle vit Constant Galuchet, armé de sa ligne, qui regagnait le chemin de Gargilesse.

Elle rabattit son capuchon sur son visage, mais pas assez vite pour que le pêcheur de goujons n'eût aperçu une mèche de cheveux blonds, un œil bleu, une joue rose. D'ailleurs, à être suivie d'aussi près, il était difficile que Gilberte pût faire illusion. Elle n'avait rien de la démarche d'une paysanne, et la mante de bure n'était pas assez longue pour cacher le bord d'une robe légère et un pied charmant, chaussé d'une petite guêtre solide et bien prise. La curiosité de Constant Galuchet fut vivement éveillée par cette rencontre. Il méprisait trop les paysannes pour leur conter fleurettes dans ses promenades; mais la vue d'une demoiselle déguisée piqua sa curiosité aristocratique, et un vague instinct que ces cheveux blonds si difficiles à cacher étaient ceux de Gilberte, lui persuada de la suivre et de l'inquiéter.

Il s'acharna donc sur ses traces, marchant tantôt immédiatement derrière elle, tantôt à ses côtés, ralentissant ou doublant le pas pour déjouer les petites ruses dont elle usa pour rester en arrière ou se faire dépasser, s'arrêtant lorsqu'elle s'arrêtait, se penchant vers elle en l'effleurant, et plongeant un œil insolent et curieux sous son capuchon.

Gilberte, effrayée, chercha des yeux quelque maison où elle pût se réfugier; n'en voyant aucune, elle continua à s'avancer dans la direction de Gargilesse, espérant que le charpentier allait la rejoindre et la délivrer de cette importune escorte.

Mais n'entendant venir personne, et ne pouvant supporter d'être plus longtemps suivie, elle se baissa comme pour regarder dans son panier afin de faire croire qu'elle avait oublié ou perdu quelque chose, et se retournant ensuite, elle reprit la direction du parc, pensant que Galuchet, n'ayant aucun prétexte pour la suivre de ce côté, n'en aurait pas l'audace.

Il était trop tard : Constant l'avait reconnue et un sentiment de basse vengeance le transportait.

« Ohé, la belle villageoise ! lui dit-il en s'élançant auprès d'elle, que cherchez-vous avec tant de mystère ? Ne pourrait-on vous aider à le trouver ?... Vous ne répondez pas ! Je comprends : vous avez par ici un joli petit rendez-vous, et je vous dérange ! Mais tant pis pour les jeunes filles qui courent seules le soir ! elles sont exposées à rencontrer un galant pour un autre, et les absents ont tort. Allons, n'y regardez pas de si près ; à la nuit tous chats sont gris, et prenez mon bras. Si nous ne trouvons pas celui qu'il vous faut, on tâchera de le remplacer sans trop de désavantage ! »

Gilberte, effrayée de ces propos grossiers, se mit à courir. Plus adroite et plus mince que Galuchet, elle s'enfonça dans les arbres, passa dans le plus serré, et se crut bientôt hors de portée ; mais une sorte de rage s'était emparée de lui, en la voyant s'échapper avec tant d'agilité. En trois bonds, et après s'être un peu heurté et déchiré aux branches, il se trouva de nouveau près d'elle, en face de la grille du parc de Boisguilbault.

Alors saisissant sa mante : « Je veux voir, dit-il en jurant, si vous valez la peine de vous faire poursuivre de la sorte ! Si vous êtes laide, vous n'avez pas besoin de courir, ma mie, et je ne m'échaufferai point pour vous ;

mais si vous êtes jeune et gentille, vous serez joliment embarrassée, ma très-chère ! »

Gilberte se débattit avec courage, en frappant la figure et les mains de Galuchet avec son panier ; mais les forces étaient trop inégales : au risque de la blesser avec l'agrafe de son manteau, il tirait le capuchon avec fureur.

En ce moment deux hommes parurent à la grille du parc, et Gilberte, se dégageant par un effort désespéré, s'élança vers eux et alla chercher refuge auprès de celui qui se présenta le premier à sa rencontre. Elle fut reçue dans les bras de M. de Boisguilbault.

Comme elle était défaillante de peur et d'indignation, elle cacha son visage dans le sein du vieillard, et ni le marquis ni le charpentier n'avaient eu le temps de la reconnaître ; mais, en voyant Galuchet qui prenait la fuite, toute la rancune de Jean se réveilla, et il s'élança à sa poursuite.

Le commis de M. Cardonnet était gros et court, et malgré son âge, Jean avait sur lui l'avantage de la taille et de l'agilité.

Se voyant près d'être atteint, Galuchet compta sur sa force et se retourna.

Une lutte s'engagea alors entre eux, et Galuchet, qui était robuste, soutint assez bien le premier assaut ; mais Jean était un athlète, et il ne tarda pas à le renverser au bord de l'eau.

« Ah ! tu ne te contentes pas de faire le métier d'espion ! lui dit-il en lui mettant les genoux sur la poitrine et en lui serrant si fort la gorge que le vaincu fut forcé de lâcher prise, il faut encore, méchant valet, que tu insultes les femmes ! Je devrais écraser un animal aussi malfaisant que toi ; mais tu es si lâche, que tu me ferais un procès ! Eh bien ! tu n'auras pas ce plaisir-là : tu sortiras de mes mains sans une égratignure que tu puisses montrer ; je me contenterai de te faire la barbe avec un savon digne de toi. »

Et, ramassant de la vase noire au bord de la rivière, le charpentier en frotta la figure, la chemise et la cravate de Galuchet ; après quoi il le lâcha, et se tenant devant lui :

« Essaie de me toucher, lui dit-il, et tu verras si je ne t'en fais pas manger ! »

Galuchet venait d'éprouver trop durement la force du bras du charpentier, pour s'y exposer de nouveau. Il eut envie de lui jeter une pierre à la tête, en le voyant tourner tranquillement le dos. Mais il pensa que le cas pourrait devenir grave, et que, s'il ne l'étendait du premier coup, il faudrait le payer cher.

Il battit en retraite, non sans vomir des injures et des menaces contre lui et la *drôlesse* qu'il protégeait ; mais il n'osa nommer Gilberte, ni laisser voir qu'il l'eût reconnue. Il n'était pas bien sûr qu'elle ne finît pas par devenir la bru de son patron ; car depuis quelques jours qu'Émile était malade, M. Cardonnet paraissait horriblement soucieux et irrésolu.

Gilberte et le marquis ne virent pas cette scène. La jeune fille suffoquait, et, presque évanouie, se laissait traîner vers le chalet. M. de Boisguilbault, fort embarrassé de l'aventure, mais résolu à secourir loyalement une dame offensée, n'osait ni lui parler, ni lui faire comprendre qu'il l'avait reconnue. Sa méfiance lui revenait ; il se demandait si cette scène n'avait pas été arrangée pour jeter dans son sein la colombe palpitante ; mais lorsqu'elle tomba mourante au seuil du chalet, et qu'il vit sa pâleur, ses yeux éteints et ses lèvres décolorées, il fut saisi d'une tendre compassion, et d'une violente colère contre l'homme capable d'outrager une femme sans défense. Puis il se dit que cette noble enfant avait couru ce danger pour être venue faire acte de fierté et de désintéressement auprès de lui. Il la releva, la porta sur un fauteuil, et lui dit en frottant ses mains glacées :

« Remettez-vous, mademoiselle de Châteaubrun ; tranquillisez-vous, je vous en conjure ! vous êtes ici en sûreté, et vous y êtes la bienvenue.

— Gilberte ! s'écria le charpentier lorsqu'il reconnut, en entrant, la fille d'Antoine : ma Gilberte ! Dieu du ciel ! est-ce possible ! Ah ! si j'avais su cela, je ne l'aurais pas épargné, ce misérable ! mais il n'est pas bien loin, et il faut que je le tue ! »

Transporté de fureur, il allait retourner à la poursuite de Galuchet, lorsque le marquis et Gilberte, un peu ranimée, le retinrent. Ce ne fut pas sans peine, Jean était hors de lui. Enfin, le marquis lui fit comprendre que, dans l'intérêt de la réputation de mademoiselle de Châteaubrun, il ne devait pas pousser plus loin sa vengeance.

Cependant le marquis continuait à être fort embarrassé vis-à-vis de Gilberte. Elle voulait partir, il désirait, au au fond du cœur, qu'elle restât plus longtemps, et il ne pouvait se résoudre à le lui dire, qu'en alléguant le besoin qu'elle avait de se reposer encore et de se remettre de son émotion. Mais Gilberte craignait d'inquiéter encore une fois ses parents, et assurait qu'elle se sentait la force de s'en aller. Le marquis offrait sa voiture ; il offrait de l'éther ; il cherchait un flacon et ne le trouvait pas ; il s'agitait autour d'elle ; il cherchait surtout ce qu'il pourrait lui dire pour répondre à sa lettre et à sa démarche ; et quoiqu'il ne manquât ni d'usage ni d'aisance lorsqu'une fois son parti était pris, il était plus gauche et plus embarrassé qu'un jeune écolier débutant dans le monde, lorsqu'il était en proie aux irrésolutions pénibles de son caractère.

Enfin, comme Gilberte se levait pour se retirer avec Jean, dont elle acceptait l'escorte jusqu'à Châteaubrun, il se leva aussi, prit son chapeau, et saisissant sa nouvelle canne d'un air délibéré qui fit sourire le charpentier :

« Vous me permettrez, dit-il, de vous accompagner aussi. Ce malotru peut être quelque part en embuscade, et deux chevaliers valent mieux qu'un.

— Laissez-le donc faire ! » dit tout bas Jean à Gilberte, qui essayait de refuser sa politesse.

Ils sortirent tous trois du parc, et d'abord, le marquis se tint derrière à quelque distance, ou marcha devant comme pour leur servir d'avant-garde. Enfin il se trouva à côté de Gilberte, et, remarquant qu'elle était comme brisée et marchait avec peine, il se décida à lui offrir son bras. Peu à peu il se mit à causer avec elle, et peu à peu aussi, il se sentit plus à l'aise. Il lui parla de choses générales d'abord, puis d'elle-même particulièrement. Il l'interrogea sur ses goûts, sur ses occupations, sur ses lectures; et, bien qu'elle se tînt dans une réserve modeste, il s'aperçut bientôt qu'elle était douée d'une intelligence élevée et qu'elle avait un fonds d'instruction très-solide.

Frappé de cette découverte, il voulut savoir où et comment elle avait appris tant de choses sérieuses, et elle lui avoua qu'elle avait puisé la meilleure partie de ses connaissances dans la bibliothèque de Boisguilbault.

« J'en suis fier et charmé! dit le marquis, et je mets tous mes bons livres à votre disposition. J'espère que vous m'en ferez demander, à moins que vous ne consentiez à me charger de les choisir et de vous les envoyer chaque semaine. Jean voudra bien être notre commissionnaire, en attendant qu'Émile le redevienne. »

Gilberte soupira; elle ne prévoyait guère, au silence effrayant d'Émile, que ce temps heureux pût lui être rendu.

« Mais appuyez-vous donc sur mon bras, lui dit le marquis ; vous paraissez souffrante et vous ne voulez pas que je vous aide ! »

Quand on fut au pied de la colline de Châteaubrun, M. de Boisguilbault, qui semblait s'être oublié jusque-là, commença à donner des signes d'agitation et d'inquiétude, comme un cheval ombrageux. Il s'arrêta tout à coup et dégagea doucement le bras de Gilberte du sien, pour le passer sous celui du charpentier.

« Je vous laisse à votre porte, dit-il, et avec un ami dévoué. Je ne vous suis plus nécessaire, mais j'emporte votre promesse d'user de mes livres.

— Que ne puis-je vous emmener plus loin ! dit Gilberte d'un ton suppliant ; je consentirais à n'ouvrir un livre de ma vie, quoique ce fût une grande privation pour moi !

— Cela m'est malheureusement impossible ! répondit-il avec un soupir : mais le temps et le hasard amènent des rencontres imprévues. J'espère, Mademoiselle, que je ne vous dis pas adieu pour toujours ; car cette pensée me serait fort pénible. »

Il la salua et retourna s'enfermer dans son chalet, où il passa une partie de la nuit à écrire, à ranger des papiers, et à regarder le portrait de la marquise.

Le lendemain, à midi, M. de Boisguilbault mit son habit vert à la mode de l'empire, sa perruque la plus blonde, des gants et une culotte de peau de daim, des demi-bottes à l'écuyère armées de courts éperons d'argent en cou de cygne. Un domestique, en grande tenue d'écuyer, lui amena le plus beau cheval de ses écuries, et montant lui-même un cheval de suite presque aussi parfait, le suivit au petit trot, sur la route de Gargilesse, portant une cassette légère passée à son bras à l'aide d'une courroie.

Grande fut la surprise des habitants de l'endroit lorsqu'ils virent arriver dans leurs murs le marquis, droit et raide sur son cheval blanc, comme un professeur d'équitation du vieux temps, en tenue de cérémonie, avec des lunettes d'or, et une cravache à tête d'or, qu'il portait un peu comme un cierge. Il y avait au moins dix ans que M. de Boisguilbault n'était entré dans une ville ou dans un village. Les enfants le suivaient, éblouis de la magnificence de sa désinvolture, les femmes se pressaient sur le pas de leurs portes, et les hommes portant des fardeaux s'arrêtaient ébahis en travers de la rue.

Il gravit lentement le pavé en précipice, et descendit de même à côté de l'usine de Cardonnet, trop bon cavalier pour s'amuser à des imprudences, et, reprenant le trot à la française pour entrer dans les cours, il cadença si bien l'allure de son cheval, qu'on eût dit d'une pendule parfaitement réglée. Certes il avait encore bon air, et les femmes disaient : « Vous voyez bien qu'il est sorcier, car il n'a pas pris un jour depuis dix ans qu'on ne l'a vu ici ! »

Il demanda à être conduit auprès de M. Émile Cardonnet, et trouva le jeune homme dans sa chambre, assis sur un sofa, avant son père à sa droite et son médecin à sa gauche. Madame Cardonnet était assise vis-à-vis de lui, et l'examinait avec sollicitude.

Émile était fort pâle, mais sa situation n'avait plus rien d'inquiétant. Il se leva et vint à la rencontre de M. de Boisguilbault, qui, après l'avoir embrassé avec tendresse, salua profondément madame Cardonnet, et M. Cardonnet avec plus de modération. Pendant quelques instants, il ne fut question que de la santé du malade. Il avait eu un accès de fièvre assez violent, on l'avait saigné la veille ; la nuit avait été bonne, et, depuis le matin, la fièvre avait cessé entièrement. On l'engageait à faire une promenade en cabriolet, et il se proposait d'aller chez M. de Boisguilbault lorsque celui-ci était entré.

Le marquis avait su tous les détails de cette indisposition par le charpentier, qui l'avait cachée avec soin à Gilberte. Il n'y avait plus aucun sujet de crainte. Le médecin déclara qu'il fallait faire dîner son malade, et se retira en disant qu'il ne reviendrait le lendemain que pour l'acquit de sa conscience.

M. de Boisguilbault, pendant ces détails, observait attentivement la figure de M. Cardonnet. Il lui trouva un air de triomphe plutôt qu'un air de joie. Sans doute l'industriel avait tremblé à l'idée de perdre son fils, mais, cette crainte évanouie, la victoire était remportée : Émile pouvait supporter la douleur.

De son côté, M. Cardonnet observait la tournure bizarre du marquis et la trouvait souverainement ridicule. Sa gravité et sa lenteur à parler l'impatientaient d'autant plus que M. de Boisguilbault, plus embarrassé au fond qu'il ne voulait le paraître, ne fit que dire des lieux communs d'un ton sentencieux. L'industriel le salua, au bout de peu d'instants, et sortit pour retourner à ses affaires. Madame Cardonnet, devinant alors, à l'inquiétude d'Émile, qu'il désirait s'entretenir avec son vieil ami, les laissa ensemble, après avoir recommandé à son fils de ne pas trop parler.

« Eh bien, dit Émile au marquis lorsqu'ils furent seuls, vous pouvez m'apporter la couronne du martyre! J'ai passé par l'épreuve du feu ; mais Dieu protége ceux qui l'invoquent, et j'en suis sorti net et sans brûlure apparente : un peu brisé, à la vérité, mais calme et plein de foi en l'avenir. Ce matin, j'ai déclaré à mon père, dans toute la plénitude ma raison et de ma tranquillité d'esprit, ce que je lui avais déclaré dans l'agitation et peut-être dans le délire de la fièvre. Il sait maintenant que jamais je ne renoncerai à mon opinion, et qu'aucun jeu avec ma passion ne pourra lui procurer cette victoire. Il en paraît fort satisfait; car il croit avoir réussi à me dégoûter d'un mariage qu'il redoutait plus que la ferveur de mes principes.

« Il parlait, ce matin encore, de me distraire, de me faire voyager, de m'envoyer en Italie. Je lui ai dit que je ne voulais pas quitter la France, ni même ce pays-ci, à moins qu'il ne me chassât de la maison paternelle.

« Il a souri, et, à cause de la saignée qu'on m'a faite hier, il n'a pas voulu me contredire; mais demain, il parlera en ami sévère, après-demain en père irrité, et le jour suivant en maître impérieux. Ne vous inquiétez pas de moi, mon ami, j'aurai du courage, du calme et de la patience. Soit qu'il me condamne à l'exil, soit qu'il me garde auprès de lui pour me torturer, je lui montrerai que l'amour est bien fort quand il est inspiré par l'enthousiasme de la vérité et soutenu par l'idéal.

— Émile, dit le marquis, je sais, par votre ami Jean tout ce qui s'est passé entre votre père et vous, et aussi tout ce qui s'est opéré de grand et de victorieux dans votre âme. J'étais tranquille en venant ici.

— O mon ami! je sais que vous vous êtes réconcilié avec cet homme simple, mais admirable. Il m'a dit que vous deviez venir me voir; je vous attendais.

— Ne vous a-t-il rien dit de plus? dit le marquis en examinant Émile attentivement.

— Non, rien de plus, je vous le jure, répondit Émile avec l'assurance de la sincérité.

— Il a bien fait de tenir sa promesse, reprit M. de Boisguilbault, vous étiez trop agité par la fièvre pour supporter de nouvelles émotions. J'en ai subi de violentes moi-même, depuis que nous ne nous sommes vus, mais je suis satisfait du résultat, et je vous le ferai connaître.

Mais pas encore, Émile; je vous trouve trop pâle, et moi, je ne suis pas assez sûr de moi encore. Ne venez pas me voir aujourd'hui; j'ai d'autres courses à faire, et peut-être qu'en repassant par ici ce soir je vous reverrai. Me promettez-vous jusque-là de dîner, de vous soigner, et de guérir, en un mot?

— Je vous le promets, mon ami. Que ne puis-je faire savoir à celle que j'aime, qu'en reprenant le libre exercice de ma vie et de mes facultés, j'ai retrouvé mon amour plus ardent et plus absolu que jamais au fond de mon cœur!

— Eh bien, Émile, écrivez-lui quelques lignes sans vous fatiguer, je reviendrai ce soir; et, si elle ne demeure pas trop loin, je me chargerai de lui faire tenir votre lettre.

— Hélas! mon ami, je ne puis vous dire son nom! Mais si le charpentier voulait s'en charger... à présent qu'on ne m'observe plus à toute heure et que j'ai recouvré mes forces, je pourrais écrire.

— Écrivez donc, cachetez, et ne mettez pas d'adresse. Le charpentier travaille chez moi, et il aura votre lettre avant ce soir. »

Tandis que le jeune homme écrivait, M. de Boisguilbault sortit de sa chambre, et demanda à parler à M. Cardonnet. On lui répondit qu'il venait de sortir en cabriolet.

« Ne sait-on où je pourrais le rejoindre? » demanda le marquis, à demi persuadé de cet alibi.

Il n'avait pas dit où il allait, mais on pensait que c'était à Châteaubrun, parce qu'il avait pris ce chemin-là, et qu'il y avait été déjà la semaine précédente.

A cette réponse, M. de Boisguilbault montra une vivacité surprenante; il rentra chez Émile, prit sa lettre, lui tâta le pouls, trouva qu'il était redevenu un peu agité, remonta à cheval, sortit posément du village comme il y était entré; mais il prit le petit galop quand il fut en plaine.

XXXV.

L'ABSOLUTION.

Cependant M. Cardonnet arrivait à Châteaubrun, et déjà il était en présence de Gilberte, de son père et de Janille.

« Monsieur de Châteaubrun, dit-il en s'asseyant avec aisance parmi ces personnes consternées d'une visite qui leur annonçait de nouveaux chagrins, vous savez sans doute tout ce qui s'est passé entre mon fils et moi, à propos de mademoiselle votre fille. Mon fils a eu le bon goût et le bon esprit de la choisir pour sa fiancée. Mademoiselle et vous, Monsieur, avez eu l'extrême bonté d'accueillir ses prétentions, sans trop savoir si je les approuverais... »

Ici, Janille fit un geste de colère, Gilberte baissa les yeux en pâlissant, et M. Antoine rougit et ouvrit la bouche pour interrompre M. Cardonnet. Mais celui-ci ne lui en donna pas le temps, et continua ainsi :

« Je n'approuvais pas d'abord cette union, j'en conviens; mais je vins ici, je vis mademoiselle, et je cédai. Ce fut à des conditions bien douces et bien simples. Mon fils est ultra-démocrate, et je suis conservateur modéré. Je prévois que des opinions exagérées ruineront l'intelligence et le crédit d'Émile. J'exige qu'il y renonce et revienne à l'esprit de sagesse et de convenance. J'ai cru obtenir aisément ce sacrifice, je m'en suis réjoui d'avance, je vous l'ai annoncé comme indubitable dans une lettre adressée à mademoiselle. Mais, à mon grand étonnement, Émile a persisté dans son exaltation, et il y a sacrifié un amour que j'avais cru plus profond et plus dévoué. Je suis donc forcé de vous dire qu'il a renoncé ce matin, sans retour, à la main de mademoiselle, et j'ai cru de mon devoir de vous en avertir immédiatement, afin que, connaissant bien ses intentions et les miennes, vous n'eussiez point à m'accuser d'irrésolution et d'imprudence. S'il vous convient maintenant d'autoriser ses sentiments et de souffrir ses assiduités, c'est à vous de le savoir, et à moi de m'en laver les mains.

— Monsieur Cardonnet ! répondit M. Antoine en se levant, je sais tout cela, et je sais aussi que vous ne manquerez jamais de belles phrases pour vous moquer de nous : mais je dis, moi, que si vous êtes si bien informé, c'est parce que vous avez envoyé des espions dans notre maison, et des laquais pour nous insulter par des prétentions révoltantes à la main de ma fille. Vous nous avez déjà beaucoup fait souffrir avec votre diplomatie, et nous vous prions, sans cérémonie, d'en rester là. Nous ne sommes pas assez simples pour ne pas comprendre que vous ne voulez, à aucune condition, allier votre richesse à notre pauvreté. Nous n'avons pas été dupes de vos détours, et lorsque, par une singulière invention d'esprit, vous avez placé votre fils entre une soumission morale, qui est impossible en fait d'opinions, et un mariage auquel vous n'auriez pas consenti davantage s'il eût voulu descendre à un mensonge, nous avons juré, nous, que nous éloignerions de lui, de vous et de nous, tout mensonge et toute dissimulation. C'est donc pour vous dire que nous savons fort bien ce qu'il nous convient de faire ; que je m'entends à préserver l'honneur et la dignité de ma fille, tout aussi bien que vous la richesse de votre fils, et que je n'ai, à cet égard, de conseils à prendre et de leçons à recevoir de personne. »

Ayant ainsi parlé avec une fermeté à laquelle M. Cardonnet était loin de s'attendre de la part du *vieux ivrogne de Châteaubrun*, M. Antoine se rassit et regarda l'industriel en face. Gilberte se sentait mourir; mais elle crut devoir appuyer de sa fierté la juste fierté de son père. Elle leva aussi les yeux sur M. Cardonnet, et son regard semblait confirmer tout ce que venait de dire M. Antoine.

Janille, qui ne se possédait plus, crut devoir prendre la parole. « Soyez tranquille, Monsieur, dit-elle; on se passera fort bien de votre nom. On en a un qui le vaut bien; et quant à la question d'argent, nous avons eu plus de gloire à perdre celui que nous avions, que vous à gagner celui que vous n'aviez pas.

— Je sais, mademoiselle Janille, répondit Cardonnet avec le calme apparent d'un profond mépris, que vous êtes très-vaine du nom que M. de Châteaubrun fait porter à mademoiselle votre fille. Quant à moi, je n'aurais pas été si fier, et j'aurais fermé les yeux sur certaines irrégularités de naissance : mais je conçois que la fortune d'un roturier, acquise au prix du travail, paraisse méprisable à une personne, née comme vous, apparemment dans les splendeurs de l'oisiveté. Il ne me reste qu'à vous souhaiter beaucoup de bonheur à tous, et à demander pardon à mademoiselle Gilberte de lui avoir causé quelque petit chagrin. Mes torts ont été bien involontaires, mais je crois les réparer en lui donnant un bon avis : c'est que les jeunes gens qui se font fort de disposer de la volonté de leurs parents sont parfois plus enivrés d'un caprice passager que pénétrés d'une grande passion. La conduite d'Émile à son égard en est, je crois, la preuve, et j'en suis un peu honteux pour lui.

— C'est assez, monsieur Cardonnet, assez, entendez-vous? dit M. Antoine, en colère pour la première fois de sa vie : je rougirais d'avoir autant d'esprit que vous, si j'en faisais un si indigne usage que d'outrager une jeune fille, et de provoquer son père en sa présence. J'espère que vous m'entendez, et que...

— Monsieur Antoine ! mademoiselle Janille ! s'écria Sylvain Charasson en s'élançant d'un bond au milieu de la chambre; voilà M. de Boisguilbault qui vient vous voir ! vrai, comme il fait jour ! c'est M. de Boisguilbault ! Je l'ai reconnu à son *chevau* blanc et à ses lunettes jaunes ! »

Cette nouvelle imprévue causa tant d'émotion à M. de Châteaubrun qu'il oublia toute sa colère, et, saisi tout à coup d'une joie enfantine mêlée de terreur, il s'avança d'un pas chancelant à la rencontre de son ancien ami.

Mais, au moment où il allait se jeter dans ses bras, il fut glacé de crainte et comme paralysé par la figure froide et le salut tristement poli du marquis. Tremblant et déchiré au fond du cœur, M. Antoine prit d'une main convulsive le bras de sa fille, incertain s'il la pousserait vers M. de Boisguilbault, comme un gage de réconciliation, ou s'il l'éloignerait comme une preuve accablante de sa faute.

Janille, éperdue, fit de grandes révérences au marquis, qui lui jeta un regard distrait et lui adressa un salut imperceptible.

« Monsieur Cardonnet, dit-il en se trouvant au seuil du pavillon carré, face à face avec l'industriel qui sortait le dernier, je crois que vous vous retirez, et je venais précisément ici pour vous rencontrer. Vous êtes sorti de chez vous, justement comme je vous cherchais, et j'ai couru après vous. Je vous prie donc de rester encore un peu, et de vouloir bien m'accorder quelques moments d'attention.

— Nous causerons ailleurs, s'il vous plaît, monsieur le marquis, répondit Cardonnet ; car je ne puis rester ici davantage : mais si vous voulez que nous descendions à pied cette montagne...

— Non, Monsieur, non, permettez-moi d'insister. Ce que j'ai à dire est de quelque importance, et toutes les personnes qui sont ici doivent l'entendre. Je crois voir que je ne suis pas arrivé assez tôt pour prévenir des explications désagréables : mais vous êtes un homme d'affaires, monsieur Cardonnet, et vous savez qu'on s'assemble en conseil dans les affaires sérieuses, pour discuter froidement de graves intérêts, lors même qu'on y apporte au fond de l'âme un peu de passion. Monsieur le comte de Châteaubrun, je vous prie de retenir M. Cardonnet, cela est tout à fait nécessaire. Je suis vieux, souffrant, je n'aurai peut-être plus la force de revenir, et de faire d'aussi longues courses. Vous êtes des jeunes gens auprès de moi ; je vous demande donc d'avoir un peu de calme et d'obligeance pour m'épargner beaucoup de fatigue ; me refuserez-vous ? »

Le marquis parlait cette fois avec une aisance et une grâce qui en faisaient un tout autre homme que celui que M. Cardonnet venait de voir une heure auparavant. Il se sentit pris d'une curiosité qui n'était pas sans mélange d'intérêt et de considération. M. de Châteaubrun se hâta de le retenir, et ils rentrèrent dans le pavillon, à l'exception de Janille, à laquelle M. Antoine fit un signe, et qui alla se mettre derrière la porte de la cuisine pour écouter.

Gilberte était incertaine si elle devait rentrer ou sortir ; mais M. de Boisguilbault lui offrit la main avec beaucoup de courtoisie, et, l'amenant à un siége, il s'assit auprès d'elle, à une certaine distance de son père et de celui d'Émile.

« Pour procéder avec ordre, et selon le respect qu'on doit aux dames, dit-il, je m'adresserai d'abord à mademoiselle de Châteaubrun. Mademoiselle, j'ai fait mon testament la nuit dernière, et je viens vous en faire connaître les articles et conditions ; mais je voudrais bien, cette fois, n'être pas refusé, et je n'aurai le courage de vous lire ce griffonnage, qu'autant que vous m'aurez promis de ne pas vous fâcher. Vous m'avez posé aussi vos conditions, vous, dans une lettre que j'ai là et qui m'a fait beaucoup de peine. Cependant je les trouve justes, et je comprends que vous ne vouliez point accepter le moindre petit présent d'un homme que vous considérez comme l'ennemi de votre père. Il faudra donc, pour vous fléchir, que cette inimitié cesse, et que monsieur votre père me pardonne les torts que je puis avoir eus envers lui. Monsieur de Châteaubrun dit-il en se levant avec une résolution héroïque, vous m'avez offensé autrefois; je vous l'ai rendu en vous retirant mon amitié sans explication. Il fallait nous battre ou nous pardonner mutuellement. Nous ne nous sommes pas battus, mais nous avons été pendant vingt ans étrangers l'un à l'autre, ce qui est plus sérieux pour deux hommes qui se sont beaucoup aimés. Je vous pardonne aujourd'hui vos torts, voulez-vous me pardonner les miens?

— Oh! marquis, s'écria M. Antoine en s'élançant vers lui et en fléchissant un genou, vous n'avez jamais eu aucun tort envers moi, vous avez été mon meilleur ami, vous m'avez tenu lieu de père, et je vous ai mortellement offensé. Je vous aurais offert ma poitrine nue si vous aviez voulu la percer d'un coup d'épée, et je n'aurais jamais levé la main contre vous. Vous n'avez pas voulu prendre ma vie, vous m'avez puni bien davantage en me retirant votre amitié. A présent, vous m'accordez votre pardon; c'est à genoux que je le reçois, en présence de mes amis, et de mes ennemis, puisque cette humiliation est la seule réparation que je puisse vous offrir.

« Et vous, monsieur Cardonnet, dit-il en se relevant et en toisant l'industriel de la tête aux pieds, libre à vous de vous moquer de choses que vous ne pouvez pas comprendre ; mais je n'offre pas ma poitrine nue et mon bras désarmé à tout le monde, vous le saurez bientôt. »

M. Cardonnet s'était levé aussi en lançant à M. Antoine des regards menaçants. Le marquis se mit entre eux et dit à Antoine : « Monsieur le comte, je ne sais pas ce qui s'est passé entre M. Cardonnet et vous; mais vous venez de m'offrir une réparation que je repousse. Je veux croire que nos torts ont été réciproques, et ce n'est pas à mes genoux, c'est dans mes bras que je veux vous voir ; mais puisque vous croyez me devoir un acte de soumission que mon âge autorise, avant de vous embrasser, j'exige que vous vous réconciliiez avec M. Cardonnet, et que vous fassiez les premiers pas.

— Impossible ! s'écria Antoine en pressant convulsivement le bras du marquis, et partagé entre la joie et la colère ; monsieur vient de parler à ma fille d'une manière offensante.

— Non, cela ne se peut pas, reprit le marquis, c'est un malentendu. Je connais les sentiments de M. Cardonnet ; son caractère s'oppose à une lâcheté. Monsieur Cardonnet, je suis certain que vous connaissez le point d'honneur tout aussi bien qu'un gentilhomme, et vous venez de voir deux gentilshommes qui s'étaient cruellement blessés l'un l'autre, se réconcilier sous vos yeux, sans rougir de leurs mutuelles concessions. Soyez généreux, et montrez-nous que le nom ne fait pas la noblesse. Je vous apporte des paroles de paix et surtout des moyens de conciliation. Permettez-moi de mettre votre main dans celle de M. de Châteaubrun. Voyez ; vous ne refuserez pas un vieillard au bord de sa tombe. Mademoiselle Gilberte, venez à mon aide, dites un mot à votre père... »

Les *moyens de conciliation* avaient retenti avec un son clair à l'oreille de M. Cardonnet. Son esprit pénétrant avait déjà deviné une partie de la vérité. Il pensa qu'il faudrait céder et qu'il valait mieux avoir les honneurs de la guerre que de subir les nécessités de la capitulation.

« Mes intentions ont été si éloignées de ce que M. de Châteaubrun les suppose, dit-il, et il y a toujours eu dans ma pensée tant de respect et d'estime pour mademoiselle sa fille, que je n'hésiterai point à désavouer tout ce qui a pu être mal interprété dans mes paroles. Je supplie mademoiselle Gilberte d'en être persuadée, et je tends la main à son père comme un gage du serment que j'en fais.

— Il suffit, Monsieur, n'en parlons plus ! dit M. Antoine en lui prenant la main : quittons-nous sans ressentiment. Antoine de Châteaubrun n'a jamais su mentir.

« C'est vrai, pensa M. de Boisguilbault : s'il eût été plus dissimulé, j'aurais été aveugle... et heureux comme tant d'autres ! »

« Maintenant, lui dit-il d'une voix tremblante, je te remercie, Antoine, viens m'embrasser ! »

L'accolade du comte fut passionnée et enthousiaste; celle du marquis convenable et contrainte. Il jouait un rôle au-dessus de ses forces : il pâlit, trembla, et fut forcé de s'asseoir. Antoine s'assit de son côté, la poitrine pleine de sanglots. Gilberte se mit à genoux devant le marquis, et, pleurant aussi de joie et de reconnaissance, elle couvrit ses mains de baisers.

Toute cette sensibilité impatientait l'industriel, qui la contemplait d'un œil froid et fier, et qui attendait les *moyens de conciliation.*

M. de Boisguilbault les tira enfin de sa poche, et les lut d'une voix nette et distincte.

Il établissait en peu de mots clairs et précis qu'il avait quatre millions cinq cent mille livres de fortune, qu'il donnait, par contrat, la nue propriété de deux millions à mademoiselle Gilberte de Châteaubrun, à condition qu'elle épouserait M. Émile Cardonnet ; et à M. Émile Cardonnet, celle de deux autres millions, à condition qu'il épouserait mademoiselle Gilberte de Châteaubrun. Dans le cas où cette condition serait remplie, le mariage serait conclu dans six mois au plus, et M. de Boisguilbault se réservait l'usufruit sa vie durant : mais il donnait la propriété et la jouissance immédiate de cinq cent mille livres aux futurs conjoints dès le jour de leur mariage... Laquelle somme pourtant restait acquise et assurée en jouissance et en propriété à mademoiselle de Châteaubrun, si elle n'épousait pas M. Émile Cardonnet.

On entendit un faible cri derrière la porte ; c'était Janille qui se trouvait mal de joie dans les bras de Sylvain Charasson.

XXXVI.

CONCILIATION.

Gilberte ne comprenait rien à ce qui lui arrivait ; elle ne se faisait aucune idée de ce que c'était que quatre millions de fortune, et un tel fardeau à porter pour une vie aussi simple et aussi heureuse que la sienne, lui eût fait plus de peur que de joie ; mais elle voyait renaître la possibilité de son union avec Émile, et, ne pouvant parler, elle pressait convulsivement la main de M. de Boisguilbault dans les siennes. Antoine était complétement étourdi de voir sa fille si riche. Il ne s'en réjouissait pas plus qu'elle, mais il voyait là une preuve si énorme du généreux pardon du marquis, qu'il croyait rêver et ne trouvait non plus rien à lui dire.

Cardonnet fut le seul qui comprit ce que c'était que quatre millions et demi à réunir sur la tête de ses futurs petits-enfants. Il ne perdit pourtant point la tête, écouta la lecture du testament d'un air impassible, et, ne voulant pas paraître s'humilier sous la puissance de l'or, il dit froidement :

« Je vois que M. de Boisguilbault tient fortement à faire fléchir la volonté paternelle devant celle de l'amitié : mais ce n'est pas la pauvreté de mademoiselle de Châteaubrun qui m'a jamais paru un obstacle capital à ce mariage. Il y en a un autre qui m'inspire beaucoup plus de répugnance : c'est qu'elle est fille naturelle, et que tout porte à croire que sa mère... je ne la nommerai pas... occupe une position infime dans la société.

—Vous êtes dans l'erreur, monsieur Cardonnet, répondit M. de Boisguilbault avec fermeté. Mademoiselle Janille a toujours été irréprochable dans ses mœurs, et je crois que vous auriez tort de mépriser une personne aussi fidèle et aussi dévouée aux objets de son affection. Mais la vérité exige que je redresse votre jugement à cet égard. Je vous atteste, Monsieur, que mademoiselle de Châteaubrun est de sang noble et sans mélange, si cela peut vous faire plaisir. Je vous dirai même que j'ai connu parfaitement sa mère, et qu'elle était d'aussi bonne maison que moi-même. Maintenant, monsieur Cardonnet, avez-vous quelque autre objection à faire ? Pensez-vous que le caractère de mademoiselle de Châteaubrun puisse inspirer de l'éloignement et de la méfiance à quelqu'un ?

— Non, certes, monsieur le marquis, répondit Cardonnet, et pourtant j'hésite encore. Il me semble que l'autorité et la dignité paternelles sont blessées par un pareil contrat, que mon consentement semble être acheté à prix d'or, et, tandis que je n'avais qu'une ambition pour mon fils, celle de lui voir acquérir de la fortune par son travail et son talent, je vois qu'on l'élève au faîte de la richesse, en lui donnant pour avenir l'inaction et l'oisiveté.

— J'espère qu'il n'en sera point ainsi, dit M. de Boisguilbault. Si j'ai choisi Émile pour mon héritier, c'est parce que je crois qu'il ne me ressemblera en aucune façon, et qu'il saura tirer un meilleur parti que moi de la fortune. »

Cardonnet ne demandait qu'à céder. Il se disait qu'en refusant, il s'aliénait à jamais son fils, et qu'en consentant de bonne grâce, il pouvait ressaisir assez d'influence pour lui apprendre à se servir de sa richesse comme il l'entendait : c'est-à-dire qu'il calculait qu'avec quatre millions on pouvait en avoir un jour quarante, et il était convaincu qu'aucun homme, fût-il un saint, ne peut posséder tout à coup quatre millions sans prendre goût à la richesse. « Il fera d'abord des folies, pensait-il, il perdra une partie de ce trésor ; et quand il le verra diminuer, il en sera si effrayé qu'il voudra combler le déficit; puis, comme l'appétit vient à ceux qui consentent à manger, il voudra doubler, décupler, centupler... Moi aidant, nous pouvons être un jour les rois de la finance. »

« Je n'ai pas le droit, dit-il enfin, de refuser la fortune offerte à mon fils. Je le ferais si je le pouvais, parce que tout cela est contre mes opinions et mes idées : mais la propriété est une loi sacrée. Du moment que mon fils reçoit un pareil don, il est propriétaire. Je le dépouillerais, en refusant d'accéder aux conditions exigées. Je dois donc garder à jamais le silence sur tout ce qui blesse ma conviction dans cet arrangement bizarre, et puisque je suis contraint de céder, je veux au moins le faire avec grâce... d'autant plus que la beauté, l'esprit et le noble caractère de mademoiselle Gilberte flattent mon égoïsme en promettant du bonheur à ma famille.

— Puisque tout est convenu, dit M. de Boisguilbault en se levant et en faisant signe par la fenêtre, je prierai mademoiselle Gilberte, qui a, comme moi, le goût des fleurs, d'accepter le bouquet des fiançailles. »

Le domestique du marquis entra et déposa la petite caisse qu'il avait apportée. M. de Boisguilbault en tira un magnifique bouquet des fleurs les plus rares et les plus suaves; le vieux Martin avait mis plus d'une heure à le combiner savamment. Mais, en guise de ruban, le bouquet était entouré de la rivière de diamants que Gilberte avait renvoyée, et cette fois, au lieu du cachemire que le marquis n'avait pas jugé prudent de faire reparaître, il avait mis au collier deux rangs au lieu d'un.

« Donc, deux ou trois cent mille francs de plus au contrat! » pensa M. Cardonnet, en feignant de regarder les diamants avec indifférence.

« A present, dit M. de Boisguilbault à Gilberte, vous ne pouvez plus rien me refuser, puisque j'ai fait votre volonté. Je vous propose de monter en voiture avec votre père, dans cette même brouette qui m'a été si utile, et qui m'a procuré le bonheur de vous connaître. Nous irons à Gargilesse; je pense que M. Cardonnet désire présenter sa belle-fille à sa femme, et moi, j'ai à cœur de lui faire agréer mon héritière. »

M. Cardonnet accepta cette offre avec empressement, et on allait partir lorsque Émile parut. Il avait appris que son père était parti pour Châteaubrun : il craignait quelque nouvelle trame contre son bonheur et le repos de Gilberte. Il avait sauté sur son cheval, et, oubliant sa saignée, sa fièvre et ses promesses au marquis, il arrivait tremblant, hors d'haleine, et en proie aux plus amères prévisions.

« Allons, Émile, voilà ta femme déjà parée pour la noce, » dit M. Cardonnet, qui devina vite le motif de son imprudence. Et il lui montra Gilberte, couverte de fleurs et de diamants, au bras de M. de Boisguilbault.

Émile, dont les nerfs étaient horriblement tendus et agités, fut comme foudroyé par tous les miracles qui fondaient à la fois sur lui. Il voulut parler, chancela, et tomba évanoui dans les bras de M. Antoine.

Le bonheur tue rarement; Émile revint bientôt à la vie et à l'ivresse. Janille lui frottait les tempes avec du vinaigre, Gilberte tenait sa main dans les siennes, et pour que rien ne manquât à sa joie, sa mère était là aussi quand il ouvrit les yeux. Instruite récemment, par le délire d'Émile, de sa passion pour Gilberte, elle avait tout fait raconter à Galuchet, et, apprenant que son mari était parti pour Châteaubrun, que son fils venait de monter à cheval en dépit de tout, et prévoyant quelque terrible orage, elle était accourue en voiture, bravant pour la première fois la colère de son mari et les mauvais chemins, sans y songer. Elle se prit d'amour pour Gilberte dès les premiers mots qu'elles échangèrent, et si la jeune fille entrait avec terreur dans une famille dont Cardonnet était le chef, elle sentit qu'elle trouverait du moins un dédommagement dans le cœur tendre et le doux caractère de sa femme.

« Puisque nous voici tous réunis, dit alors M. de Boisguilbault avec une grâce dont personne ne l'eût cru capable, il nous faut passer le reste de la journée ensemble, et dîner quelque part. Nous sommes trop nombreux pour ne pas causer ici quelque embarras à mademoiselle Janille, et notre retour à Gargilesse pourrait aussi prendre au dépourvu le maître-d'hôtel de M. Cardonnet. Si vous vouliez tous me faire l'honneur de venir à Boisguilbault, outre que c'est le plus proche, nous y trouverions, je crois, de quoi dîner. Peut-être M. Cardonnet prendra-t-il quelque intérêt à faire connaissance avec la propriété de ses enfants : nous y rédigerons le projet de leur contrat de mariage, et nous prendrons jour pour la noce. »

Cette nouvelle preuve de la conversion complète du marquis fut accueillie avec empressement. Janille ne démanda que cinq minutes pour faire la toilette de *mademoiselle*, car elle crut devoir prendre un ton de cérémonie pour la circonstance, mais Gilberte accueillit par un gros baiser ce qu'elle appela une facétie de sa tendre mère.

En attendant, la famille Cardonnet visita les ruines, et M. de Boisguilbault entra avec Antoine dans le pavillon carré pour se reposer. Personne n'entendit leur entretien. Ni l'un ni l'autre n'a jamais fait savoir quel en fut le sujet. Échangèrent-ils des explications délicates et quasi impossibles? ce n'est guère probable. Convinrent-ils pour l'avenir de ne jamais faire la moindre allusion à leur longue mésintelligence, et de reprendre leurs souvenirs d'amitié juste où ils en étaient restés? Il est certain que, dès ce moment, ils parlèrent ensemble du passé sans amertume, et se reportèrent à leurs anciennes années avec un plaisir mêlé parfois d'attendrissement et de gaieté. Mais on eût pu remarquer que ces retours sur eux-mêmes ne dépassèrent jamais une certaine époque, celle du mariage de M. de Boisguilbault, et que le nom de la marquise ne fut jamais prononcé entre eux. Il sembla qu'elle n'eût jamais existé.

Lorsque Gilberte revint parée autant qu'elle pouvait et voulait l'être, Émile vit avec transport qu'elle avait mis la robe lilas, qu'un dernier blanchissage de Janille avait rendue presque rose, et que les miracles de son économie et de son adresse faisaient paraître encore fraîche. Elle avait tressé ses longs cheveux qui pendaient jusqu'à terre, et, dans cet abandon magnifique, rappelaient à son heureux fiancé la brûlante journée de Crozant. Des dons de M. de Boisguilbault elle n'avait conservé que le bouquet et la bague de cornaline qu'elle montra à ce dernier avec un tendre sourire. Elle se fit coquette avec le marquis, coquette de cœur, si l'on peut ainsi dire, et tandis qu'elle témoignait à M. Cardonnet une déférence et des égards un peu forcés, elle se laissait aller ingénument à traiter le marquis, dans ses manières et dans sa pensée, comme s'il eût été le père d'Émile.

Au moment du départ, M. de Boisguilbault prit la main de Janille et l'invita à venir dîner chez lui, avec autant de courtoisie que si elle eût été la mère de Gilberte. Loin d'être choqué de les entendre se traiter de *mère* et de *fille*, cette intimité l'avait subitement frappé d'une grande estime et d'une secrète reconnaissance pour la vieille fille qui avait subi tant de commérages et de quolibets plutôt que de révéler à qui que ce soit, même à l'ami Jappeloup (que pendant si longtemps le marquis avait cru le confident et le messager d'Antoine), le secret de la naissance de Gilberte.

M. Cardonnet ne put s'empêcher de sourire dédaigneusement à cette invitation.

« Monsieur Cardonnet, lui dit à voix basse M. de Boisguilbault, qui s'en aperçut, vous connaîtrez et vous apprécierez cette femme quand vous la verrez élever vos petits-enfants.

Le parc de Boisguilbault fut donc ouvert pour la première fois, depuis qu'il existait, à une société conduite et accueillie par le propriétaire. Le chalet fut ouvert aussi, à l'exception du cabinet, dont cette fois la porte avait été, grâce à Jappeloup, solidement fixée.

La tristesse imposante du château, la beauté intéressante du mobilier, la magnificence du parc et le grand air de *bonne maison* répandu dans le service, causèrent un certain dépit à M. Cardonnet. Il avait fait tout son possible à Gargilesse pour ne point montrer dans son intérieur des habitudes de parvenu, et, tant qu'il s'était senti homme d'importance au milieu des ruines de Châteaubrun, il n'avait pas été trop mal à l'aise. Mais il se trouva fort petit au milieu de ce majestueux mélange d'opulence et d'austérité qui caractérisait Boisguilbault. Il essaya, par des réflexions *libérales*, d'empêcher que le marquis ne le crût ébloui de sa vieille splendeur. M. de Boisguilbault, qui ne manquait pas de finesse sous sa gaucherie, et qui l'attendait à ce moment-là pour lui faire accepter la plus rude de ses exigences, lui répondit avec calme et en abondant dans son sens. Cardonnet s'en montra fort surpris, car il croyait avec tout le monde, que le marquis avait conservé tout l'orgueil de sa caste et tout le ridicule des principes de la restauration. Et comme il ne put s'empêcher de marquer son étonnement, M. de Boisguilbault lui dit avec douceur : « Vous ne me connaissez pas, monsieur Cardonnet ; je suis aussi ennemi des distinctions et des priviléges que vous-même. Je crois les hommes égaux en droits et en valeur, lorsqu'ils sont honnêtes et bons. »

En ce moment, on vint annoncer que le dîner était servi, et, comme on s'y rendait, maître Jean Jappeloup, bien rasé et endimanché, sortit du chalet, et repoussant Émile avec gaieté, il prit la main de Gilberte pour la conduire à table :

« C'est mon droit, dit-il ; vous savez, Émile, que je vous ai promis d'être votre témoin et votre garçon de noces ! »

Tout le monde accueillit le charpentier avec transport, excepté M. Cardonnet, qui n'osa pourtant pas être moins libéral, en cette circonstance, que le vieux marquis, et qui se contenta de sourire en le voyant prendre place au repas de famille. Il se résigna à tout, se promettant bien de changer de ton, quand le mariage serait conclu.

Le dîner, servi sous les ombrages du parc, fut splendide de fleurs, exquis dans les mets, et le vieux Martin, que son maître avait prévenu de grand matin, se surpassa lui-même dans l'ordonnance du service. Sylvain

Charasson fut admis à l'honneur de travailler ce jour-là sous ses ordres, et il en parlera toute sa vie.

Les premiers instants furent assez froids. Mais peu à peu le nombre des heureux l'emportant de beaucoup sur celui des mécontents, puisque M. Cardonnet l'était seul et à demi, on s'anima, et au dessert M. Cardonnet dit en souriant à Émile : « *Nous autres marquis...* »

Dirons-nous le bonheur d'Émile et de Gilberte? Le bonheur ne se décrit pas, et les amants eux-mêmes manquent d'expression pour le peindre. Quand la nuit fut venue, M. et madame Cardonnet montèrent en voiture et autorisèrent gracieusement Émile à reconduire sa fiancée à Châteaubrun, à condition qu'il garderait le cabriolet de son père et ne monterait plus à cheval ce jour-là. M. Antoine, perdu dans une conversation joyeuse avec son ami Jean, s'égara dans le parc, et Janille, qui commençait à s'ennuyer de faire la dame, apaisa ses besoins d'activité en aidant Martin à remettre tout en ordre. Alors M. de Boisguilbault prit le bras d'Émile et celui de Gilberte, et les conduisant au rocher où, pour la première fois, il avait ouvert son âme à son jeune ami :

« Mes enfants, leur dit-il, je vous ai faits riches, puisque c'était une nécessité pour vaincre les obstacles qui vous séparaient, et le seul moyen d'arriver à vous faire heureux. Mon testament était écrit depuis longtemps, et je l'ai refait cette nuit pour la forme. Mes intentions demeurent ; je crois qu'Émile les connaît, et que Gilberte les respectera. J'ai voulu que, dans l'avenir, cette vaste propriété fût destinée à fonder une *commune*, et, dans mon premier acte, j'essayais d'en tracer le plan et d'en poser les bases. Mais ce plan pouvait être défectueux et ces bases fragiles ; je n'ai pas eu regret à mon travail, parce que j'ai toujours senti qu'il était faible, et que je suis l'homme le moins capable du monde d'organiser et de réaliser. La Providence était venue à mon secours en m'envoyant Émile pour entrer à ma place dans l'application, et, dans ces derniers temps, je l'avais institué déjà mon légataire universel, c'est-à-dire mon exécuteur testamentaire. Mais un pareil acte eût rendu le consentement de M. Cardonnet impossible à obtenir, et je l'ai détruit en prenant la résolution de vous marier ensemble. Les actes officiels n'ont pas la valeur qu'on leur attribue, et les lois civiles n'ont jamais trouvé le moyen d'enchaîner les consciences. C'est pourquoi je suis beaucoup plus tranquille en vous disant ma volonté et en recevant vos promesses, que si je vous liais par des chaînes aussi fragiles que les articles d'un testament.

« Ne me répondez pas, mes enfants ! je sais vos pensées, je connais vos cœurs. Vous avez été mis à la plus rude de toutes les épreuves, celle de renoncer à être unis, ou d'abjurer vos croyances ; vous en êtes sortis triomphants ; je me repose à jamais sur vous, et je vous laisse maîtres de l'avenir. Vous avez l'intention d'entrer dans la pratique, Émile, je vous en donne les instruments ; mais ce n'est pas à dire que vous en ayez encore les moyens.

« Il vous faut la science sociale, et c'est le résultat d'un long travail auquel vous vous appliquerez avec l'aide des forces que votre siècle, qui n'est pas le mien, développera plus ou moins vite, plus ou moins heureusement, selon la volonté de Dieu. Ce n'est peut-être pas vous, mes enfants, ce seront peut-être vos enfants qui verront mûrir mes projets ; mais, en vous léguant ma richesse, je vous lègue mon âme et ma foi. Vous la léguerez à d'autres, si vous traversez une phase de l'humanité qui ne vous permette pas de fonder utilement. Mais Émile m'a dit un mot qui m'a frappé. Un jour que je lui demandais ce qu'il ferait d'une propriété comme la mienne, il m'a répondu : « *J'essayerais!* » Qu'il essaye donc, et qu'après avoir bien réfléchi, et bien étudié la réalité, lui qui a toujours rêvé le salut de la nature humaine dans l'organisation et le développement de la science agricole, il trouve les moyens de transition qui empêchent la chaîne du passé à l'avenir d'être déplorablement brisée.

« Je me fie à son intelligence, parce qu'elle a sa source dans le cœur. Que Dieu te donne le génie, Émile, et qu'il 'e donne aux hommes de ton temps! car le génie d'un seul n'est presque rien. Moi, je n'ai plus qu'à m'endormir doucement dans ma tombe. S'il m'est accordé de vivre encore quelques jours entre vous deux, j'aurai commencé à vivre seulement la veille de ma mort. Mais je n'aurai pas vécu en vain, tout paresseux, découragé et inutile que j'ai été, si j'ai découvert l'homme qui pouvait et devait agir à ma place.

« Gardez-moi jusqu'après votre mariage, et même jusqu'après l'éducation nouvelle et complète qu'Émile doit s'imposer, le secret de ma croyance et de nos projets. J'aspire à vous voir libres et forts, pour mourir tranquille.

« Et, après tout, mes enfants, quelque parti que vous sachiez prendre, quelque faute que vous commettiez, ou quel que soit le succès qui couronne vos efforts, je vous avoue qu'il m'est impossible d'être inquiet pour l'avenir du monde. En vain l'orage passera sur les générations qui naissent ou vont naître ; en vain l'erreur et le mensonge travailleront pour perpétuer le désordre affreux que certains esprits appellent aujourd'hui, par dérision, apparemment, l'ordre social ; en vain l'iniquité combattra dans le monde : la vérité éternelle aura son jour ici-bas. Et si mon ombre peut revenir, dans quelques siècles, visiter ce vaste héritage et se glisser sous les arbres antiques que ma main a plantés, elle y verra des hommes libres, heureux, égaux, unis, c'est-à-dire justes et sages!

Ces ombrages où j'ai promené tant d'ennuis et de douleurs, où j'ai fui avec épouvante la présence des hommes d'aujourd'hui, abriteront alors, ainsi que les voûtes d'un temple sublime, une nombreuse famille prosternée pour prier et bénir l'auteur de la nature et le père des hommes! Ceci sera le *jardin de la commune*, c'est-à-dire aussi son gynécée, sa salle de fête et de banquet, son théâtre et son église : car, ne me parlez pas des étroits espaces où la pierre et le ciment parquent les hommes et la pensée : ne me parlez pas de vos riches colonnades et de vos parvis superbes, en comparaison de cette architecture naturelle dont le Créateur suprême fait les frais! J'ai mis dans les arbres et dans les fleurs, dans les ruisseaux, dans les rochers et dans les prairies toute la poésie de mes pensées. N'ôtez pas au vieux planteur son illusion, si c'en est une! Il en est encore à cet adage que Dieu est dans tout, et que la nature est son temple! »

FIN DU PÉCHÉ DE M. ANTOINE.

PAULINE

NOTICE

J'avais commencé ce roman en 1832, à Paris, dans une mansarde où je me plaisais beaucoup. Le manuscrit s'égara : je crus l'avoir jeté au feu par mégarde, et comme, au bout de trois jours, je ne me souvenais déjà plus de ce que j'avais voulu faire (ceci n'est pas mépris de l'art ni légèreté à l'endroit du public, mais infirmité véritable), je ne songeai point à recommencer. Au bout de dix ans environ, en ouvrant un *in-quarto* à la campagne, j'y retrouvai la moitié d'un volume manuscrit intitulé *Pauline*. J'eus peine à reconnaître mon écriture, tant elle était meilleure que celle d'aujourd'hui. Est-ce que cela ne vous est pas souvent arrivé à vous-même, de retrouver toute la spontanéité de votre jeunesse et tous les souvenirs du passé dans la netteté d'une majuscule et dans le laisser-aller d'une ponctuation? Et les fautes d'orthographe que tout le monde fait, et dont on se corrige tard, quand on s'en corrige, est-ce qu'elles ne repassent pas quelquefois sous vos yeux comme de vieux visages amis? En relisant ce manuscrit, la mémoire de la première donnée me revint aussitôt, et j'écrivis le reste sans incertitude.

Sans attacher aucune importance à cette courte peinture de l'esprit provincial, je ne crois pas avoir faussé les caractères donnés par les situations; et la morale du conte, s'il faut en trouver une, c'est que l'extrême gêne et l'extrême souffrance, sont un terrible milieu pour la jeunesse et la beauté. Un peu de goût, un peu d'art, un peu de poésie ne seraient point incompatibles, même au fond des provinces, avec les vertus austères de la médiocrité; mais il ne faut pas que la médiocrité touche à la détresse; c'est là une situation que ni l'homme ni la femme, ni la vieillesse ni la jeunesse, ni même l'âge mûr, ne peuvent regarder comme le développement normal de la destinée providentielle.

GEORGE SAND.

20 mars 1852.

PAULINE

I.

Il y a trois ans, il arriva à Saint-Front, petite ville fort laide qui est située dans nos environs et que je ne vous engage pas à chercher sur la carte, même sur celle de Cassini, une aventure qui fit beaucoup jaser, quoiqu'elle n'eût rien de bien intéressant par elle-même, mais dont les suites furent fort graves, quoiqu'on n'en ait rien su.

C'était par une nuit sombre et par une pluie froide. Une chaise de poste entra dans la cour de l'auberge du *Lion couronné*. Une voix de femme demanda des chevaux, *vite, vite !...* Le postillon vint lui répondre fort lentement que cela était facile à dire ; qu'il n'y avait pas de chevaux, vu que l'épidémie (cette même épidémie qui est en permanence dans certains relais sur les routes peu fréquentées) en avait enlevé trente-sept la semaine dernière ; qu'enfin on pourrait partir dans la nuit, mais qu'il fallait attendre que l'attelage qui venait de conduire la patache fût un peu rafraîchi. — Cela sera-t-il bien long ? demanda le laquais empaqueté de fourrures qui était installé sur le siége. — C'est l'affaire d'une heure, répondit le postillon à demi débotté ; nous allons nous mettre tout de suite à manger l'avoine.

Le domestique jura ; une jeune et jolie femme de chambre qui avançait à la portière sa tête entourée de foulards en désordre, murmura je ne sais quelle plainte touchante sur l'ennui et la fatigue des voyages. Quant à la personne qu'escortaient ces deux laquais, elle descendit lentement sur le pavé humide et froid, secoua sa pelisse doublée de martre, et prit le chemin de la cuisine sans proférer une seule parole.

C'était une jeune femme d'une beauté vive et saisissante, mais pâlie par la fatigue. Elle refusa l'offre d'une chambre, et, tandis que ses valets préférèrent s'enfermer et dormir dans la berline, elle s'assit, devant le foyer, sur la chaise classique, ingrat et revêche asile du voyageur résigné. La servante, chargée de veiller son quart de nuit, se remit à ronfler, le corps plié sur un banc et la face appuyée sur la table. Le chat, qui s'était dérangé avec humeur pour faire place à la voyageuse, se blottit de nouveau sur les cendres tièdes. Pendant quelques instants il fixa sur elle des yeux verts et luisants pleins de dépit et de méfiance ; mais peu à peu sa prunelle se resserra et s'amoindrit jusqu'à n'être plus qu'une mince raie noire sur un fond d'émeraude. Il retomba dans le bien-être égoïste de sa condition, fit le gros dos, ronfla sourdement en signe de béatitude, et finit par s'endormir entre les pattes d'un gros chien qui avait trouvé moyen de vivre en paix avec lui, grâce à ces perpétuelles concessions que, pour le bonheur des sociétés, le plus faible impose toujours au plus fort.

La voyageuse essaya vainement de s'assoupir. Mille images confuses passaient dans ses rêves et la réveillaient en sursaut. Tous ces souvenirs puérils qui obsèdent parfois les imaginations actives se pressèrent dans son cerveau et s'évertuèrent à le fatiguer sans but et sans fruit, jusqu'à ce qu'enfin une pensée dominante s'établit à leur place.

« Oui, c'était une triste ville, pensa la voyageuse, une

ville aux rues anguleuses et sombres, au pavé raboteux ; une ville laide et pauvre comme celle-ci m'est apparue à travers la vapeur qui couvrait les glaces de ma voiture. Seulement il y a dans celle-ci un ou deux, peut-être trois réverbères, et là-bas il n'y en avait pas un seul. Chaque piéton marchait avec son falot après l'heure du couvre-feu. C'était affreux, cette pauvre ville, et pourtant j'y ai passé des années de jeunesse et de force ! J'étais bien autre alors... J'étais pauvre de condition, mais j'étais riche d'énergie et d'espoir. Je souffrais bien ! ma vie se consumait dans l'ombre et dans l'inaction ; mais qui me rendra ces souffrances d'une âme agitée par sa propre puissance ? O jeunesse du cœur ! qu'êtes-vous devenue?... » Puis, après ces apostrophes un peu emphatiques que les têtes exaltées prodiguent parfois à la destinée, sans trop de sujet peut-être, mais par suite d'un besoin inné qu'elles éprouvent de dramatiser leur existence à leurs propres yeux, la jeune femme sourit involontairement, comme si une voix intérieure lui eût répondu qu'elle était heureuse encore ; et elle essaya de s'endormir, en attendant que l'heure fût écoulée.

La cuisine de l'auberge n'était éclairée que par une lanterne de fer suspendue au plafond. Le squelette de ce luminaire dessinait une large étoile d'ombre tremblotante sur tout l'intérieur de la pièce, et rejetait sa pâle clarté vers les solives enfumées du plafond.

L'étrangère était donc entrée sans rien distinguer autour d'elle, et l'état de demi-sommeil où elle était l'avait d'ailleurs empêchée de faire aucune remarque sur le lieu où elle se trouvait.

Tout à coup l'éboulement d'une petite avalanche de cendre dégagea deux tisons mélancoliquement embrassés ; un peu de flamme frissonna, jaillit, pâlit, se ranima, et grandit enfin jusqu'à illuminer tout l'intérieur de l'âtre.

Les yeux distraits de la voyageuse, suivant machinalement ces ondulations de lumière, s'arrêtèrent tout à coup sur une inscription qui ressortait en blanc sur un des chambranles noircis de la cheminée. Elle tressaillit alors, passa la main sur ses yeux appesantis, ramassa un bout de branche embrasée pour examiner les caractères, et la laissa retomber en s'écriant d'une voix émue: — Ah Dieu ! où suis-je ? est-ce un rêve que je fais ?

A cette exclamation, la servante s'éveilla brusquement, et, se tournant vers elle, lui demanda si elle l'avait appelée.

— Oui, oui, s'écria l'étrangère ; venez ici. Dites-moi, qui a écrit ces deux noms sur le mur ?

— Deux noms ? dit la servante ébahie ; quels noms ?

— Oh ! dit l'étrangère en se parlant avec une sorte d'exaltation, son nom et le mien, Pauline, Laurence ! Et cette date ! 10 *février* 182...! Oh ! dites-moi, dites-moi pourquoi ces noms et cette date sont ici ?

— Madame, répondit la servante, je n'y avais jamais fait attention, et d'ailleurs je ne sais pas lire.

— Mais où suis-je donc ? comment nommez-vous cette ville ? N'est-ce pas Villiers, la première poste après L...?

— Mais non pas, Madame ; vous êtes à Saint-Front, route de Paris, hôtel du *Lion couronné*.

— Ah ciel ! s'écria la voyageuse avec force en se levant tout à coup.

La servante épouvantée la crut folle et voulut s'enfuir ; mais la jeune femme l'arrêtant :

— Oh ! par grâce, restez, dit-elle, et parlez-moi ! Comment se fait-il que je sois ici ? Dites-moi si je rêve ? Si je rêve, éveillez-moi !

— Mais, Madame, vous ne rêvez pas, ni moi non plus, je pense, répondit la servante. Vous vouliez donc aller à Lyon ? Eh bien ! mon Dieu, vous aurez oublié de l'expliquer au postillon, et tout naturellement il aura cru que vous alliez à Paris. Dans ce temps-ci, toutes les voitures de poste vont à Paris.

— Mais je lui ai dit moi-même que j'allais à Lyon.

— Oh dame! c'est que Baptiste est sourd à ne pas entendre le canon, et avec cela qu'il dort sur son cheval la moitié du temps, et que ses bêtes sont accoutumées à la route de Paris dans ce temps-ci...

— A Saint-Front! répétait l'étrangère. Oh! singulière destinée qui me ramène aux lieux que je voulais fuir! J'ai fait un détour pour ne point passer ici, et, parce que je me suis endormie deux heures, le hasard m'y conduit à mon insu! Eh bien! c'est Dieu peut-être qui le veut. Sachons ce que je dois retrouver ici de joie ou de douleur. Dites-moi, ma chère, ajouta-t-elle en s'adressant à la fille d'auberge, connaissez-vous dans cette ville mademoiselle Pauline D...?

— Je n'y connais personne, Madame, répondit la fille ; je ne suis dans ce pays que depuis huit jours.

— Mais allez me chercher une autre servante, quelqu'un! je veux le savoir! Puisque je suis ici, je veux tout savoir. Est-elle mariée? est-elle morte? Allez, allez, informez-vous de cela; courez donc!

La servante objecta que toutes les servantes étaient couchées, que le garçon d'écurie et les postillons ne connaissaient au monde que leurs chevaux. Une prompte libéralité de la jeune dame la décida à aller réveiller *le chef*, et, après un quart d'heure d'attente, qui parut mortellement long à notre voyageuse, on vint enfin lui apprendre que mademoiselle Pauline D... n'était point mariée, et qu'elle habitait toujours la ville. Aussitôt l'étrangère ordonna qu'on mît sa voiture sous la remise et qu'on lui préparât une chambre.

Elle se mit au lit en attendant le jour, mais elle ne put

dormir. Ses souvenirs, assoupis ou combattus longtemps, reprenaient alors toute leur puissance ; elle reconnaissait toutes les choses qui frappaient sa vue dans l'auberge du *Lion couronné.* Quoique l'antique hôtellerie eût subi de notables améliorations depuis dix ans, le mobilier était resté à peu près le même ; les murs étaient encore revêtus de tapisseries qui représentaient les plus belles scènes de l'Astrée ; les bergères avaient des reprises de fil blanc sur le visage, et les bergers en lambeaux flottaient suspendus à des clous qui leur perçaient la poitrine. Il y avait une monstrueuse tête de guerrier romain dessinée à l'estompe par la fille de l'aubergiste, et encadrée dans quatre baguettes de bois peint en noir ; sur la cheminée, un groupe de cire, représentant Jésus à la crèche, jaunissait sous un dais de verre filé.

— Hélas ! se disait la voyageuse, j'ai habité plusieurs jours cette même chambre, il y a douze ans, lorsque je suis arrivée ici avec ma bonne mère ! C'est dans cette triste ville que je l'ai vue dépérir de misère et que j'ai failli la perdre. J'ai couché dans ce même lit la nuit de mon départ ! Quelle nuit de douleur et d'espoir, de regret et d'attente ! Comme elle pleurait, ma pauvre amie, ma douce Pauline, en m'embrassant sous cette cheminée où je sommeillais tout à l'heure sans savoir où j'étais ! Comme je pleurais, moi aussi, en écrivant sur le mur son nom au-dessous du mien, avec la date de notre séparation ! Pauvre Pauline ! quelle existence a été la sienne depuis ce temps-là ? l'existence d'une vieille fille de province ! Cela doit être affreux ! Elle si aimante, si supérieure à tout ce qui l'entourait ! Et pourtant je voulais la fuir, je m'étais promis de ne la revoir jamais ! — Je vais peut-être lui apporter un peu de consolation, mettre un jour de bonheur dans sa triste vie ! — Si elle me repoussait pourtant ! Si elle était tombée sous l'empire des préjugés !... Ah ! cela est évident, ajouta tristement la voyageuse ; comment puis-je en douter? N'a-t-elle pas cessé tout à coup de m'écrire en apprenant le parti que j'ai pris? Elle aura craint de se corrompre ou de se dégrader dans le contact d'une vie comme la mienne ! Ah ! Pauline ! elle m'aimait tant, et elle aurait rougi de moi !... je ne sais plus que penser... A présent que je me sens si près d'elle, à présent que je suis sûre de la retrouver dans la situation où je l'ai connue, je ne peux plus résister au désir de la voir. Oh ! je la verrai, dût-elle me repousser ! Si elle le fait, que la honte en retombe sur elle ! j'aurai vaincu les justes défiances de mon orgueil, j'aurai été fidèle à la religion du passé ; c'est elle qui se sera parjurée !

Au milieu de ces agitations, elle vit monter le matin gris et froid derrière les toits inégaux des maisons déjetées qui s'accoudaient disgracieusement les unes aux autres. Elle reconnut le clocher qui sonnait jadis ses heures de repos ou de rêverie ; elle vit s'éveiller les bourgeois en classiques bonnets de coton ; et de vieilles figures dont elle avait un confus souvenir, apparurent toutes refrognées aux fenêtres de la rue. Elle entendit l'enclume du forgeron retentir sous les murs d'une maison décrépite ; elle vit arriver au marché les fermiers en manteau bleu et en coiffe de toile cirée ; tout reprenait sa place et conservait son allure comme aux jours du passé. Chacune de ces circonstances insignifiantes faisait battre le cœur de la voyageuse, quoique tout lui semblât horriblement laid et pauvre.

— Eh quoi ! disait-elle, j'ai pu vivre ici quatre ans, quatre ans entiers sans mourir ! j'ai respiré cet air, j'ai parlé à ces gens-là, j'ai dormi sous ces toits couverts de mousse, j'ai marché dans ces rues impraticables ! et Pauline, ma pauvre Pauline vit encore au milieu de tout cela, elle qui était si belle, si aimable, si instruite, elle qui aurait régné et brillé comme moi sur un monde de luxe et d'éclat!

Aussitôt que l'horloge de la ville eut sonné sept heures, elle acheva sa toilette à la hâte ; et, laissant ses domestiques maudire l'auberge et souffrir les incommodités du déplacement avec cette impatience et cette hauteur qui caractérisent les laquais de bonne maison, elle s'enfonça dans une des rues tortueuses qui s'ouvraient devant elle, marchant sur la pointe du pied avec l'adresse d'une Parisienne, et faisant ouvrir de gros yeux à tous les bourgeois de la ville, pour qui une figure nouvelle était un grave événement.

La maison de Pauline n'avait rien de pittoresque, quoiqu'elle fût fort ancienne. Elle n'avait conservé, de l'époque où elle fut bâtie, que le froid et l'incommodité de la distribution ; du reste, pas une tradition romanesque, pas un ornement de sculpture élégante ou bizarre, pas le moindre aspect de féodalité romantique. Tout y avait l'air sombre et chagrin, depuis la figure de cuivre ciselée sur le marteau de la porte, jusqu'à celle de la vieille servante non moins laide et rechignée qui vint ouvrir, toisa l'étrangère avec dédain, et lui tourna le dos après lui avoir répondu sèchement : *Elle y est.*

La voyageuse éprouva une émotion à la fois douce et déchirante en montant l'escalier en vis auquel une corde luisante servait de rampe. Cette maison lui rappelait les plus fraîches années de sa vie, les plus pures scènes de sa jeunesse ; mais, en comparant ces témoins de son passé au luxe de son existence présente, elle ne pouvait s'empêcher de plaindre Pauline, condamnée à végéter là comme la mousse verdâtre qui se traînait sur les murs humides.

Elle monta sans bruit et poussa la porte, qui roula sur ses gonds en silence. Rien n'était changé dans la grande pièce, décorée par les hôtes du titre de salon. Le carreau de briques rougeâtres bien lavées, les boiseries brunes soigneusement dégagées de poussière, la glace dont le cadre avait été doré jadis, les meubles massifs brodés au petit point par quelque aïeule de la famille, et deux ou trois tableaux de dévotion légués par l'oncle, curé de la ville, tout était précisément resté à la même place et dans le même état de vétusté robuste depuis dix ans, dix ans pendant lesquels l'étrangère avait vécu des siècles! Aussi tout ce qu'elle voyait la frappait comme un rêve.

La salle, vaste et basse, offrait à l'œil une profondeur terne qui n'était pourtant pas sans charme. Il y avait, dans le vague de la perspective, de l'austérité et de la méditation, comme dans ces tableaux de Rembrandt où l'on ne distingue, sur le clair-obscur, qu'une vieille figure de philosophe ou d'alchimiste brune et terreuse comme les murs, terne et maladive comme le rayon habilement ménagé où elle nage. Une fenêtre à carreaux étroits et montés en plomb, ornée de pots de basilic et de géranium, éclairait seule cette vaste pièce ; mais une suave figure se dessinait dans la lumière de l'embrasure, et semblait placée là, comme à dessein, pour ressortir seule et par sa propre beauté dans le tableau : c'était Pauline.

Elle était bien changée, et, comme la voyageuse ne pouvait voir son visage, elle douta longtemps que ce fût elle. Elle avait laissé Pauline plus petite de toute la tête, et maintenant Pauline était grande et d'une ténuité si excessive qu'on eût dit qu'elle allait se briser en changeant d'attitude ; elle était vêtue de brun, avec une petite collerette d'un blanc scrupuleux et d'une égalité de plis vraiment monastique. Ses beaux cheveux châtains étaient lissés sur ses tempes avec un soin affecté ; elle se livrait à un ouvrage classique, ennuyeux, odieux à toute organisation pensante : elle faisait de très-petits points réguliers avec une aiguille imperceptible sur un morceau de batiste dont elle comptait la trame fil par fil. La vie de la grande moitié des femmes se consume, en France, à cette solennelle occupation.

Quand la voyageuse eut fait quelques pas, elle distingua, dans la clarté de la fenêtre, les lignes brillantes du beau profil de Pauline : ses traits réguliers et calmes, ses grands yeux voilés et nonchalants, son front pur et uni, plutôt découvert qu'élevé, sa bouche délicate qui semblait incapable de sourire. Elle était toujours admirablement belle et jolie! mais elle était maigre et d'une pâleur uniforme, qu'on pouvait regarder comme passée à l'état chronique. Dans le premier instant, son ancienne amie fut tentée de la plaindre; mais, en admirant la sérénité profonde de ce front mélancolique doucement penché sur son ouvrage, elle se sentit pénétrée de respect bien plus que de pitié.

Elle resta donc immobile et muette à la regarder; mais, comme si sa présence se fût révélée à Pauline par un mouvement instinctif du cœur, celle-ci se tourna tout à coup vers elle et la regarda fixement sans dire un mot et sans changer de visage.

— Pauline! ne me reconnais-tu pas? s'écria l'étrangère; as-tu oublié la figure de Laurence?

Alors Pauline jeta un cri, se leva, et retomba sans force sur un siége. Laurence était déjà dans ses bras, et toutes deux pleuraient.

— Tu ne me reconnaissais pas? dit enfin Laurence.

— Oh! que dis-tu là! répondit Pauline. Je te reconnaissais bien, mais je n'étais pas étonnée. Tu ne sais pas une chose, Laurence? C'est que les personnes qui vivent dans la solitude ont parfois d'étranges idées. Comment te dirai-je? Ce sont des souvenirs, des images qui se logent dans leur esprit, et qui semblent passer devant leurs yeux. Ma mère appelle cela des visions. Moi, je sais bien que je ne suis pas folle ; mais je pense que Dieu permet souvent, pour me consoler dans mon isolement, que les personnes que j'aime m'apparaissent tout à coup au milieu de mes rêveries. Va, bien souvent je t'ai vue là devant cette porte, debout comme tu étais tout à l'heure, et me regardant d'un air indécis. J'avais coutume de ne rien dire et de ne pas bouger, pour que l'apparition ne s'envolât pas. Je n'ai été surprise que quand je t'ai entendue parler. Oh! alors ta voix m'a réveillée! elle est venue me frapper jusqu'au cœur ! Chère Laurence ! c'est donc toi vraiment ! dis-moi bien que c'est toi !

Quand Laurence eut timidement exprimé à son amie la crainte qui l'avait empêchée depuis plusieurs années de lui donner des marques de son souvenir, Pauline l'embrassa en pleurant.

— Oh mon Dieu! dit-elle, tu as cru que je te méprisais, que je rougissais de toi ! moi qui t'ai conservé toujours une si haute estime, moi qui savais si bien que dans aucune situation de la vie il n'était possible à une âme comme la tienne de s'égarer !

Laurence rougit et pâlit en écoutant ces paroles; elle renferma un soupir, et baisa la main de Pauline avec un sentiment de vénération.

— Il est bien vrai, reprit Pauline, que ta condition présente révolte les opinions étroites et intolérantes de toutes les personnes que je vois. Une seule porte dans sa sévérité un reste d'affection et de regret : c'est ma mère. Elle te blâme, il faut bien t'attendre à cela ; mais elle cherche à t'excuser, et l'on voit qu'elle lance sur toi l'anathème avec douleur. Son esprit n'est pas éclairé, tu le sais ; mais son cœur est bon, pauvre femme !

— Comment ferai-je donc pour me faire accueillir? demanda Laurence.

— Hélas! répondit Pauline, il serait bien facile de la tromper; elle est aveugle.

— Aveugle! ah! mon Dieu!

Laurence resta accablée à cette nouvelle; et, songeant à l'affreuse existence de Pauline, elle la regardait fixement, avec l'expression d'une compassion profonde et pourtant comprimée par le respect. Pauline la comprit, et, lui pressant la main avec tendresse, elle lui dit avec une naïveté touchante :

— Il y a du bien dans tous les maux que Dieu nous envoie. J'ai failli me marier il y a cinq ans; un an après, ma mère a perdu la vue. Vois, comme il est heureux que je sois restée fille pour la soigner! si j'avais été mariée, qui sait si je l'aurais pu?

Laurence, pénétrée d'admiration, sentit ses yeux se remplir de larmes.

— Il est évident, dit-elle en souriant à son amie à travers ses pleurs, que tu aurais été distraite par mille autres soins également sacrés, et qu'elle eût été plus à plaindre qu'elle ne l'est.

— Je l'entends remuer, dit Pauline; et elle passa vivement, mais avec assez d'adresse pour ne pas faire le moindre bruit, dans la chambre voisine.

Laurence la suivit sur la pointe du pied, et vit la vieille femme aveugle étendue sur son lit en forme de corbillard. Elle était jaune et luisante. Ses yeux hagards et sans vie lui donnaient absolument l'aspect d'un cadavre. Laurence recula, saisie d'une terreur involontaire. Pauline s'approcha de sa mère, pencha doucement son visage vers ce visage affreux, et lui demanda bien bas si elle dormait. L'aveugle ne répondit rien, et se tourna vers la ruelle du lit. Pauline arrangea ses couvertures avec soin sur ses membres étiques, referma doucement le rideau, et reconduisit son amie dans le salon.

— Causons, lui dit-elle ; ma mère se lève tard ordinairement. Nous avons quelques heures pour nous reconnaître ; nous trouverons bien un moyen de réveiller son ancienne amitié pour toi. Peut-être suffira-t-il de lui dire que tu es là ! Mais, dis-moi, Laurence, tu as pu croire que je te... Oh ! je ne dirai pas ce mot ! Te mépriser ! Quelle insulte tu m'as faite là ! Mais c'est ma faute après tout. J'aurais dû prévoir que tu concevrais des doutes sur mon affection, j'aurais dû t'expliquer mes motifs... Hélas ! c'était bien difficile à te faire comprendre ! Tu m'aurais accusée de faiblesse, quand, au contraire, il me fallait tant de force pour renoncer à t'écrire, à te suivre dans ce monde inconnu où, malgré moi, mon cœur a été si souvent te chercher ! Et puis, je n'osais pas accuser ma mère ; je ne pouvais pas me décider à t'avouer les petitesses de son caractère et les préjugés de son esprit. J'en étais victime ; mais je rougissais de les raconter. Quand on est si loin de toute amitié, si seule, si triste, toute démarche difficile devient impossible. On s'observe, on se craint soi-même, et l'on se suicide dans la peur de se laisser mourir. A présent que te voilà près de moi, je retrouve toute ma confiance, tout mon abandon. Je te dirai tout. Mais d'abord parlons de toi, car mon existence est si monotone, si nulle, si pâle à côté de la tienne ! Que de choses tu dois avoir à me raconter !

Le lecteur doit présumer que Laurence ne raconta pas tout. Son récit fut même beaucoup moins long que Pauline ne s'y attendait. Nous le transcrirons en trois lignes, qui suffiront à l'intelligence de la situation.

E d'abord, il faut dire que Laurence était née à Paris dans une position médiocre. Elle avait reçu une éducation simple, mais solide. Elle avait quinze ans lorsque, sa famille étant tombée dans la misère, il lui fallut quitter Paris et se retirer en province avec sa mère. Elle vint habiter Saint-Front, où elle réussit à vivre quatre ans en qualité de sous-maîtresse dans un pensionnat de jeunes filles, et où elle contracta une étroite amitié avec l'aînée de ses élèves, Pauline, âgée de quinze ans comme elle.

Et puis il arriva que Laurence dut à la protection de je ne sais quelle douairière d'être rappelée à Paris, pour y faire l'éducation des filles d'un banquier.

Si vous voulez savoir comment une jeune fille pressent et découvre sa vocation, comment elle l'accomplit en dépit de toutes les remontrances et de tous les obstacles, relisez les charmants Mémoires de mademoiselle Hippolyte Clairon, célèbre comédienne du siècle dernier.

Laurence fit comme tous ces artistes prédestinés : elle passa par toutes les misères, par toutes les souffrances du talent ignoré ou méconnu ; enfin, après avoir traversé les vicissitudes de la vie pénible que l'artiste est forcé de créer lui-même, elle devint une belle et intelligente actrice. Succès, richesse, hommages, renommée, tout lui vint ensemble et tout à coup. Désormais elle jouissait d'une position brillante et d'une considération justifiée aux yeux des gens d'esprit par un noble talent et un caractère élevé. Ses erreurs, ses passions, ses douleurs de femme, ses déceptions et ses repentirs, elle ne les raconta point à Pauline. Il était encore trop tôt : Pauline n'eût pas compris.

II.

Cependant, lorsqu'au coup de midi l'aveugle s'éveilla, Pauline savait toute la vie de Laurence, même ce qui ne lui avait pas été raconté, et cela plus que tout le reste peut-être ; car les personnes qui ont vécu dans le calme et la retraite ont un merveilleux instinct pour se représenter la vie d'autrui pleine d'orages et de désastres qu'elles s'applaudissent en secret d'avoir évités. C'est une consolation intérieure qu'il leur faut laisser, car l'amour-propre y trouve bien un peu son compte, et la vertu seule ne suffit pas toujours à dédommager des longs ennuis de la solitude.

— Eh bien ! dit la mère aveugle en s'asseyant sur le bord de son lit, appuyée sur sa fille, qui est donc là près de nous? Je sens le parfum d'une belle dame. Je parie que c'est madame Ducornay, qui est revenue de Paris avec toutes sortes de belles toilettes que je ne pourrai pas voir, et de bonnes senteurs qui nous donnent la migraine.

— Non, maman, répondit Pauline, ce n'est pas madame Ducornay.

— Qui donc? reprit l'aveugle en étendant le bras. — Devinez, dit Pauline en faisant signe à Laurence de toucher la main de sa mère. — Que cette main est douce et petite ! s'écria l'aveugle en passant ses doigts noueux sur ceux de l'actrice. Oh ! ce n'est pas madame Ducornay, certainement. Ce n'est aucune de *nos dames*, car, quoi qu'elles fassent, à la patte on reconnaît toujours le lièvre. Pourtant je connais cette main-là. Mais c'est quelqu'un que je n'ai pas vu depuis longtemps. Ne saurait-elle parler? — Ma voix a changé comme ma main, répondit Laurence, dont l'organe clair et frais avait pris, dans les études théâtrales, un timbre plus grave et plus sonore.

— Je connais aussi cette voix, dit l'aveugle, et pourtant je ne la reconnais pas. Elle garda quelques instants le silence sans quitter la main de Laurence, en levant sur elle ses yeux ternes et vitreux, dont la fixité était effrayante. — Me voit-elle? demanda Laurence bas à Pauline. — Nullement, répondit celle-ci, mais elle a toute sa mémoire ; et d'ailleurs, notre vie compte si peu d'événements, qu'il est impossible qu'elle ne te reconnaisse pas tout à l'heure. A peine Pauline eut-elle prononcé ces mots, que l'aveugle, repoussant la main de Laurence avec un sentiment de dégoût qui allait jusqu'à l'horreur, dit de sa voix sèche et cassée : — Ah ! c'est cette malheureuse *qui joue la comédie !* Que vient-elle chercher ici? Vous ne deviez pas la recevoir, Pauline !

— O ma mère ! s'écria Pauline en rougissant de honte et de chagrin, et en pressant sa mère dans ses bras, pour lui faire comprendre ce qu'elle éprouvait. Laurence pâlit, puis se remettant aussitôt : — Je m'attendais à cela, dit-elle à Pauline avec un sourire dont la douceur et la dignité l'étonnèrent et la troublèrent un peu.

— Allons, reprit l'aveugle, qui craignait instinctivement de déplaire à sa fille, en raison du besoin qu'elle avait de son dévouement, laissez-moi le temps de me remettre un peu; je suis si surprise ! et comme cela, au réveil, on ne sait trop ce qu'on dit... Je ne voudrais pas vous faire de chagrin, Mademoiselle.... ou Madame..... Comment vous appelle-t-on maintenant? — Toujours Laurence, répondit l'actrice avec calme. — Et elle est toujours Laurence, dit avec chaleur la bonne Pauline en l'embrassant, toujours la même âme généreuse, le même noble cœur... — Allons, arrange-moi, ma fille, dit l'aveugle, qui voulait changer de propos, ne pouvant se résoudre ni à contredire sa fille ni à réparer sa dureté envers Laurence ; coiffe-moi donc, Pauline; j'oublie, moi, que les autres ne sont point aveugles, et qu'ils voient en moi quelque chose d'affreux. Donne-moi mon voile, mon mantelet... C'est bien, et maintenant apporte-moi mon chocolat de santé, et offres-en aussi à... cette dame.

Pauline jeta à son amie un regard suppliant auquel celle-ci répondit par un baiser. Quand la vieille dame, enveloppée dans sa mante d'indienne brune à grandes fleurs rouges, et coiffée de son bonnet blanc surmonté d'un voile de crêpe noir qui lui cachait la moitié du visage, se fut assise vis-à-vis de son frugal déjeuner, elle s'adoucit peu à peu. L'âge, l'ennui et les infirmités l'avaient amenée à ce degré d'égoïsme qui fait tout sacrifier, même les préjugés les plus enracinés, aux besoins du bien-être. L'aveugle vivait dans une telle dépendance de sa fille, qu'une contrariété, une distraction de celle-ci pouvait apporter le trouble dans cette suite d'innombrables petites attentions dont la moindre était nécessaire pour lui rendre la vie tolérable. Quand l'aveugle était commodément couchée, et qu'elle ne craignait plus aucun danger, aucune privation pour quelques heures, elle se donnait le cruel soulagement de blesser par des paroles aigres et des murmures injustes les gens dont elle n'avait plus besoin ; mais, aux heures de sa dépendance, elle savait fort bien se contenir, et enchaîner leur zèle par des manières plus affables. Laurence eut le loisir de faire cette remarque dans le courant de la journée. Elle en fit encore une autre qui l'attrista davantage : c'est que la mère avait une peur réelle de sa fille. On eût dit qu'à travers cet admirable sacrifice de tous les instants, Pauline laissait percer malgré elle un muet mais éternel reproche, que sa mère comprenait fort bien et redoutait affreusement. Il semblait que ces deux femmes craignissent de s'éclairer mutuellement sur la lassitude qu'elles éprouvaient d'être ainsi attachées l'une à l'autre, un être moribond et un être vivant : l'un effrayé des mouvements de celui qui pouvait à chaque instant lui enlever son dernier souffle, et l'autre épouvanté de cette tombe où il craignait d'être entraîné à la suite d'un cadavre.

Laurence, qui était douée d'un esprit judicieux et d'un cœur noble, se dit qu'il n'en pouvait pas être autrement ; que d'ailleurs cette souffrance invincible chez Pauline n'ôtait rien à sa patience et ne faisait qu'ajouter à ses mérites. Mais, malgré cela, Laurence sentit que l'effroi et l'ennui la gagnaient entre ces deux victimes. Un nuage passa sur ses yeux et un frisson dans ses veines. Vers le soir, elle était accablée de fatigue, quoiqu'elle n'eût pas fait un pas de la journée. Déjà l'horreur de la vie réelle se montrait derrière cette poésie, dont au premier moment elle avait, de ses yeux d'artiste, enveloppé la sainte existence de Pauline. Elle eût voulu pouvoir persister dans son illusion, la croire heureuse et rayonnante dans son martyre comme une vierge catholique des anciens jours, voir la mère heureuse aussi, oubliant sa misère pour ne songer qu'à la joie d'être aimée et assistée ainsi ; enfin elle eût voulu, puisque ce sombre tableau d'intérieur était sous ses yeux, y contempler des anges de lumière, et non de tristes figures chagrines et froides comme la réalité. Le plus léger pli sur le front angélique de Pauline faisait ombre à ce tableau ; un mot prononcé sèchement par cette bouche si pure détruisait la mansuétude mystérieuse que Laurence, au premier abord, y avait vue régner. Et pourtant ce pli au front était une prière ; ce mot errant sur les lèvres, une parole de sollicitude ou de consolation ; mais tout cela était glacé comme l'égoïsme chrétien, qui nous fait tout supporter en vue de la récompense, et désolé comme le renoncement monastique, qui nous défend de trop adoucir la vie humaine à autrui aussi bien qu'à nous-mêmes.

Tandis que le premier enthousiasme de l'admiration naïve s'affaiblissait chez l'actrice, tout aussi naïvement et en dépit d'elles-mêmes, une modification d'idées s'opérait en sens inverse chez les deux bourgeoises. La fille, tout en frémissant à l'idée des pompes mondaines où son amie s'était jetée, avait souvent ressenti, peut-être à son insu, des élans de curiosité pour ce monde inconnu, plein de terreurs et de prestiges, où ses principes lui défendaient de porter un seul regard. En voyant Laurence, en admirant sa beauté, sa grâce, ses manières tantôt nobles comme celles d'une reine de théâtre, tantôt libres et enjouées comme celles d'un enfant (car l'artiste aimée du public est comme un enfant à qui l'univers sert de famille), elle sentait éclore en elle un sentiment à la fois enivrant et douloureux, quelque chose qui tenait le milieu entre l'admiration et la crainte, entre la tendresse et l'envie. Quant à l'aveugle, elle était instinctivement captivée et comme vivifiée par le beau son de cette voix, par la pureté de ce langage, par l'animation de cette causerie intelligente, colorée et profondément naturelle, qui caractérise les vrais artistes, et ceux du théâtre particulièrement. La mère de Pauline, quoique remplie d'entêtement dévot et de morgue provinciale, était une femme assez distinguée et assez instruite pour le monde où elle avait vécu. Elle l'était du moins assez pour se sentir frappée et charmée, malgré elle, d'entendre quelque chose de si différent de son entourage habituel, et de si supérieur à tout ce qu'elle avait jamais rencontré. Peut-être ne s'en rendait-elle pas bien compte à elle-même ; mais il est certain que les efforts de Laurence pour la faire revenir de ses préventions réussissaient au delà de ses espérances. La vieille femme commençait à s'amuser si réellement de la causerie de l'actrice, qu'elle l'entendit avec regret, presque avec effroi, demander des chevaux de poste. Elle fit alors un grand effort sur elle-même, et la pria de rester jusqu'au lendemain. Laurence se fit un peu prier. Sa mère, retenue à Paris par une indisposition de sa seconde fille, n'avait pu partir avec elle. Les engagements de Laurence avec le théâtre d'Orléans l'avaient forcée de les y devancer ; mais elle leur avait donné rendez-vous à Lyon, et Laurence voulait y arriver en même temps qu'elles, sachant bien que sa mère et sa sœur, après quinze jours de séparation (la première de leur vie), l'attendraient impatiemment. Cependant l'aveugle insista tellement, et Pauline, à l'idée de se séparer de nouveau, et pour jamais sans doute, de son amie, versa des larmes si sincères, que Laurence céda, écrivit à sa mère de ne pas être inquiète si elle retardait d'un jour son arrivée à Lyon, et ne commanda ses chevaux que pour le lendemain soir. L'aveugle, entraînée de plus en plus, poussa la gracieuseté jusqu'à vouloir dicter une phrase amicale pour son ancienne connaissance, la mère de Laurence.

— Cette pauvre madame S..., ajouta-t-elle lorsqu'elle eut entendu plier la lettre et pétiller la cire à cacheter, c'était une bien excellente personne, spirituelle, gaie, confiante... et bien étourdie ! car enfin, ma pauvre enfant, c'est elle qui répondra devant Dieu du malheur que tu as eu de monter sur les planches. Elle pouvait s'y opposer, et elle ne l'a pas fait ! Je lui ai écrit trois lettres à cette occasion, et Dieu sait si elle les a lues ! Ah ! si elle m'eût écoutée, tu n'en serais pas là !...

— Nous serions dans la plus profonde misère, répondit Laurence avec une douce vivacité, et nous souffririons de ne pouvoir rien faire l'une pour l'autre, tandis qu'aujourd'hui j'ai la joie de voir ma bonne mère rajeunir au sein d'une honnête aisance ; et elle est plus heureuse que moi, s'il est possible, de devoir son bien-être à mon travail et à ma persévérance. Oh ! c'est une excellente mère, ma bonne madame D..., et, quoique je sois actrice, je vous assure que je l'aime autant que Pauline vous aime.

— Tu as toujours été une bonne fille, je le sais, dit l'aveugle. Mais enfin comment cela finira-t-il? Vous voilà riches, et je comprends que ta mère s'en trouve fort bien, car c'est une femme qui a toujours aimé ses aises et ses plaisirs ; mais l'autre vie, mon enfant, vous n'y songez ni l'une ni l'autre !... Enfin, je me réfugie dans la pensée que tu ne seras pas toujours au théâtre, et qu'un jour viendra où tu feras pénitence.

Cependant le bruit de l'aventure qui avait amené à Saint-Front, route de Paris, une dame en chaise de poste qui croyait aller à Villiers, route de Lyon, s'était répandue dans la petite ville, et y donnait lieu, depuis quelques heures, à d'étranges commentaires. Par quel hasard, par quel prodige, cette dame de la chaise de poste, après être arrivée là sans le vouloir, se décidait-elle à y rester toute la journée? Et que faisait-elle, bon Dieu! chez les dames D...? Comment pouvait-elle les connaître? Et que pouvaient-elles avoir à se dire depuis si longtemps qu'elles étaient enfermées ensemble? Le secrétaire de la mairie, qui faisait sa partie de billard au café situé justement en face de la maison des dames D..., vit ou crut voir passer et repasser derrière les vitres de cette maison la dame étrangère, vêtue singulièrement, disait-il, et même magnifiquement. La toilette de voyage de Laurence était pourtant d'une simplicité de bon goût; mais la femme de Paris, et la femme artiste surtout, donne aux moindres atours un prestige éblouissant pour la province. Toutes les dames des maisons voisines se collèrent à leurs croisées, les entr'ouvrirent même, et s'enrhumèrent toutes plus ou moins, dans l'espérance de découvrir ce qui se passait chez la voisine. On appela la servante comme elle allait au marché, on l'interrogea. Elle ne savait rien, elle n'avait rien entendu, rien compris; mais la personne en question était fort étrange, selon elle. Elle faisait de grands pas, parlait avec une grosse voix, et portait une pelisse fourrée qui la faisait ressembler aux animaux des ménageries ambulantes, soit à une lionne, soit à une tigresse; la servante ne savait pas bien à laquelle des deux. Le secrétaire de la mairie décida qu'elle était vêtue d'une peau de panthère, et l'adjoint du maire trouva fort probable que ce fût la duchesse de Berry. Il avait toujours soupçonné la vieille D... d'être légitimiste au fond du cœur, car elle était dévote. Le maire, assassiné de questions par les dames de sa famille, trouva un expédient merveilleux pour satisfaire leur curiosité et la sienne propre. Il ordonna au maître de poste de ne délivrer de chevaux à l'étrangère que sur le *vu* de son passe-port. L'étrangère, se ravisant et remettant son départ au lendemain, fit répondre par son domestique qu'elle montrerait son passe-port au moment où elle redemanderait des chevaux. Le domestique, fin matois, véritable Frontin de comédie, s'amusa de la curiosité des citadins de Saint-Front, et leur fit à chacun un conte différent. Mille versions circulèrent et se croisèrent dans la ville. Les esprits furent très-agités, le maire craignit une émeute ; le procureur du roi intima à la gendarmerie l'ordre de se tenir sur pied, et les chevaux de l'ordre public eurent la selle sur le dos tout le jour.

— Que faire? disait le maire qui était un homme de mœurs douces et un cœur sensible envers le beau sexe. Je ne puis envoyer un gendarme pour examiner brutalement les papiers d'une dame ! — A votre place, je ne m'en gênerais pas ! disait le substitut, jeune magistrat farouche qui aspirait à être procureur du roi, et qui travaillait à diminuer son embonpoint pour ressembler tout à fait à Junius Brutus. — Vous voulez que je fasse de l'arbitraire ! reprenait le magistrat pacifique. La mairesse tint conseil avec les femmes des autres autorités, et il fut décidé que M. le maire irait en personne, avec toute la politesse possible, et s'excusant sur la nécessité d'obéir à des ordres supérieurs, demander à l'inconnue son passe-port.

Le maire obéit, et se garda bien de dire que ces ordres supérieurs étaient ceux de sa femme. La mère D... fut un peu effrayée de cette démarche ; Pauline, qui la comprit fort bien, en fut inquiète et blessée ; Laurence ne fit qu'en rire, et, s'adressant au maire, elle l'appela par son nom, lui demanda des nouvelles de toutes les personnes de sa famille et de son intimité, lui nommant avec une merveilleuse mémoire jusqu'au plus petit de ses enfants, l'intrigua pendant un quart d'heure, et finit par s'en faire reconnaître. Elle fut si aimable et si jolie dans ce badinage, que le bon maire en tomba amoureux comme un fou, voulut lui baiser la main, et ne se retira que lorsque madame D... et Pauline lui eurent promis de le faire dîner chez elles ce même jour avec la belle actrice de *la capitale*. Le dîner fut fort gai. Laurence essaya de se débarrasser des impressions tristes qu'elle avait reçues, et voulut récompenser l'aveugle du sacrifice qu'elle lui faisait de ses préjugés en lui donnant quelques heures d'enjouement. Elle raconta mille historiettes plaisantes sur ses voyages en province, et même, au dessert, elle consentit à réciter à M. le maire des tirades de vers classiques qui le jetèrent dans un délire d'enthousiasme dont madame la mairesse eût été sans doute fort effrayée. Jamais l'aveugle ne s'était autant amusée ; Pauline était singulièrement agitée ; elle s'étonnait de se sentir triste au milieu de sa joie. Laurence, tout en voulant divertir les autres, avait fini par se divertir elle-même. Elle se croyait rajeunie de dix ans en se retrouvant dans ce monde de ses souvenirs, où elle croyait parfois être encore en rêve.

On était passé de la salle à manger au salon, et on achevait de prendre le café, lorsqu'un bruit de socques dans l'escalier annonça l'approche d'une visite. C'était la femme du maire, qui, ne pouvant résister plus longtemps à sa curiosité, venait *adroitement* et comme par hasard voir madame D... Elle se fût bien gardée d'amener ses filles, elle eût craint de faire tort à leur mariage si elle leur eût laissé entrevoir la comédienne. Ces demoiselles n'en dormirent pas de la nuit, et jamais l'autorité maternelle ne leur sembla plus inique. La plus jeune en pleura de dépit.

Madame la mairesse, quoique assez embarrassée de l'accueil qu'elle ferait à Laurence (celle-ci avait autrefois donné des leçons à ses filles), se garda bien d'être impolie. Elle fut même gracieuse en voyant la dignité calme qui régnait dans ses manières. Mais quelques minutes après, une seconde visite étant arrivée, *par hasard* aussi, la mairesse recula sa chaise et parla un peu moins à l'actrice. Elle était observée par une de ses amies intimes, qui n'eût pas manqué de critiquer beaucoup son *intimité* avec une comédienne. Cette seconde visiteuse s'était promis de satisfaire aussi sa curiosité en faisant causer Laurence. Mais, outre que Laurence devint de plus en plus grave et réservée, la présence de la mairesse contraignit et gêna les curiosités subséquentes. La troisième visite gêna beaucoup les deux premières, et fut à son tour encore plus gênée par l'arrivée de la quatrième. Enfin, en moins d'une heure, le vieux salon de Pauline fut rempli comme si elle eût invité toute la ville à une grande soirée. Personne n'y pouvait résister ; on voulait, au risque de faire une chose étrange, impolie même, voir cette petite sous-maîtresse dont personne n'avait soupçonné l'intelligence, et qui maintenant était connue et applaudie dans toute la France. Pour légitimer la curiosité présente, et pour excuser le peu de discernement qu'on avait eu dans le passé, on affectait de douter encore du talent de Laurence, et on se disait à l'oreille : — Est-il bien vrai qu'elle soit l'amie et la protégée de mademoiselle Mars ? — On dit qu'elle a un si grand succès à Paris — Croyez-vous bien que ce soit possible ?—Il paraît que les plus célèbres auteurs font des pièces pour elle. — Peut-être exagère-t-on beaucoup tout cela ! — Lui avez-vous parlé? — Lui parlez-vous? etc.

Personne néanmoins ne pouvait diminuer par ses doutes la grâce et la beauté de Laurence. Un instant avant le dîner, elle avait fait venir sa femme de chambre, et, d'un tout petit carton qui ressemblait à ces noix enchantées où les fées font tenir d'un coup de baguette tout le trousseau d'une princesse, était sortie une parure très-simple, mais d'un goût exquis et d'une fraîcheur merveilleuse. Pauline ne pouvait comprendre qu'on pût avec si peu de temps et de soin se métamorphoser ainsi en voyage, et l'élégance de son amie la frappait d'une sorte de vertige. Les dames de la ville s'étaient flattées d'avoir à critiquer cette toilette et cette tournure qu'on avait annoncées si étranges ; elles étaient forcées d'admirer et de dévorer du regard ces étoffes moelleuses négligées dans leur richesse, ces coupes élégantes d'ajustements sans roideur et sans étalage, nuance à laquelle n'arrivera jamais l'élégante de petite ville, même lorsqu'elle copie exactement l'élégante des grandes villes ; enfin toutes ces recherches de la chaussure, de la manchette et de la coiffure, que les femmes sans goût exagèrent jusqu'à l'absurde, ou suppriment jusqu'à la malpropreté. Ce qui frappait et intimidait plus que tout le reste, c'était l'aisance parfaite de Laurence, ce ton de la meilleure compagnie qu'on ne s'attend guère, en province, à trouver chez une comédienne, et que, certes, on ne trouvait chez aucune femme à Saint-Front. Laurence était imposante et prévenante à son gré. Elle souriait en elle-même du trouble où elle jetait tous ces petits esprits qui étaient venus à l'insu les uns des autres, chacun croyant être le seul assez hardi pour s'amuser des inconvenances d'une bohémienne, et qui se trouvaient là honteux et embarrassés chacun de la présence des autres, et plus encore du désappointement d'avoir à envier ce qu'il était venu persifler, humilier peut-être ! Toutes ces femmes se tenaient d'un côté du salon comme un régiment en déroute, et de l'autre côté, entourée de Pauline, de sa mère et de quelques hommes de bon sens qui ne craignaient pas de causer respectueusement avec elle, Laurence siégeait comme une reine affable qui sourit à son peuple et le tient à distance. Les rôles étaient bien changés, et le malaise croissait d'un côté, tandis que la véritable dignité triomphait de l'autre. On n'osait plus chuchoter, on n'osait même plus regarder, si ce n'est à la dérobée. Enfin, quand le départ des plus désappointées eut éclairci les rangs, on osa s'approcher, mendier une parole, un regard, toucher la robe, demander l'adresse de la lingère, le prix des bijoux, le nom des pièces de théâtre les plus à la mode à Paris, et des billets de spectacle pour le premier voyage qu'on ferait à la capitale.

A l'arrivée des premières visites, l'aveugle avait été confuse, puis contrariée, puis blessée. Quand elle entendit tout ce monde remplir son salon froid et abandonné depuis si longtemps, elle prit son parti, et, cessant de rougir de l'amitié qu'elle avait témoignée à Laurence, elle en affecta plus encore, et accueillit par des paroles aigres et moqueuses tous ceux qui vinrent la saluer. — Oui-da, Mesdames, répondait-elle, je me porte mieux que je ne pensais, puisque mes infirmités ne font plus peur à personne. Il y a deux ans que l'on n'est venu me tenir compagnie le soir, et c'est un merveilleux hasard qui m'amène toute la ville à la fois. Est-ce qu'on aurait dérangé le calendrier, et ma fête, que je croyais passée il y a six mois, tomberait-elle aujourd'hui? Puis, s'adressant à d'autres qui n'étaient presque jamais venues chez elle, elle poussait la malice jusqu'à leur dire en face et tout haut : — Ah! vous faites comme moi, vous faites taire vos scru pules de conscience, et vous venez, malgré vous, rendre hommage au talent? C'est toujours ainsi, voyez-vous; l'esprit triomphe toujours, et de tout. Vous avez bien blâmé mademoiselle S... de s'être mise au théâtre; vous avez fait comme moi, vous dis-je, vous avez trouvé cela révoltant, affreux! Eh bien, vous voilà toutes à ses pieds! Vous ne direz pas le contraire, car enfin je ne crois pas être devenue tout à coup assez aimable et assez jolie pour que l'on vienne en foule jouir de ma société

Quant à Pauline, elle fut du commencement à la fin admirable pour son amie. Elle ne rougit point d'elle un seul instant, et bravant, avec un courage héroïque en province, le blâme qu'on s'apprêtait à déverser sur elle, elle prit franchement le parti d'être en public à l'égard de Laurence ce qu'elle était en particulier. Elle l'accabla de soins, de prévenances, de respects même; elle plaça elle-même un tabouret sous ses pieds, elle lui présenta elle-même le plateau de rafraîchissements; puis elle répondit par un baiser plein d'effusion à son baiser de remerciement; et quand elle se rassit auprès d'elle, elle tint sa main enlacée à la sienne toute la soirée sur le bras du fauteuil.

Ce rôle était beau sans doute, et la présence de Laurence opérait des miracles, car un tel courage eût épouvanté Pauline si on lui en eût annoncé la nécessité la veille; et maintenant il lui coûtait si peu qu'elle s'en étonnait elle-même. Si elle eût pu descendre au fond de sa conscience, peut-être eût-elle découvert que ce rôle généreux était le seul qui l'élevât au niveau de Laurence à ses propres yeux. Il est certain que jusque-là la grâce, la noblesse et l'intelligence de l'actrice l'avaient déconcertée un peu; mais, depuis qu'elle l'avait posée auprès d'elle en protégée, Pauline ne s'apercevait plus de cette supériorité, difficile à accepter de femme à femme aussi bien que d'homme à homme.

Il est certain que, lorsque les deux amies et la mère aveugle se retrouvèrent seules ensemble au coin du feu, Pauline fut surprise et même un peu blessée de voir que Laurence reportait toute sa reconnaissance sur la vieille femme. Ce fut avec une noble franchise que l'actrice, baisant la main de madame D... et l'aidant à reprendre le chemin de sa chambre, lui dit qu'elle sentait tout le prix de ce qu'elle avait fait et de ce qu'elle avait été pour elle durant cette petite épreuve. — Quant à toi, ma Pauline, dit-elle à son amie lorsqu'elles furent tête à tête, je te fâcherais, si je te faisais le même remerciement. Tu n'as point de préjugés assez obstinés pour que ton mépris de la sottise provinciale me semble un grand effort. Je te connais, tu ne serais plus toi-même si tu n'avais pas trouvé un vrai plaisir à t'élever de toute ta hauteur au-dessus de ces bégueules.

— C'est à cause de toi que cela m'est devenu un plaisir, répondit Pauline un peu déconcertée.

— Allons donc, rusée! reprit Laurence en l'embrassant, c'est à cause de vous-même!

Était-ce un instinct d'ingratitude qui faisait parler ainsi l'amie de Pauline? Non. Laurence était la femme la plus droite avec les autres et la plus sincère vis-à-vis d'elle-même. Si l'effort de son amie lui eût paru sublime, elle ne se serait pas crue humiliée de lui montrer de la reconnaissance; mais elle avait un sentiment si ferme et si légitime de sa propre dignité, qu'elle croyait le courage de Pauline aussi naturel, aussi facile que le sien. Elle ne se doutait nullement de l'angoisse secrète qu'elle excitait dans cette âme troublée. Elle ne pouvait la deviner; elle ne l'eût pas comprise.

Pauline, ne voulant pas la quitter d'un instant, exigea

qu'elle dormît dans son propre lit. Elle s'était fait arranger un grand canapé où elle se coucha non loin d'elle, afin de pouvoir causer le plus longtemps possible. Chaque moment augmentait l'inquiétude de la jeune recluse, et son désir de comprendre la vie, les jouissances de l'art et celles de la gloire, celles de l'activité et celles de l'indépendance. Laurence éludait ses questions. Il lui semblait imprudent de la part de Pauline de vouloir connaître les avantages d'une position si différente de la sienne; il lui eût semblé peu délicat à elle-même de lui en faire un tableau séduisant. Elle s'efforça de répondre à ses questions par d'autres questions; elle voulut lui faire dire les joies intimes de sa vie évangélique, et tourner toute l'exaltation de leur entretien vers cette poésie du devoir qui lui semblait devoir être le partage d'une âme pieuse et résignée. Mais Pauline ne répondit que par des réticences. Dans leur premier entretien de la matinée, elle avait épuisé tout ce que sa vertu avait d'orgueil et de finesse pour dissimuler sa souffrance. Le soir, elle ne songeait déjà plus à son rôle. La soif qu'elle éprouvait de vivre et de s'épanouir, comme une fleur longtemps privée d'air et de soleil, devenait de plus en plus ardente. Elle l'emporta, et força Laurence à s'abandonner au plaisir le plus grand qu'elle connût, celui d'épancher son âme avec confiance et naïveté. Laurence aimait son art, non-seulement pour lui-même, mais aussi en raison de la liberté et de l'élévation d'esprit et d'habitudes qu'il lui avait procurées. Elle s'honorait de nobles amitiés; elle avait connu aussi des affections passionnées, et, quoiqu'elle eût la délicatesse de n'en point parler à Pauline, la présence de ces souvenirs encore palpitants donnait à son éloquence naturelle une énergie pleine de charme et d'entraînement.

Pauline dévorait ses paroles. Elles tombaient dans son cœur et dans son cerveau comme une pluie de feu; pâle, les cheveux épars, l'œil embrasé, le coude appuyé sur son chevet virginal, elle était belle comme une nymphe antique à la lueur pâle de la lampe qui brûlait entre les deux lits. Laurence la vit et fut frappée de l'expression de ses traits. Elle craignit d'en avoir trop dit, et se le reprocha, quoique pourtant toutes ses paroles eussent été pures comme celles d'une mère à sa fille. Puis, involontairement, revenant à ses idées théâtrales, et oubliant tout ce qu'elles venaient de se dire, elle s'écria, frappée de plus en plus : — Mon Dieu, que tu es belle, ma chère enfant! Les classiques qui m'ont voulu enseigner le rôle de Phèdre ne t'avaient pas vue ainsi. Voici une pose qui est toute l'école moderne ; mais c'est Phèdre tout entière... non pas la Phèdre de Racine peut-être, mais celle d'Euripide, disant :

Dieux ! que ne suis-je assise à l'ombre des forêts !...

Si je ne te dis pas cela en grec, ajouta Laurence en étouffant un léger bâillement, c'est que je ne sais pas le grec... Je parie que tu le sais, toi...

— Le grec! quelle folie! répondit Pauline en s'efforçant de sourire. Que ferais-je de cela?

— Oh! moi, si j'avais, comme toi, le temps d'étudier tout, s'écria Laurence, je voudrais tout savoir!

Il se fit quelques instants de silence. Pauline fit un douloureux retour sur elle-même ; elle se demanda à quoi, en effet, servaient tous ces merveilleux ouvrages de broderie qui remplissaient ses longues heures de silence et de solitude, et qui n'occupaient ni sa pensée ni son cœur. Elle fut effrayée de tant de belles années perdues, et il lui sembla qu'elle avait fait de ses plus nobles facultés, comme de son temps le plus précieux, un usage stupide, presque impie. Elle se releva encore sur son coude, et dit à Laurence : — Pourquoi donc me comparais-tu à Phèdre? Sais-tu que c'est là un type affreux? Peux-tu poétiser le vice et le crime?..... — Laurence ne répondit pas. Fatiguée de l'insomnie de la nuit précédente, calme d'ailleurs au fond de l'âme, comme on l'est, malgré tous les orages passagers, lorsqu'on a trouvé au fond de soi le vrai but et le vrai moyen de son existence, elle s'était endormie presque en parlant. Ce prompt et paisible sommeil augmenta l'angoisse et l'amertume de Pauline. Elle est heureuse, pensa-t-elle... heureuse et contente d'elle-même, sans effort, sans combats, sans incertitude... Et moi!... O mon Dieu! cela est injuste!

Pauline ne dormit pas de toute la nuit. Le lendemain, Laurence s'éveilla aussi paisiblement qu'elle s'était endormie, et se montra au jour fraîche et reposée. Sa femme de chambre arriva avec une jolie robe blanche qui lui servait de peignoir pendant sa toilette. Tandis que la soubrette lissait et tressait les magnifiques cheveux noirs de Laurence, celle-ci repassait le rôle qu'elle devait jouer à Lyon, à trois jours de là. C'était à son tour d'être belle avec ses cheveux épars et l'expression tragique. De temps en temps, elle échappait brusquement aux mains de la femme de chambre, et marchait dans l'appartement en s'écriant : « Ce n'est pas cela!... je veux le dire comme je le sens! » Et elle laissait échapper des exclamations, des phrases de drame ; elle cherchait des poses devant le vieux miroir de Pauline. Le sang-froid de la femme de chambre, habituée à toutes ces choses, et l'oubli complet où Laurence semblait être de tous les objets extérieurs, étonnaient au dernier point la jeune provinciale. Elle ne savait pas si elle devait rire ou s'effrayer de ces airs de pythonisse ; puis elle était frappée de la beauté tragique de Laurence, comme Laurence l'avait été de la sienne quelques heures auparavant. Mais elle se disait :

Elle fait toutes ces choses de sang-froid, avec une impétuosité préparée, avec une douleur étudiée. Au fond, elle est fort tranquille, fort heureuse; et moi, qui devrais avoir le calme de Dieu sur le front, il se trouve que je ressemble à Phèdre!

Comme ellle pensait cela, Laurence lui dit brusquement : — Je fais tout ce que je peux pour trouver ta pose d'hier soir quand tu étais là sur ton coude... je ne peux pas en venir à bout! C'était magnifique. Allons! c'est trop récent. Je trouverai cela plus tard, par inspiration! Toute inspiration est une réminiscence, n'est-ce pas, Pauline? Tu ne te coiffes pas bien, mon enfant; tresse donc tes cheveux au lieu de les lisser ainsi en bandeau. Tiens, Susette va te montrer.

Et tandis que la femme de chambre faisait une tresse, Laurence fit l'autre, et en un instant Pauline se trouva si bien coiffée et si embellie qu'elle fit un cri de surprise.— Ah! mon Dieu, quelle adresse! s'écria-t-elle; je ne me coiffais pas ainsi de peur d'y perdre trop de temps, et j'en mettais le double.

— Oh! c'est que nous autres, répondit Laurence, nous sommes forcées de nous faire belles le plus possible et le plus vite possible.

— Et à quoi cela me servirait-il, à moi? dit Pauline en laissant tomber ses coudes sur la toilette, et en se regardant au miroir d'un air sombre et désolé.

— Tiens, s'écria Laurence, te voilà encore Phèdre! Reste comme cela, j'étudie!

Pauline sentit ses yeux se remplir de larmes. Pour que Laurence ne s'en aperçût pas (et c'est ce que Pauline craignait le plus au monde en cet instant), elle s'enfuit dans une autre pièce et dévora d'amers sanglots. Il y avait de la douleur et de la colère dans son âme, mais elle ne savait pas elle-même pourquoi ces orages s'élevaient en elle. Le soir, Laurence était partie. Pauline avait pleuré en la voyant monter en voiture, et, cette fois, c'était de regret ; car Laurence venait de la faire vivre pendant trente-six heures, et elle pensait avec effroi au lendemain. Elle tomba accablée de fatigue dans son lit, et s'endormit brisée, désirant ne plus s'éveiller. Lorsqu'elle s'éveilla, elle jeta un regard de morne épouvante sur ces murailles qui ne gardaient aucune trace du rêve que Laurence y avait évoqué. Elle se leva lentement, s'assit machinalement devant son miroir, et essaya de refaire ses tresses de la veille. Tout à coup, rappelée à la réalité par le chant de son serin qui s'éveillait dans sa cage, toujours gai, toujours indifférent à la captivité, Pauline se leva, ouvrit la cage, puis la fenêtre, et poussa dehors l'oiseau sédentaire, qui ne voulait pas s'envoler. « Ah ! tu n'es pas digne de la liberté ! » dit-elle en le voyant revenir vers elle aussitôt. Elle retourna à sa toilette, défit ses tresses avec une sorte de rage, et tomba le visage sur ses mains crispées. Elle resta ainsi jusqu'à l'heure où sa mère s'éveillait. La fenêtre était restée ouverte, Pauline n'avait pas senti le froid. Le serin était rentré dans sa cage et chantait de toutes ses forces.

III.

Un an s'était écoulé depuis le passage de Laurence à Saint-Front, et l'on y parlait encore de la mémorable soirée où la célèbre actrice avait reparu avec tant d'éclat parmi ses concitoyens ; car on se tromperait grandement si l'on supposait que les préventions de la province sont difficiles à vaincre. Quoi qu'on dise à cet égard, il n'est point de séjour où la bienveillance soit plus aisée à conquérir, de même qu'il n'en est pas où elle soit plus facile à perdre. On dit ailleurs que le temps est un grand maître ;

il faut dire en province que c'est l'ennui qui modifie, qui justifie tout. Le premier choc d'une nouveauté quelconque contre les habitudes d'une petite ville est certainement terrible, si l'on y songe la veille ; mais le lendemain on reconnaît que ce n'était rien, et que mille curiosités inquiètes n'attendaient qu'un premier exemple pour se lancer dans la carrière des innovations. Je connais certains chefs-lieux de canton où la première femme qui se permit de galoper sur une selle anglaise fut traitée de cosaque en jupon, et où, l'année suivante, toutes les dames de l'endroit voulurent avoir équipage d'amazone jusqu'à la cravache inclusivement.

A peine Laurence fut-elle partie qu'une prompte et universelle réaction s'opéra dans les esprits. Chacun voulait justifier l'empressement qu'il avait mis à la voir en grandissant la réputation de l'actrice, ou du moins en ouvrant de plus en plus les yeux sur son mérite réel. Peu à peu on en vint à se disputer l'honneur de lui avoir parlé le premier, et ceux qui n'avaient pu se résoudre à l'aller voir prétendirent qu'ils y avaient fortement poussé les autres. Cette année-là, une diligence fut établie de Saint-Front à Mont-Laurent, et plusieurs personnages importants de la ville (de ces gens qui possèdent 15,000 fr. de rentes au soleil, et qui ne se déplacent pas aisément, parce que, sans eux, à les entendre, le pays retomberait dans la barbarie), se risquèrent enfin à faire le voyage de la capitale. Ils revinrent tous remplis de la gloire de Laurence, et fiers d'avoir pu dire à leurs voisins du balcon ou de la première galerie, au moment où la salle *croulait*, comme on dit, sous les applaudissements : — Monsieur, cette grande actrice a longtemps habité la ville que j'habite. C'était l'amie intime de ma femme. Elle dînait quasi tous les jours *à la maison*. Oh! nous avions bien deviné son talent! Je vous assure que, quand elle nous récitait des vers, nous nous disions entre nous : « Voilà une jeune personne qui peut aller loin ! » Puis, quand ces personnes furent de retour à Saint-Front, elles racontèrent avec orgueil qu'elles avaient été rendre leurs devoirs à la grande actrice, qu'elles avaient dîné à sa table, qu'elles avaient passé la soirée dans son magnifique salon... Ah ! quel salon ! quels meubles ! quelles peintures ! et quelle société amusante et honorable ! des artistes, des députés ; monsieur un tel, le peintre de portraits ; madame une telle, la cantatrice ; et puis des glaces, et puis de la musique... Que sais-je ? la tête en tournait à tous ceux qui entendaient ces beaux récits, et chacun de s'écrier : Je l'avais toujours dit qu'elle réussirait ! Nul autre que moi ne l'avait devinée.

Toutes ces puérilités eurent un seul résultat sérieux, ce fut de bouleverser l'esprit de la pauvre Pauline, et d'augmenter son ennui jusqu'au désespoir. Je ne sais si quelques semaines de plus n'eussent pas empiré son état au point de lui faire négliger sa mère. Mais celle-ci fit une grave maladie qui ramena Pauline au sentiment de ses devoirs. Elle recouvra tout à coup sa force morale et physique, et soigna la triste aveugle avec un admirable dévouement. Son amour et son zèle ne purent la sauver. Madame D... expira dans ses bras environ quinze mois après l'époque où Laurence était passée à Saint-Front.

Depuis ce temps, les deux amies avaient entretenu une correspondance assidue de part et d'autre. Tandis qu'au milieu de sa vie active et agitée, Laurence aimait à songer à Pauline, à pénétrer en esprit dans sa paisible et sombre demeure, à s'y reposer du bruit de la foule auprès du fauteuil de l'aveugle et des géraniums de la fenêtre ; Pauline, effrayée de la monotonie de ses habitudes, éprouvait l'invincible besoin de secouer cette mort lente qui s'étendait sur elle, et de s'élancer en rêve dans le tourbillon qui emportait Laurence. Peu à peu le ton de supériorité morale que, par un noble orgueil, la jeune provinciale avait gardé dans ses premières lettres avec la comédienne, fit place à un ton de résignation douloureuse qui, loin de diminuer l'estime de son amie, la toucha profondément. Enfin les plaintes s'exhalèrent du cœur de Pauline, et Laurence fut forcée de se dire, avec une sorte de consternation, que l'exercice de certaines vertus paralyse l'âme des femmes, au lieu de la fortifier. — Qui donc est heureux, demanda-t-elle un soir à sa mère en posant sur son bureau une lettre qui portait la trace des larmes de Pauline ; et où faut-il aller chercher le repos de l'âme ? Celle qui me plaignait tant au début de ma vie d'artiste se plaint aujourd'hui de sa réclusion d'une manière déchirante, et me trace un si horrible tableau des ennuis de la solitude, que je suis presque tentée de me croire heureuse sous le poids du travail et des émotions.

Lorsque Laurence reçut la nouvelle de la mort de l'aveugle, elle tint conseil avec sa mère, qui était une personne fort sensée, fort aimante, et qui avait eu le bon esprit de demeurer la meilleure amie de sa fille. Elle voulut la détourner d'un projet qu'elle caressait depuis quelque temps : celui de se charger de l'existence de Pauline en lui faisant partager la sienne aussitôt qu'elle serait libre. — Que deviendra cette pauvre enfant désormais ? disait Laurence. Le devoir qui l'attachait à sa mère est accompli. Aucun mérite religieux ne viendra plus ennoblir et poétiser sa vie. Cet odieux séjour d'une petite ville n'est pas fait pour elle. Elle sent vivement toutes choses, son intelligence cherche à se développer. Qu'elle vienne donc près de nous ; puisqu'elle a besoin de vivre, elle vivra.

— Oui, elle vivra par les yeux, répondit madame S..., la mère de Laurence ; elle verra les merveilles de l'art, mais son âme n'en sera que plus inquiète et plus avide.

— Eh bien! reprit l'actrice, vivre par les yeux lorsqu'on arrive à comprendre ce qu'on voit, n'est-ce pas vivre par l'intelligence? et n'est-ce pas de cette vie que Pauline est altérée?

— Elle le dit, repartit madame S..., elle te trompe, elle se trompe elle-même. C'est par le cœur qu'elle demande à vivre, la pauvre fille!

— Eh bien! s'écria Laurence, son cœur ne trouvera-t-il pas un aliment dans l'affection du mien? Qui l'aimerait dans sa petite ville comme je l'aime? Et si l'amitié ne suffit pas à son bonheur, croyez-vous qu'elle ne trouvera pas autour de nous un homme digne de son amour?

La bonne madame S... secoua la tête. — Elle ne voudra pas être aimée en artiste, dit-elle avec un sourire dont sa fille comprit la mélancolie.

L'entretien fut repris le lendemain. Une nouvelle lettre de Pauline annonçait que la modique fortune de sa mère allait être absorbée par d'anciennes dettes que son père avait laissées, et qu'elle voulait payer à tout prix et sans retard. La patience des créanciers avait fait grâce à la vieillesse et aux infirmités de madame D...; mais sa fille, jeune et capable de travailler pour vivre, n'avait pas droit aux mêmes égards. On pouvait, sans trop rougir, la dépouiller de son mince héritage. Pauline ne voulait ni attendre la menace, ni implorer la pitié; elle renonçait à la succession de ses parents et allait essayer de monter un petit atelier de broderie.

Ces nouvelles levèrent tous les scrupules de Laurence et imposèrent silence aux sages prévisions de sa mère. Toutes deux montèrent en voiture, et huit jours après elles revinrent à Paris avec Pauline.

Ce n'était pas sans quelque embarras que Laurence avait offert à son amie de l'emmener et de se charger d'elle à jamais. Elle s'attendait bien à trouver chez elle un reste de préjugés et de dévotion ; mais la vérité est que Pauline n'était pas réellement pieuse. C'était une âme fière et jalouse de sa propre dignité. Elle trouvait dans le catholicisme la nuance qui convenait à son caractère, car toutes les nuances possibles se trouvent dans les religions vieillies ; tant de siècles les ont modifiées, tant d'hommes ont mis la main à l'édifice, tant d'intelligences, de passions et de vertus y ont apporté leurs trésors, leurs erreurs ou leurs lumières, que mille doctrines se trouvent à la fin contenues dans une seule, et mille natures diverses y peuvent puiser l'excuse ou le stimulant qui leur convient. C'est par là que ces religions s'élèvent, c'est aussi par là qu'elles s'écroulent.

Pauline n'était pas douée des instincts de douceur, d'amour et d'humilité qui caractérisent les natures vraiment évangéliques. Elle était si peu portée à l'abnégation, qu'elle s'était toujours trouvée malheureuse, immolée qu'elle était à ses devoirs. Elle avait besoin de sa propre estime, et peut-être aussi de celle d'autrui, bien plus que de l'amour de Dieu et du bonheur du prochain. Tandis que Laurence, moins forte et moins orgueilleuse, se consolait de toute privation et de tout sacrifice en voyant sourire sa mère, Pauline reprochait à la sienne, malgré elle et dans le fond de son cœur, cette longue satisfaction conquise à ses dépens. Ce ne fut donc pas un sentiment d'austérité religieuse qui la fit hésiter à accepter l'offre de son amie, ce fut la crainte de n'être pas assez dignement placée auprès d'elle.

D'abord Laurence ne la comprit pas, et crut que la peur d'être blâmée par les esprits rigides la retenait encore. Mais ce n'était pas là non plus le motif de Pauline. L'opinion avait changé autour d'elle ; l'amitié de la grande actrice n'était plus une honte, c'était un honneur. Il y avait désormais une sorte de gloire à se vanter de son attention et de son souvenir. La nouvelle apparition qu'elle fit à Saint-Front fut un triomphe bien supérieur au premier. Elle fut obligée de se défendre des hommages importuns que chacun aspirait à lui rendre, et la préférence exclusive qu'elle montrait à Pauline excita mille jalousies dont Pauline put s'enorgueillir.

Au bout de quelques heures d'entretien, Laurence vit qu'un scrupule de délicatesse empêchait Pauline d'accepter ses bienfaits. Laurence ne comprit pas trop cet excès de fierté qui craint d'accepter le poids de la reconnaissance ; mais elle le respecta, et se fit humble jusqu'à la prière, jusqu'aux larmes, pour vaincre cet orgueil de la pauvreté, qui serait la plus laide chose du monde si tant d'insolences protectrices n'étaient là pour le justifier. Pauline devait-elle craindre cette insolence de la part de Laurence? Non; mais elle ne pouvait s'empêcher de trembler un peu, et Laurence, quoiqu'un peu blessée de cette méfiance, se promit et se flatta de la vaincre bientôt. Elle en triompha du moins momentanément, grâce à cette éloquence du cœur dont elle avait le don ; et Pauline, touchée, curieuse, entraînée, posa un pied tremblant sur le seuil de cette vie nouvelle, se promettant de revenir sur ses pas au premier mécompte qu'elle y rencontrerait.

Les premières semaines que Pauline passa à Paris furent calmes et charmantes. Laurence avait été assez gravement malade pour obtenir, il y avait déjà deux mois, un congé qu'elle consacrait à des études consciencieuses. Elle occupait avec sa mère un joli petit hôtel au milieu de jardins où le bruit de la ville n'arrivait qu'à peine, et où elle recevait peu de monde. C'était la saison où chacun est à la campagne, où les théâtres sont peu brillants, où les vrais artistes aiment à méditer et à se recueillir Cette jolie maison, simple, mais décorée avec un goût parfait, ces habitudes élégantes, cette vie paisible et intelligente que Laurence avait su se faire au milieu d'un monde d'intrigue et de corruption, donnaient un généreux démenti à toutes les terreurs que Pauline avait éprouvées autrefois sur le compte de son amie. Il est vrai que Laurence n'avait pas toujours été aussi prudente, aussi bien entourée, aussi sagement posée dans sa propre vie qu'elle l'était désormais. Elle avait acquis à ses dépens de l'expérience et du discernement, et, quoique bien jeune encore, elle avait été fort éprouvée par l'ingratitude et la méchanceté. Après avoir beaucoup souffert, beaucoup pleuré ses illusions et beaucoup regretté les courageux élans de sa jeunesse, elle s'était résignée à subir la vie telle qu'elle est faite ici-bas, à ne rien craindre comme à ne rien provoquer de la part de l'opinion, à sacrifier souvent l'enivrement des rêves à la douceur de suivre un bon conseil, l'irritation d'une juste colère à la sainte joie de pardonner. En un mot, elle commençait à résoudre, dans l'exercice de son art comme dans sa vie privée, un problème difficile. Elle s'était apaisée sans se refroidir, elle se contenait sans s'effacer.

Sa mère, dont la raison l'avait quelquefois irritée, mais dont la bonté la subjuguait toujours, lui avait été une providence. Si elle n'avait pas été assez forte pour la préserver de quelques erreurs, elle avait été assez sage pour l'en retirer à temps. Laurence s'était parfois égarée, et jamais perdue. Madame S... avait su à propos lui faire le sacrifice apparent de ses principes, et, quoi qu'on en dise, quoi qu'on en pense, ce sacrifice est le plus sublime que puisse suggérer l'amour maternel. Honte à la mère qui abandonne sa fille par la crainte d'être réputée sa complaisante ou sa complice! Madame S... avait affronté cette horrible accusation, et on ne la lui avait pas épargnée. Le grand cœur de Laurence l'avait compris, et, désormais sauvée par elle, arrachée au vertige qui l'avait un instant suspendue au bord des abîmes, elle eût sacrifié tout, même une passion ardente, même un espoir légitime, à la crainte d'attirer sur sa mère un outrage nouveau.

Ce qui se passait à cet égard dans l'âme de ces deux femmes était si délicat, si exquis et entouré d'un si chaste mystère, que Pauline, ignorante et inexpérimentée à vingt-cinq ans comme une fille de quinze, ne pouvait ni le comprendre, ni le pressentir. D'abord, elle ne songea pas à le pénétrer; elle ne fut frappée que du bonheur et de l'harmonie parfaite qui régnaient dans cette famille : la mère, la fille artiste et les deux jeunes sœurs, ses élèves, ses filles aussi, car elle assurait leur bien-être à la sueur de son noble front, et consacrait à leur éducation ses plus douces heures de liberté. Leur intimité, leur enjouement à toutes, faisaient un contraste bien étrange avec l'espèce de haine et de crainte qui avait cimenté l'attachement réciproque de Pauline et de sa mère. Pauline en fit la remarque avec une souffrance intérieure qui n'était pas du remords (elle avait vaincu cent fois la tentation d'abandonner ses devoirs), mais qui ressemblait à de la honte. Pouvait-elle ne pas se sentir humiliée de trouver plus de dévouement et de véritables vertus domestiques dans la demeure élégante d'une comédienne, qu'elle n'avait pu en pratiquer au sein de ses austères foyers? Que de pensées brûlantes lui avaient fait monter la rougeur au front, lorsqu'elle veillait seule la nuit, à la clarté de sa lampe, dans sa pudique cellule! et maintenant, elle voyait Laurence couchée sur un divan de sultane, dans son boudoir d'actrice, lisant tout haut des vers de Shakspeare à ses petites sœurs attentives et recueillies pendant que la mère, alerte encore, fraîche et mise avec goût, préparait leur toilette du lendemain et reposait à la dérobée sur ce beau groupe, si cher à ses entrailles, un regard de béatitude. Là étaient réunis l'enthousiasme d'artiste, la bonté, la poésie, l'affection, et au-dessus planait encore la sagesse, c'est-à-dire le sentiment du beau moral, le respect de soi-même, le courage du cœur. **Pauline** pensait rêver, elle ne pouvait se décider à croire ce qu'elle voyait ; peut-être y répugnait-elle par la crainte de se trouver inférieure à Laurence.

Malgré ces doutes et ces angoisses secrètes, Pauline fut admirable dans ses premiers rapports avec de nouvelles existences. Toujours fière dans son indigence, elle eut la noblesse de savoir se rendre utile plus que dispendieuse. Elle refusa avec un stoïcisme extraordinaire chez une jeune provinciale les jolies toilettes que Laurence lui voulait faire adopter. Elle s'en tint strictement à son deuil habituel, à sa petite robe noire, à sa petite collerette blanche, à ses cheveux sans rubans et sans joyaux. Elle s'immisça volontairement dans le gouvernement de la maison, dont Laurence n'entendait, comme elle le disait, que la synthèse, et dont le détail devenait un peu lourd pour la bonne madame S... Elle y apporta des réformes d'économie, sans en diminuer l'élégance et le confortable. Puis, reprenant à de certaines heures ses travaux d'aiguille, elle consacra toutes ses jolies broderies à la toilette des deux petites filles. Elle se fit encore leur sous-maîtresse et leur répétiteur dans l'intervalle des leçons de Laurence. Elle aida celle-ci à apprendre ses rôles en les lui faisant réciter ; enfin elle sut se faire une place à la fois humble et grande au sein de cette famille, et son juste orgueil fut satisfait de la déférence et de la tendresse qu'elle reçut en échange.

Cette vie fut sans nuage jusqu'à l'entrée de l'hiver. Tous les jours Laurence avait à dîner deux ou trois vieux amis ; tous les soirs, six à huit personnes intimes venaient prendre le thé dans son petit salon et causer agréablement sur les arts, sur la littérature, voire un peu sur la politique et la philosophie sociale. Ces causeries, pleines de charme et d'intérêt entre des personnes distinguées, pouvaient rappeler, pour le bon goût, l'esprit et la politesse, celles qu'on avait, au siècle dernier, chez mademoiselle Verrière, dans le pavillon qui fait le coin de la rue Caumartin et du boulevard. Mais elles avaient plus d'animation véritable ; car l'esprit de notre époque est plus profond, et d'assez graves questions peuvent être agitées, même entre les deux sexes, sans ridicule et sans pédantisme. Le véritable esprit des femmes pourra encore consister pendant longtemps à savoir interroger et écouter ; mais il leur est déjà permis de comprendre ce qu'elles écoutent et de vouloir une réponse sérieuse à ce qu'elles demandent.

Le hasard fit que durant toute cette fin d'automne la société intime de Laurence ne se composa que de femmes ou d'hommes d'un certain âge, étrangers à toute prétention. Disons, en passant, que ce ne fut pas seulement le hasard qui fit ce choix, mais le goût que Laurence éprouvait et manifestait de plus en plus pour les choses et partant pour les personnes sérieuses. Autour d'une femme remarquable, tout tend à s'harmoniser et à prendre la teinte de ses pensées et de ses sentiments. Pauline n'eut donc pas l'occasion de voir une seule personne qui pût déranger le calme de son esprit ; et ce qui fut étrange, même à ses propres yeux, c'est qu'elle commençait déjà à trouver cette vie monotone, cette société un peu pâle, et à se demander si le rêve qu'elle avait fait du *tourbillon* de Laurence devait n'avoir pas une plus saisissante réalisation. Elle s'étonna de retomber dans l'affaissement qu'elle avait si longtemps combattu dans la solitude ; et, pour justifier vis-à-vis d'elle-même cette singulière inquiétude, elle se persuada qu'elle avait pris dans sa retraite une tendance au spleen que rien ne pourrait guérir.

Mais les choses ne devaient pas durer ainsi. Quelque répugnance que l'actrice éprouvât à rentrer dans le bruit du monde, quelque soin qu'elle prît d'écarter de son intimité tout caractère léger, toute assiduité dangereuse, l'hiver arriva. Les châteaux cédèrent leurs hôtes aux salons de Paris, les théâtres ravivèrent leur répertoire, le public réclama ses artistes privilégiés. Le mouvement, le travail hâté, l'inquiétude et l'attrait du succès envahirent le paisible intérieur de Laurence. Il fallut laisser franchir le seuil du sanctuaire à d'autres hommes qu'aux vieux amis. Des gens de lettres, des camarades de théâtre, des hommes d'État, en rapport par les subventions avec les grandes académies dramatiques, les uns remarquables par le talent, d'autres par la figure et l'élégance, d'autres encore par le crédit et la fortune, passèrent peu à peu d'abord, et puis en foule, devant le rideau sans couleur et sans images où Pauline brûlait de voir le monde de ses rêves se dessiner enfin à ses yeux. Laurence, habituée à ce cortége de la célébrité, ne sentit pas son cœur s'émouvoir. Seulement sa vie changea forcément de cours, ses heures furent plus remplies, son cerveau plus absorbé par l'étude, ses fibres d'artiste plus excitées par le contact du public. Sa mère et ses sœurs la suivirent, paisibles et fidèles satellites, dans son orbe éblouissant. Mais Pauline !... Ici commença enfin à poindre la vie de son âme, et à s'agiter dans son âme le drame de sa vie.

IV.

Parmi les jeunes gens qui se posaient en adorateurs de Laurence, il y avait un certain Montgenays, qui faisait des vers et de la prose pour son plaisir, mais qui, soit modestie, soit dédain, ne s'avouait point homme de lettrès. Il avait de l'esprit, beaucoup d'usage du monde, quelque instruction et une sorte de talent. Fils d'un banquier, il avait hérité d'une fortune considérable, et ne songeait point à l'augmenter, mais ne se mettait guère en peine d'en faire un usage plus noble que d'acheter des chevaux, d'avoir des loges aux théâtres, de bons dîners chez lui, de beaux meubles, des tableaux et des dettes. Quoique ce ne fût ni un grand esprit ni un grand cœur, il faut dire à son excuse qu'il était beaucoup moins frivole et moins ignare que ne le sont pour la plupart les jeunes gens riches de ce temps-ci. C'était un homme sans principes, mais par convenance ennemi du scandale ; passablement corrompu, mais élégant dans ses mœurs, toutes mauvaises qu'elles fussent ; capable de faire le mal par occasion et non par goût ; sceptique par éducation, par habitude et par ton ; porté aux vices du monde par manque de bons principes et de bons exemples, plus que par nature et par choix ; du reste, critique intelligent, écrivain pur, causeur agréable, connaisseur et dilettante dans toutes les branches des beaux-arts, protecteur avec grâce, sachant et faisant un peu de tout ; voyant la meilleure compagnie sans ostentation, et fréquentant la mauvaise sans effronterie ; consacrant une grande partie de sa fortune, non à secourir les artistes malheureux, mais à recevoir avec luxe les célébrités. Il était bien venu partout, et partout il était parfaitement convenable. Il passait pour un grand homme auprès des ignorants, et pour un homme éclairé chez les gens ordinaires. Les personnes d'un esprit élevé estimaient sa conversation par comparaison avec celle des autres riches, et les orgueilleux la toléraient parce qu'il savait les flatter en les raillant. Enfin, ce Montgenays était précisément ce que les gens du monde appellent un homme d'esprit ; les artistes, un homme de goût. Pauvre, il eût été confondu dans la foule des intelligences vulgaires ; riche, on devait lui savoir gré de n'être ni un juif, ni un sot, ni un maniaque.

Il était de ces gens qu'on rencontre partout, que tout le monde connaît au moins de vue, et qui connaissent chacun par son nom. Il n'était point de société où il ne fût admis, point de théâtre où il n'eût ses entrées dans les coulisses et dans le foyer des acteurs, point d'entreprise où il n'eût quelques capitaux, point d'administration où il n'eût quelque influence, point de cercle dont il ne fût un des fondateurs et un des soutiens. Ce n'était pas le dandysme qui lui avait servi de clef pour pénétrer ainsi à travers le monde ; c'était un certain savoir-faire, plein d'égoïsme, exempt de passion, mêlé de vanité, et soutenu d'assez d'esprit pour faire paraître son rôle plus généreux, plus intelligent et plus épris de l'art qu'il ne l'était en effet.

Sa position l'avait, depuis quelques années déjà, mis en rapport avec Laurence ; mais ce furent d'abord des rapports éloignés, de pure politesse ; et si Montgenays y avait mis parfois de la galanterie, c'était dans la mesure la plus parfaite et la plus convenable. Laurence s'était un peu méfiée de lui d'abord, sachant fort bien qu'il n'est point de société plus funeste à la réputation d'une jeune actrice que celle de certains hommes du monde. Mais quand elle vit que Montgenays ne lui faisait pas la cour, qu'il venait chez elle assez souvent pour manifester quelque prétention, et qu'il n'en manifestait cependant aucune, elle lui sut gré de cette manière d'être, la prit pour un témoignage d'estime de très-bon goût ; et, craignant de se montrer prude ou coquette en se tenant sur ses gardes, elle le laissa pénétrer dans son intimité, en reçut avec confiance mille petits services insignifiants qu'il lui rendit avec un empressement respectueux, et ne craignit pas de le nommer parmi ses amis véritables, lui faisant un grand mérite d'être beau, riche, jeune, influent, et de n'avoir aucune fatuité.

La conduite extérieure de Montgenays autorisait cette confiance. Chose étrange cependant, cette confiance le blessait en même temps qu'elle le flattait. Soit qu'on le prît pour l'amant ou pour l'ami de Laurence, son amour-propre était caressé. Mais lorsqu'il se disait qu'elle le traitait en réalité comme un homme sans conséquence, il en éprouvait un secret dépit, et il lui passait par l'esprit de s'en venger quelque jour.

Le fait est qu'il n'était point épris d'elle. Du moins, depuis trois ans qu'il la voyait de plus en plus intimement, le calme apathique de son cœur n'en avait reçu aucune atteinte. Il était de ces hommes déjà blasés par de secrets désordres, qui ne peuvent plus éprouver de désirs violents que ceux où la vanité est en cause. Lorsqu'il avait connu Laurence, sa réputation et son talent étaient en marche ascendante ; mais ni l'un ni l'autre n'étaient assez constatés pour qu'il attachât un grand prix à sa conquête. D'ailleurs, il avait bien assez d'esprit pour savoir que les avantages du monde n'assurent point aujourd'hui de succès infaillibles. Il apprit et il vit que Laurence avait une âme trop élevée pour céder jamais à d'autres entraînements que ceux du cœur. Il sut en outre que, trop insouciante peut-être de l'opinion publique alors que son âme était envahie par un sentiment généreux, elle redoutait néanmoins et repoussait l'imputation d'être protégée et assistée par un amant. Il s'enquit de son passé, de sa vie intime : il s'assura que tout autre cadeau que celui d'un bouquet serait repoussé d'elle comme un sanglant affront ; et en même temps que ces découvertes lui donnèrent de l'estime pour Laurence, elles éveillèrent en lui la pensée de vaincre cette fierté, parce que cela était difficile et aurait du retentissement. C'était donc dans ce but qu'il s'était glissé dans son intimité, mais avec adresse, et pensant bien que le premier point était de lui ôter toute crainte sur ses intentions.

Pendant ces trois ans le temps avait marché, et l'occasion de risquer une tentative ne s'était pas présentée. Le talent de Laurence était devenu incontestable, sa célébrité avait grandi, son existence était assurée, et, ce qu'il y avait de plus remarquable, son cœur ne s'était point donné. Elle vivait repliée sur elle-même, ferme, calme, triste parfois, mais résolue de ne plus se risquer à la légère sur l'aile des orages. Peut-être ses réflexions l'avaient-elle rendue plus difficile, peut-être ne trouvait-elle aucun homme digne de son choix... Était-ce dédain, était-ce courage? Montgenays se le demandait avec anxiété. Quelques-uns se persuadaient qu'il était aimé en secret, et lui demandaient compte, à lui, de son indifférence apparente. Trop adroit pour se laisser pénétrer, Montgenays répondait que le respect enchaînerait toujours en lui la pensée d'être autre chose pour Laurence qu'un ami et un frère. On redisait ces paroles à Laurence, et on lui demandait si sa fierté ne dispenserait jamais ce pauvre Montgenays d'une déclaration qu'il n'aurait jamais l'audace de lui faire. — Je le crois modeste, répondait-elle, mais pas au point de ne pas savoir dire qu'il aime, si jamais il vient à aimer. Cette réponse revenait à Montgenays, et il ne savait s'il devait la prendre pour la raillerie du dépit ou pour la douceur de l'indifférence. Sa vanité en était parfois si tourmentée, qu'il était prêt à tout risquer pour le savoir; mais la crainte de tout gâter et de tout perdre le retenait, et le temps s'écoulait sans qu'il vît jour à sortir de ce cercle vicieux où chaque semaine le transportait d'une phase d'espoir à une phase de découragement, et d'une résolution d'hypocrisie à une résolution d'impertinence, sans qu'il lui fût jamais possible de trouver l'heure convenable pour une déclaration qui ne fût pas insensée, ou pour une retraite qui ne fût pas ridicule. Ce qu'il craignait le plus au monde, c'était de prêter à rire, lui qui mettait son amour-propre à jouer un personnage sérieux. La présence de Pauline lui vint en aide, et la beauté de cette jeune fille sans expérience lui suggéra de nouveaux plans sans rien changer à son but.

Il imagina de se conformer à une tactique bien vulgaire, mais qui manque rarement son effet, tant les femmes sont accessibles à une sotte vanité. Il pensa qu'en feignant une velléité d'amour pour Pauline il éveillerait chez son amie le désir de la supplanter. Absent de Paris depuis plusieurs mois, il fit sa rentrée dans le salon de Laurence un certain soir où Pauline, étonnée, effarouchée de voir le cercle habituel s'agrandir d'heure en heure, commençait à souffrir du peu d'ampleur de sa robe noire et de la roideur de sa collerette. Dans ce cercle, elle remarquait plusieurs actrices toutes jolies ou du moins attrayantes à force d'art; puis, en se comparant à elles, en se comparant à Laurence même, elle se disait avec raison que sa beauté était plus régulière, plus irréprochable, et qu'un peu de toilette suffirait pour l'établir devant tous les yeux. En passant et repassant dans le salon, selon sa coutume, pour préparer le thé, veiller à la clarté des lampes et vaquer à tous ces petits soins qu'elle avait assumés volontairement sur elle, son mélancolique regard plongeait dans les glaces, et son petit costume de demi-béguine commençait à la choquer. Dans un de ces moments-là elle rencontra précisément dans la glace le regard de Montgenays, qui observait tous ses mouvements. Elle ne l'avait pas entendu annoncer; elle l'avait rencontré dans l'antichambre sans le voir, lorsqu'il était arrivé. C'était le premier homme d'une belle figure et d'une véritable élégance qu'elle eût encore pu remarquer. Elle en fut frappée d'une sorte de terreur; elle reporta ses yeux sur elle-même avec inquiétude, trouva sa robe flétrie, ses mains rouges ses souliers épais, sa démarche gauche. Elle eût voulu se cacher pour échapper à ce regard qui la suivait toujours, qui observait son trouble, et qui était assez pénétrant dans les sentiments d'une donnée vulgaire pour comprendre d'emblée ce qui se passait en elle. Quelques instants après, elle remarqua que Montgenays parlait d'elle à Laurence; car, tout en s'entretenant à voix basse, leurs regards se portaient sur elle. — Est-ce une première cameriste ou une demoiselle de compagnie que vous avez là? demandait Montgenays à Laurence, quoiqu'il sût fort bien le roman de Pauline. — Ni l'une ni l'autre, répondit Laurence. C'est mon amie de province dont je vous ai souvent parlé. Comment vous plaît-elle? — Montgenays affecta de ne pas répondre d'abord, de regarder fixement Pauline; puis il dit d'un ton étrange que Laurence ne lui connaissait pas, car c'était une intonation mise en réserve depuis longtemps pour faire son effet dans l'occasion : — Admirablement belle, délicieusement jolie ! — En vérité ! s'écria Laurence toute surprise de ce mouvement, vous me rendez bien heureuse de me dire cela ! Venez, que je vous présente à elle. — Et, sans attendre sa réponse, elle le prit par le bras et l'entraîna jusqu'au bout du salon, où Pauline essayait de se faire une contenance en rangeant son métier de broderie. — Permets-moi, ma chère enfant, lui dit Laurence, de te présenter un de mes amis que tu ne connais pas encore, et qui depuis longtemps désire beaucoup te connaître. — Puis, ayant nommé Montgenays à Pauline, qui, dans son trouble, n'entendit rien, elle adressa la parole à un de ses camarades qui entrait; et, changeant de groupe, elle laissa Montgenays et Pauline face à face, pour ainsi dire tête à tête, dans le coin du salon.

Jamais Pauline n'avait parlé à un homme aussi bien

frisé, cravaté, chaussé et parfumé. Hélas! on n'imagine pas quel prestige ces minuties de la vie élégante exercent sur l'imagination d'une fille de province. Une main blanche, un diamant à la chemise, un soulier verni, une fleur à la boutonnière, sont des recherches qui ne brillent plus en quelque sorte dans un salon que par leur absence ; mais qu'un commis-voyageur étale ces séductions inouïes dans une petite ville, et tous les regards seront attachés sur lui. Je ne veux pas dire que tous les cœurs voleront au-devant du sien, mais du moins je pense qu'il sera bien sot s'il n'en accapare pas quelques-uns.

Cet engouement puéril ne dura qu'un instant chez Pauline. Intelligente et fière, elle eut bientôt secoué ce reste de *provincialité* mais elle ne put se défendre de trouver une grande distinction et un grand charme dans les paroles que Montgenays lui adressa. Elle avait rougi d'être troublée par le seul extérieur d'un homme. Elle se réconcilia avec sa première impression en croyant trouver dans l'esprit de cet homme le même cachet d'élégance dont toute sa personne portait l'empreinte. Puis cette attention particulière qu'il lui accordait, le soin qu'il semblait avoir pris de se faire présenter à elle retirée dans un coin parmi les tasses de Chine et les vases de fleurs, le plaisir timide qu'il paraissait goûter à la questionner sur ses goûts, sur ses impressions et ses sympathies, la traitant de prime abord comme une personne éclairée, capable de tout comprendre et de tout juger ; toutes ces coquetteries de la politesse du monde, dont Pauline ne connaissait pas la banalité et la perfidie, la réveillèrent de sa langueur habituelle. Elle s'excusa un instant sur son ignorance de toutes choses; Montgenays parut prendre cette timidité pour une admirable modestie ou pour une méfiance dont il se plaignait d'une façon cafarde. Peu à peu Pauline s'enhardit jusqu'à vouloir montrer qu'elle aussi avait de l'esprit, du goût, de l'instruction. Le fait est qu'elle en avait extraordinairement eu égard à son existence passée, mais qu'au milieu de tous ces artistes brisés à une causerie étincelante elle ne pouvait éviter de tomber parfois dans le lieu commun. Quoique sa nature distinguée la préservât de toute expression triviale, il était facile de voir que son esprit n'était pas encore sorti tout à fait de l'état de chrysalide. Un homme supérieur à Montgenays n'en eût été que plus intéressé à ce développement; mais le vaniteux en conçut un secret mépris pour l'intelligence de Pauline, et il décida avec lui-même, dès cet instant, qu'elle ne lui servirait jamais que de jouet, de moyen, de victime, s'il le fallait.

Qui eût pu supposer dans un homme froid et nonchalant en apparence une résolution si sèche et si cruelle? Personne, à coup sûr. Laurence, malgré tout son jugement, ne pouvait le soupçonner, et Pauline, moins que personne, devait en concevoir l'idée.

Lorsque Laurence se rapprocha d'elle, se souvenant avec sollicitude qu'elle l'avait laissée auprès de Montgenays troublée jusqu'à la fièvre, confuse jusqu'à l'angoisse, elle fut fort surprise de la retrouver brillante, enjouée, animée d'une beauté inconnue, et presque aussi à l'aise que si elle eût passé sa vie dans le monde.

— Regarde donc ton amie de province, lui dit à l'oreille un vieux comédien de ses amis; n'est-ce pas merveille de voir comme en un instant l'esprit vient aux filles?

Laurence fit peu d'attention à cette plaisanterie. Elle ne remarqua pas non plus, le lendemain, que Montgenays était venu lui rendre visite une heure trop tôt, car il savait fort bien que Laurence sortait de la répétition à quatre heures; et depuis trois jusqu'à quatre heures il l'avait attendue au salon, non pas seul, mais penché sur le métier de Pauline.

Au grand jour, Pauline l'avait trouvé fort vieux. Quoiqu'il n'eût que trente ans, son visage portait la flétrissure de quelques excès ; l'on sait que la beauté est inséparable, dans les idées de province, de la fraîcheur et de la santé. Pauline ne comprenait pas encore, et ceci faisait son éloge, que les traces de la débauche pussent imprimer au front une apparence de poésie et de grandeur. Combien d'hommes dans notre époque de romantisme ont été réputés penseurs et poëtes, rien que pour avoir l'orbite creusé et le front dévasté avant l'âge ! Combien ont paru hommes de génie qui n'étaient que malades !

Mais le charme des paroles captiva Pauline encore plus que la veille. Toutes ces insinuantes flatteries que la femme du monde la plus bornée sait apprécier à leur valeur, tombaient dans l'âme aride et flétrie de la pauvre recluse comme une pluie bienfaisante. Son orgueil, trop longtemps privé de satisfactions légitimes, s'épanouissait au souffle dangereux de la séduction, et quelle séduction déplorable ! celle d'un homme parfaitement froid, qui méprisait sa crédulité, et qui voulait en faire un marchepied pour s'élever jusqu'à Laurence

V.

La première personne qui s'aperçut de l'amour insensé de Pauline fut madame S..... Elle avait pressenti et deviné, avec l'instinct du génie maternel, le projet et la tactique de Montgenays. Elle n'avait jamais été dupe de son indifférence simulée, et s'était toujours tenue en méfiance de lui, ce qui faisait dire à Montgenays que madame S... était, comme toutes les mères d'artiste, une femme bornée, maussade, fâcheuse au développement de sa fille. Lorsqu'il fit la cour à Pauline, madame S..., emportée par sa sollicitude, craignit que cette ruse n'eût une sorte de succès, et que Laurence ne se sentît piquée d'avoir passé inaperçue devant les yeux d'un homme à la mode. Elle n'eût pas dû croire Laurence accessible à ce petit sentiment; mais madame S..., au milieu de sa sagesse vraiment supérieure, avait de ces enfantillages de mère qui s'effraie hors de raison au moindre danger. Elle craignit le moment où Laurence ouvrirait les yeux sur l'intrigue entamée par Montgenays, et, au lieu d'appeler la raison et la tendresse de sa fille au secours de Pauline, elle essaya seule de détromper celle-ci et de l'éclairer sur son imprudence.

Mais, quoiqu'elle y mît de l'affection et de la délicatesse, elle fut fort mal accueillie. Pauline était enivrée; on lui eût arraché la vie plutôt que la présomption d'être adorée. La manière un peu aigre dont elle repoussa les avertissements de madame S... donnèrent un peu d'amertume à celle-ci. Il y eut quelques paroles échangées où perçait d'une part le sentiment de l'infériorité de Pauline, de l'autre l'orgueil du triomphe remporté sur Laurence. Effrayée de ce qui lui était échappé, Pauline le confia à Montgenays, qui, plein de joie, s'imagina que madame S... avait été en ceci la confidente et l'écho du dépit de sa fille. Il crut toucher à son but, et, comme un joueur qui double son enjeu, il redoubla d'attentions et d'assiduités auprès de Pauline. Déjà il avait osé lui faire ce lâche mensonge d'un amour qu'il n'éprouvait pas. Elle avait feint de n'y pas croire; mais elle n'y croyait que trop, l'infortunée! Quoiqu'elle se fût défendue avec courage, Montgenays n'en était pas moins sûr d'avoir bouleversé profondément tout son être moral. Il dédaignait le reste de sa victoire, et attendait, pour la remporter ou l'abandonner, que Laurence se prononçât pour ou contre.

Absorbée par ses études et forcée de passer presque toutes ses journées au théâtre, le matin pour les répéti-

tions, le soir pour les représentations, Laurence ne pouvait suivre les progrès que Montgenays faisait dans l'estime de Pauline. Elle fut frappée, un soir, de l'émotion avec laquelle la jeune fille entendit Lavallée, le vieux comédien, homme d'esprit, qui avait servi de patron et pour ainsi dire de répondant à Laurence lors de ses débuts, juger sévèrement le caractère et l'esprit de Montgenays. Il le déclara vulgaire entre tous les hommes vulgaires ; et, comme Laurence défendait au moins les qualités de son cœur, Lavallée s'écria : — Quant à moi, je sais bien que je serai contredit ici par tout le monde, car tout le monde lui veut du bien. Et savez-vous pourquoi tout le monde l'aime? c'est qu'il n'est pas méchant.
— Il me semble que c'est quelque chose, dit Pauline avec intention et en lançant un regard plein d'amertume au vieil artiste, qui était pourtant le meilleur des hommes et qui ne prit rien pour lui de l'allusion. — C'est moins que rien, répondit-il ; car il n'est pas bon, et voilà pourquoi je ne l'aime pas, si vous voulez le savoir. On n'a jamais rien à espérer et l'on a tout à craindre d'un homme qui n'est ni bon ni méchant.

Plusieurs voix s'élevèrent pour défendre Montgenays, et celle de Laurence par-dessus toutes les autres ; seulement elle ne put l'excuser lorsque Lavallée lui démontra par des preuves que Montgenays n'avait point d'ami véritable, et qu'on ne lui avait jamais vu aucun de ces mouvements de vertueuse colère qui trahissent un cœur généreux et grand. Alors Pauline, ne pouvant se contenir davantage, dit à Laurence qu'elle méritait plus que personne le reproche de Lavallée, en laissant accabler un de ses amis les plus sûrs et les plus dévoués sans indignation et sans douleur. Pauline, en faisant cette sortie étrange, tremblait et cassait son aiguille de tapisserie ; son agitation fut si marquée qu'il se fit un instant de silence, et tous les yeux se tournèrent vers elle avec surprise. Elle vit alors son imprudence, et essaya de la réparer en blâmant d'une manière générale le train du monde en ces sortes d'affaires. — C'est une chose bien triste à étudier dans ce pays, dit-elle, que l'indifférence avec laquelle on entend déchirer des gens auxquels on ne rougit pourtant pas, un instant après, de faire bon accueil et de serrer la main. Je suis une ignorante, moi, une provinciale sans usage ; mais je ne peux m'habituer à cela... Voyons, monsieur Lavallée, c'est à vous de me donner raison ; car me voici précisément dans un de ces mouvements de vertu brutale dont vous reprochez l'absence à M. Montgenays. — En prononçant ces derniers mots, Pauline s'efforçait de sourire à Laurence pour atténuer l'effet de ce qu'elle avait dit, et elle y avait réussi pour tout le monde, excepté pour son amie, dont le regard, plein de sollicitude et de pénétration, surprit une larme au bord de sa paupière. Lavallée donna raison à Pauline, et ce lui fut une occasion de débiter avec un remarquable talent une tirade du *Misanthrope* sur l'ami du genre humain. Il avait la tradition de Fleury pour jouer ce rôle, et il l'aimait tellement que, malgré lui, il s'était identifié avec le caractère d'Alceste plus que sa nature ne l'exigeait de lui. Ceci arrive souvent aux artistes : leur instinct les porte à moitié vers un type qu'ils reproduisent avec amour, le succès qu'ils obtiennent dans cette création fait l'autre moitié de l'assimilation ; et c'est ainsi que l'art, qui est l'expression de la vie en nous, devient souvent en nous la vie elle-même.

Lorsque Laurence fut seule le soir avec son amie, elle l'interrogea avec la confiance que donne une véritable affection. Elle fut surprise de la réserve et de l'espèce de crainte qui régnait dans ses réponses, et elle finit par s'en inquiéter. — Écoute, ma chérie, lui dit-elle en la quittant, toute la peine que tu prends pour me prouver que tu ne l'aimes pas me fait craindre que tu ne l'aimes réellement. Je ne te dirai pas que cela m'afflige, car je crois Montgenays digne de ton estime; mais je ne sais pas s'il t'aime, et je voudrais en être sûre. Si cela était, il me semble qu'il aurait dû me le dire avant de te le faire entendre. Je suis ta mère, moi! La connaissance que j'ai du monde et de ses abîmes me donne le droit et m'impose le devoir de te guider et de t'éclairer au besoin. Je t'en supplie, n'écoute les belles paroles d'aucun homme avant de m'avoir consultée; c'est à moi de lire la première dans le cœur qui s'offrira à toi; car je suis calme, et je ne crois pas que lorsqu'il s'agira de Pauline, de la personne que j'aime le plus au monde après ma mère et mes sœurs, on puisse être habile à me tromper.

Ces tendres paroles blessèrent Pauline jusqu'au fond de l'âme. Il lui sembla que Laurence voulait s'élever au-dessus d'elle en s'arrogeant le droit de la diriger. Pauline ne pouvait pas oublier le temps où Laurence lui semblait perdue et dégradée, et où ses prières orgueilleuses montaient vers Dieu comme celle du Pharisien, demandant un peu de pitié pour l'excommuniée rejetée à la porte du temple. Laurence aussi l'avait gâtée comme on gâte un enfant, par trop de tendresse et d'engouement naïf. Elle lui avait trop souvent répété dans ses lettres qu'elle était devant ses yeux comme un ange de lumière et de pureté dont la céleste image la préserverait de toute mauvaise pensée. Pauline s'était habituée à poser devant Laurence comme une madone, et recevoir d'elle désormais un avertissement maternel lui paraissait un outrage. Elle en fut humiliée et même courroucée à ne pouvoir dormir. Cependant le lendemain elle vainquit en elle-même ce mouvement injuste, et la remercia cordialement de sa tendre inquiétude; mais elle ne put se résoudre à lui avouer ses sentiments pour Montgenays.

Une fois éveillée, la sollicitude de Laurence ne s'endormit plus. Elle eut un entretien avec sa mère, lui reprocha un peu de ne pas lui avoir dit plus tôt ce qu'elle avait cru deviner, et, respectant la méfiance de Pauline, qu'elle attribuait à un excès de pudeur, elle observa toutes les démarches de Montgenays. Il ne lui fallut pas beaucoup de temps pour s'assurer que madame S... avait deviné juste, et, trois jours après son premier soupçon, elle acquit la certitude qu'elle cherchait. Elle surprit Pauline et Montgenays au milieu d'un tête-à-tête fort animé, feignit de ne pas voir le trouble de Pauline, et, dès le soir même, elle fit venir Montgenays dans son cabinet d'étude, où elle dit : — Je vous croyais mon ami, et j'ai pourtant un manque d'amitié bien grave à vous reprocher, Montgenays. Vous aimez Pauline, et vous ne me l'avez pas confié. Vous lui faites la cour, et vous ne m'avez pas demandé de vous y autoriser.

Elle dit ces paroles avec un peu d'émotion, car elle blâmait sérieusement Montgenays dans son cœur, et la marche mystérieuse qu'il avait suivie lui causait quelque effroi pour Pauline. Montgenays désirait pouvoir attribuer ce ton de reproche à un sentiment personnel. Il se composa un maintien impénétrable, et résolut d'être sur la défensive jusqu'à ce que Laurence fît éclater le dépit qu'il lui supposait. Il nia son amour pour Pauline, mais avec une gaucherie volontaire et avec l'intention d'inquiéter de plus en plus Laurence.

Cette absence de franchise l'inquiéta en effet, mais toujours à cause de son amie, et sans qu'elle eût seulement la pensée de mêler sa personnalité à cette intrigue.

Montgenays, tout homme du monde qu'il était, eut la sottise de s'y tromper; et, au moment où il crut avoir enfin éveillé la colère et la jalousie de Laurence, il risqua le coup de théâtre qu'il avait longtemps médité, lui avoua que son amour pour Pauline n'était qu'une feinte vis-à-vis de lui-même, un effort désespéré, inutile peut-être pour s'étourdir sur un chagrin profond, pour se guérir d'une passion malheureuse... Un regard accablant de Laurence l'arrêta au moment où il allait se perdre et sauver Pauline. Il pensa que le moment n'était pas venu encore, et réserva son grand effet pour une crise plus favorable. Pressé par les sévères questions de Laurence, il se retourna de mille manières, inventa un roman tout en réticences, protesta qu'il ne se croyait pas aimé de Pauline, et se retira sans promettre de l'aimer sérieusement, sans consentir à la détromper, sans rassurer l'amitié de Laurence, et sans pourtant lui donner le droit de le condamner.

Si Montgenays était assez maladroit pour faire une chose hasardée, il était assez habile pour la réparer. Il était de ces esprits tortueux et puérils qui, de combinaison en combinaison, marchent péniblement et savamment vers un *fiasco* misérable. Il sut durant plusieurs semaines tenir Laurence dans une complète incertitude. Elle ne l'avait jamais soupçonné fat et ne pouvait se résoudre à le croire lâche. Elle voyait l'amour et la souffrance de Pauline, et désirait tellement son bonheur, qu'elle n'osait pas la préserver du danger en éloignant Montgenays. — Non, il ne m'adressait pas une impudente insinuation, disait-elle à sa mère, lorsqu'il m'a dit qu'un amour malheureux le tenait dans l'incertitude. J'ai cru un instant qu'il avait cette pensée, mais cela serait trop odieux. Je le crois homme d'honneur. Il m'a toujours témoigné une estime pleine de respect et de délicatesse. Il ne lui serait pas venu à l'esprit tout d'un coup de se jouer de moi et d'outrager mon amie en même temps. Il ne me croirait pas si simple que d'être sa dupe.

— Je le crois capable de tout, répondait madame S.... Demandez à Lavallée ce qu'il en pense ; confiez-lui ce qui se passe : c'est un homme sûr, pénétrant et dévoué.

— Je le sais, dit Laurence ; mais je ne puis cependant disposer d'un secret que Pauline refuse de me confier : on n'a pas le droit de trahir un mystère aussi délicat, quand on l'a surpris volontairement ; Pauline en souffrirait mortellement, et, fière comme elle l'est, ne me le pardonnerait de sa vie. D'ailleurs Lavallée a des prétentions exagérées : il déteste Montgenays ; il ne saurait le juger avec impartialité. Voyez quel mal nous allons faire à Pauline si nous nous trompons ! S'il est vrai que Montgenays l'aime (et pourquoi ne serait-ce pas ? elle est si belle, si sage, si intelligente !) nous tuons son avenir en éloignant d'elle un homme qui peut l'épouser et lui donner dans le monde un rang qu'à coup sûr elle désire ; car elle souffre de nous devoir son existence, vous le savez bien. Sa position l'affecte plus qu'elle ne peut l'avouer ; elle aspire à l'indépendance, et la fortune peut seule la lui donner.

— Et s'il ne l'épouse pas ! reprit madame S.... Quant à moi, je crois qu'il n'y songe nullement.

— Et moi, s'écria Laurence, je ne puis croire qu'un homme comme lui soit assez infâme ou assez fou pour croire qu'il obtiendra Pauline autrement.

— Eh bien, si tu le crois, repartit la mère, essaie de les séparer ; ferme-lui ta porte : ce sera le forcer à se déclarer. Sois sûre que, s'il l'aime, il saura bien vaincre les obstacles et prouver son amour par des offres honorables.

— Mais il a peut-être dit la vérité, reprenait Laurence, en s'accusant d'un amour mal guéri qui l'empêche encore de se prononcer. Cela ne se voit-il pas tous les jours ? Un homme est quelquefois incertain des années entières entre deux femmes dont une le retient par sa coquetterie, tandis que l'autre l'attire par sa douceur et sa bonté. Il arrive un moment où la mauvaise passion fait place à la bonne, où l'esprit s'éclaire sur les défauts de l'ingrate maîtresse et sur les qualités de l'amie généreuse. Aujourd'hui, si nous brusquons l'incertitude de ce pauvre Montgenays, si nous lui mettons le couteau sur la gorge et le marché à la main, il va, ne fût-ce que par dépit, renoncer à Pauline, qui en mourra de chagrin peut-être, et retourner aux pieds d'une perfide qui brisera ou desséchera son cœur ; au lieu que, si nous conduisons les choses avec un peu de patience et de délicatesse, chaque jour, en voyant Pauline, en la comparant à l'autre femme, il reconnaîtra qu'elle seule est digne d'amour, et il arrivera à la préférer ouvertement. Que pouvons-nous craindre de cette épreuve ? Que Pauline l'aime sérieusement ? c'est déjà fait ; qu'elle se laisse égarer par lui ? c'est impossible. Il n'est pas homme à le tenter ; elle n'est pas femme à s'y laisser prendre.

Ces raisons ébranlèrent un peu madame S.... Elle fit seulement consentir Laurence à empêcher les tête-à-tête que ses courses et ses occupations rendaient trop faciles et trop fréquents entre Pauline et Montgenays. Il fut convenu que Laurence emmènerait souvent son amie avec elle au théâtre. On devait penser que la difficulté de lui parler augmenterait l'ardeur de Montgenays, tandis que la liberté de la voir entretiendrait son admiration.

Mais ce fut la chose la plus difficile du monde que de décider Pauline à quitter la maison. Elle se renfermait dans un silence pénible pour Laurence ; celle-ci était réduite à jouer avec elle un jeu puéril, en lui donnant des raisons dont elle ne la croyait point dupe. Elle lui représentait que sa santé était un peu altérée par les continuels travaux du ménage ; qu'elle avait besoin de mouvement, de distraction. On lui fit même ordonnancer par un médecin un système de vie moins sédentaire. Tout échoua contre cette résistance inerte, qui est la force des caractères froids. Enfin Laurence imagina de demander à son amie, comme un service, qu'elle vînt l'aider au théâtre à s'habiller et à changer de costume dans sa loge. La femme de chambre était maladroite, disait-on; madame S... était souffrante et succombait à la fatigue de cette vie agitée; Laurence y succombait elle-même. Les tendres soins d'une amie pouvaient seuls adoucir les corvées journalières du métier. Pauline, forcée dans ses derniers retranchements, et poussée d'ailleurs par un reste d'amitié et de dévouement, céda, mais avec une répugnance secrète. Voir de près chaque jour les triomphes de Laurence était une souffrance à laquelle jamais elle n'avait pu s'habituer; et maintenant cette souffrance devenait plus cuisante. Pauline commençait à pressentir son malheur. Depuis que Montgenays s'était mis en tête l'espérance de réussir auprès de l'actrice, il laissait percer par instants, malgré lui, son dédain pour la provinciale. Pauline ne voulait pas s'éclairer, elle fermait les yeux à l'évidence avec terreur; mais, en dépit d'elle-même, la tristesse et la jalousie étaient entrées dans son âme.

VI.

Montgenays vit les précautions que Laurence prenait pour l'éloigner de Pauline; il vit aussi la sombre tristesse qui s'emparait de cette jeune fille. Il la pressa de questions; mais comme elle était encore avec lui sur la défensive, et qu'elle ne voulait plus lui parler qu'à la dérobée, il ne put rien apprendre de certain. Seulement il remarqua l'espèce d'autorité que, dans la candeur de son amitié, Laurence ne craignait pas de s'arroger sur son amie, et il remarqua aussi que Pauline ne s'y soumettait qu'avec une sorte d'indignation contenue. Il crut que Laurence commençait à la faire souffrir de sa jalousie; il ne voulut pas supposer que ses préférences pour une autre pussent laisser Laurence indifférente et loyale.

Il continua à jouer ce rôle fantasque, décousu avec intention, qui devait les laisser toutes deux dans l'incertitude. Il affecta de passer des semaines entières sans paraître devant elles; puis, tout à coup, il redevenait assidu, se donnait un air inquiet, tourmenté, montrant de l'humeur lorsqu'il était calme, feignant l'indifférence lorsqu'on pouvait lui supposer du dépit. Cette irrésolution fatiguait Laurence et désespérait Pauline. Le caractère de cette dernière s'aigrissait de jour en jour. Elle se demandait pourquoi Montgenays, après lui avoir montré tant d'empressement, devenait si nonchalant à vaincre les obstacles qu'on avait mis entre eux. Elle s'en prenait secrètement à Laurence de lui avoir préparé ce désenchantement, et ne voulait pas reconnaître qu'en l'éclairant on lui rendait service. Lorsqu'elle interrogeait Montgenays, d'un air qu'elle essayait de rendre calme, sur ses fréquentes absences, il lui répondait, s'il était seul avec elle, qu'il avait eu des occupations, des affaires indispensables; mais, si Laurence était présente, il s'excusait sur la simple fantaisie d'un besoin de solitude ou de distraction. Un jour, Pauline lui dit devant madame S..., dont la présence assidue lui était un supplice, qu'il devait avoir une passion dans le grand monde, puisqu'il était devenu si rare dans la société des artistes. Montgenays répondit assez brutalement : — Quand cela serait, je ne vois pas en quoi une personne aussi grave que vous pourrait s'intéresser aux folies d'un jeune homme. En cet instant, Laurence entrait dans le salon. Au premier regard, elle vit un sourire douloureux et forcé sur le visage de Pauline. La mort était dans son âme. Laurence s'approcha d'elle et posa la main affectueusement sur son épaule. Pauline, ramenée à un sentiment de tendresse par une souffrance qu'en cet instant du moins elle ne pouvait pas imputer à sa rivale, retourna doucement la tête et effleura de ses lèvres la main de Laurence. Elle semblait lui demander pardon de l'avoir haïe et calomniée dans son cœur. Laurence ne comprit ce mouvement qu'à moitié, et appuya sa main plus fortement, en signe de profonde sympathie, sur l'épaule de la pauvre enfant. Alors Pauline, dévorant ses larmes et faisant un nouvel effort : — J'étais, dit-elle en crispant de nouveau ses traits pour sourire, en train de reprocher à *votre ami* l'abandon où il vous laisse. — L'œil scrutateur de Laurence se porta sur Montgenays. Il prit ce regard de sévère équité pour un élan de colère féminine, et se rapprochant d'elle : — Vous en plaignez-vous, Madame? dit-il avec une expression qui fit tressaillir Pauline. — Oui, je m'en plains, répondit Laurence d'un ton plus sévère encore que son regard. — Eh bien! cela me console de ce que j'ai souffert loin de vous, dit Montgenays en lui baisant la main. Laurence sentit frissonner Pauline. — Vous avez souffert? dit madame S..., qui voulait pénétrer dans l'âme de Montgenays; ce n'est pas ce que vous disiez tout à l'heure. Vous nous parliez de *folies de jeune homme* qui vous auraient un peu étourdi sur les chagrins de l'absence. — Je me prêtais à la plaisanterie que vous m'adressiez, répondit Montgenays. Laurence ne s'y fût pas trompée. Elle sait bien qu'il n'est plus de folies, plus de légèretés de cœur possibles à l'homme qu'elle honore de son estime. En parlant ainsi, son œil brillait d'un feu qui donnait à ses paroles un sens fort opposé à celui d'une paisible amitié. Pauline épiait tous ses mouvements; elle vit ce regard, et elle en fut atteinte jusqu'au cœur. Elle pâlit et repoussa la main de Laurence par un mouvement brusque et hautain. Laurence eut un moment de surprise. Elle interrogea des yeux sa mère, qui lui répondit par un signe d'intelligence. Au bout d'un instant, elles sortirent sous un léger prétexte, et, enlaçant leurs bras l'une à l'autre, elles firent quelques tours de promenade sur la terrasse du jardin. Laurence commençait enfin à pénétrer le mystère d'iniquité dont s'enveloppait le lâche amant de Pauline.

— Ce que je crois deviner, dit-elle à sa mère avec agitation, me bouleverse. J'en suis indignée, je n'ose y croire encore. — Il y a longtemps que j'en ai la conviction, répondit madame S.... Il joue une odieuse comédie ; mais ses prétentions s'élèvent jusqu'à toi, et Pauline est sacrifiée à ses orgueilleux projets. — Eh bien ! répondit Laurence, je détromperai Pauline. Pour cela, il me faut une certitude ; je le laisserai s'avancer, et je le dévoilerai quand il se sera pris au piége. Puisqu'il veut engager avec moi une intrigue de théâtre si vulgaire et si connue, je le combattrai par les mêmes moyens, et nous verrons lequel de nous deux sait le mieux jouer la comédie. Je n'aurais jamais cru qu'il voulût se mettre en concurrence avec moi, lui dont ce n'est pas la profession.

— Prends garde, dit madame S..., tu t'en feras un ennemi mortel, et un ennemi littéraire, qui plus est.

— Puisqu'il faut toujours avoir des ennemis dans le journalisme, reprit Laurence, que m'importe un de plus ? Mon devoir est de préserver Pauline, et, pour qu'elle ne souffre pas de l'idée d'une trahison de ma part, je vais, avant tout, l'avertir de mes desseins.

— Ce sera le moyen de les faire avorter, répondit madame S.... Pauline est plus engagée avec lui que tu ne penses. Elle souffre, elle aime, elle est folle. Elle ne veut pas que tu la détrompes. Elle te haïra quand tu l'auras fait.

— Eh bien ! qu'elle me haïsse s'il le faut, dit Laurence

en laissant échapper quelques larmes ; j'aime mieux supporter cette douleur que de la voir devenir victime d'une infamie.

— En ce cas, attends-toi à tout ; mais, si tu veux réussir, ne l'avertis pas. Elle préviendrait Montgenays, et tu te compromettrais avec lui en pure perte.

Laurence écouta les conseils de sa mère. Lorsqu'elle rentra au salon, Pauline et Montgenays avaient échangé aussi quelques mots qui avaient rassuré la malheureuse dupe. Pauline était rayonnante ; elle embrassa son amie d'un air où perçaient la haine et l'ironie du triomphe. Laurence renferma le chagrin mortel qu'elle en ressentit, et comprit tout à fait le jeu que jouait Montgenays.

Ne voulant pas s'abaisser à donner une espérance positive à ce misérable, elle imita son air et ses manières, et s'enferma dans un système de bizarreries mystérieuses. Elle joua tantôt la mélancolie inquiète d'un amour méconnu, tantôt la gaieté forcée d'une résolution courageuse. Puis elle semblait retomber dans de profonds découragements. Incapable d'échanger avec Montgenays un regard provoquant, elle prenait le temps où elle était observée par lui, et où Pauline avait le dos tourné, pour la suivre des yeux avec l'impatience d'une feinte jalousie. Enfin, elle fit si bien le personnage d'une femme au désespoir, mais fière jusqu'à préférer la mort à l'humiliation d'un refus, que Montgenays transporté oublia son rôle, et ne songea plus qu'à deviner celui qu'elle avait pris. Sa vanité l'interprétait suivant ses désirs ; mais il n'osait encore se risquer, car Laurence ne pouvait se décider à provoquer clairement une déclaration de sa part. Excellente artiste qu'elle était, il lui était impossible de représenter parfaitement un personnage sans vraisemblance, et elle disait un jour à Lavallée, que, malgré elle, sa mère avait mis dans la confidence (il avait d'ailleurs tout deviné de lui-même) : — J'ai beau faire, je suis mauvaise dans ce rôle. C'est comme quand je joue une mauvaise pièce, je ne puis me mettre dans la situation. Il te souvient que, quand nous étions en scène avec ce pauvre Mélidor, qui disait si tranquillement les choses du monde les plus passionnées, nous évitions de nous regarder pour ne pas rire. Eh bien, avec ce Montgenays, c'est absolument de même ; quand tu es là et que mes yeux rencontrent les tiens, je suis au moment d'éclater ; alors, pour me conserver un air triste, il faut que je pense au malheur de Pauline, et ceci me remet en scène naturellement ; mais à mes dépens, car mon cœur saigne. Ah ! je ne savais pas que la comédie fût plus fatigante à jouer dans le monde que sur les planches !

— Il faudra que je t'aide, répondit Lavallée ; car je vois bien que seule tu ne viendras jamais à bout de faire tomber son masque. Repose-toi sur moi du soin de le forcer dans ses derniers retranchements sans te compromettre sérieusement.

Un soir, Laurence joua Hermione dans la tragédie d'*Andromaque*. Il y avait longtemps que le public attendait sa rentrée dans cette pièce. Soit qu'elle l'eût bien étudiée récemment, soit que la vue d'un auditoire nombreux et brillant l'électrisât plus qu'à l'ordinaire, soit enfin qu'elle eût besoin de jeter dans ce bel ouvrage toute la verve et tout l'art qu'elle employait si désagréablement depuis quinze jours avec Montgenays, elle y fut magnifique, et y eut un succès tel qu'elle n'en avait point encore obtenu au théâtre. Ce n'était pas tant le génie que la réputation de Laurence qui la rendait si désirable à Montgenays. Les jours où elle était fatiguée et où le public se montrait un peu froid pour elle, il s'endormait plus tranquillement, dans la pensée qu'il pouvait échouer dans son entreprise ; mais, lorsqu'on la rappelait sur la scène et qu'on lui jetait des couronnes, il ne dormait point, et passait la nuit à machiner ses plans de séduction. Ce soir-là, il assistait à la représentation, dans une petite loge sur le théâtre, avec Pauline, madame S... et Lavallée. Il était si agité des applaudissements frénétiques que recueillait la belle tragédienne, qu'il ne songeait pas seulement à la présence de Pauline. Deux ou trois fois il la froissa avec ses coudes (on sait que ces loges sont fort étroites) en battant des mains avec emportement. Il désirait que Laurence le vît, l'entendît par-dessus tout le bruit de la salle ; et Pauline s'étant plainte avec aigreur de ce que son empressement à applaudir l'empêchait d'entendre les derniers mots de chaque réplique, il lui dit brutalement : — Qu'avez-vous besoin d'entendre ? Est ce que vous comprenez cela, vous ?

Il y avait des moments où, malgré ses habitudes de diplomatie, Montgenays ne pouvait réprimer un dédain grossier pour cette malheureuse fille. Il ne l'aimait point, quelles que fussent sa beauté et les qualités réelles de son caractère ; et il s'indignait en lui-même de l'aplomb crédule de cette petite bourgeoise, qui croyait effacer à ses yeux l'éclat de la grande actrice ; et lui aussi était fatigué, dégoûté de son rôle. Quelque méchant qu'on soit, on ne réussit guère à faire le mal avec plaisir. Si ce n'est le remords, c'est la honte qui paralyse souvent les ressources de la perversité.

Pauline se sentit défaillir. Elle garda le silence ; puis, au bout d'un instant, elle se plaignit de ne pouvoir supporter la chaleur ; elle se leva et sortit. La bonne madame S..., qui la plaignait sincèrement, la suivit et la conduisit dans la loge de Laurence, où Pauline tomba sur le sofa et perdit connaissance. Tandis que madame S... et la femme de chambre de Laurence la délaçaient et tâchaient de la ranimer, Montgenays, incapable de songer au mal qu'il lui avait fait, continuait à admirer et à applaudir la tragédienne. Lorsque l'acte fut fini, Lavallée s'empara de lui, et, se composant le visage le plus sincère que jamais l'artifice du comédien ait porté sur la scène : — Savez-vous, lui dit-il, que jamais notre Laurence n'a été plus étonnante qu'aujourd'hui? Son regard, sa voix, ont pris un éclat que je ne leur connaissais pas. Cela m'inquiète!

— Comment donc? reprit Montgenays. Craindriez-vous que ce ne fût l'effet de la fièvre?

— Sans aucun doute; ceci est une vigueur fébrile, reprit Lavallée. Je m'y connais ; je sais qu'une femme délicate et souffrante comme elle l'est n'arrive point à de tels effets sans une excitation funeste. Je gagerais que Laurence est en défaillance durant tout l'entr'acte. C'est ainsi que cela se passe chez ces femmes dont la passion fait toute la force.

— Allons la voir! dit Montgenays en se levant.

— Non pas, répondit Lavallée en le faisant rasseoir avec une solennité dont il riait en lui-même. Ceci ne serait guère propre à calmer ses esprits.

— Que voulez-vous dire? s'écria Montgenays.

— Je ne veux rien dire, répondit le comédien de l'air d'un homme qui craint de s'être trahi.

Ce jeu dura pendant tout l'entr'acte. Montgenays ne manquait pas de méfiance, mais il manquait de pénétration. Il avait trop de fatuité pour voir qu'on le raillait. D'ailleurs, il avait affaire à trop forte partie, et Lavallée se disait en lui-même : — Oui-da! tu veux te frotter à un comédien qui pendant cinquante ans a fait rire et pleurer le public sans seulement sortir ses mains de ses poches! tu verras!

A la fin de la soirée, Montgenays avait la tête perdue. Lavallée, sans lui dire une seule fois qu'il était aimé, lui avait fait entendre de mille manières qu'il l'était passionnément. Aussitôt que Montgenays s'y laissait prendre ouvertement, il feignait de vouloir le détromper, mais avec une gaucherie si adroite que le mystifié s'enferrait de plus en plus. Enfin, durant le cinquième acte, Lavallée alla trouver madame S... — Emmenez coucher Pauline, lui dit-il; faites-vous accompagner de la femme de chambre, et ne la renvoyez à votre fille qu'un quart d'heure après la fin du spectacle. Il faut que Montgenays ait un tête-à-tête avec Laurence dans sa loge. Le moment est venu ; il est à nous : je serai là, caché derrière la psyché ; je ne quitterai pas votre fille d'un instant. Allez, et fiez-vous à moi.

Les choses se passèrent comme il l'avait prévu, et le hasard les seconda encore. Laurence, rentrant dans sa loge, appuyée sur le bras de Montgenays, et n'y trouvant personne (Lavallée était déjà caché derrière le rideau qui couvrait les costumes accrochés à la muraille, et la glace le masquait en outre), demanda où était sa mère et son amie. Un garçon de théâtre qui passait dans le couloir, et à qui elle adressa cette question, lui répondit (et cela était malheureusement vrai) qu'on avait été forcé d'emporter mademoiselle D... qui avait des convulsions. Laurence ne savait pas la scène que lui ménageait Lavallée ; d'ailleurs elle l'eût oubliée en apprenant cette triste nouvelle. Son cœur se serra, et, l'idée des souffrances de son amie se joignant à la fatigue et aux émotions de la soirée, elle tomba sur son siége et fondit en larmes. C'est alors que l'impertinent Montgenays, se croyant le maître et le tourment de ces deux femmes, perdit toute prudence, et risqua la déclaration la plus désordonnée et la plus froidement délirante qu'il eût faite de sa vie. C'était Laurence qu'il avait toujours aimée, disait-il ; c'était elle seule qui pouvait l'empêcher de se tuer ou de faire quelque chose de pis, un suicide moral, un mariage de dépit. Il avait tout tenté pour se guérir d'une passion qu'il ne croyait pas partagée : il s'était jeté dans le monde, dans les arts, dans la critique, dans la solitude, dans un nouvel amour ; mais rien n'avait réussi. Pauline était assez belle pour mériter son admiration ; mais, pour sentir autre chose pour elle qu'une froide estime, il eût fallu ne pas voir sans cesse Laurence à côté d'elle. Il *savait* bien qu'il était dédaigné, et dans son désespoir, ne voulant pas faire le malheur de Pauline en la trompant davantage, il allait s'éloigner pour jamais !... En annonçant cette humble résolution, il s'enhardit jusqu'à saisir une main de Laurence, qui la lui arracha avec horreur. Un instant elle fut transportée d'une telle indignation qu'elle allait le confondre ; mais Lavallée, qui voulait qu'elle eût des preuves, s'était glissé jusqu'à la porte, qu'il avait à dessein recouverte d'un pan de rideau jeté là comme par hasard. Il feignit d'arriver, frappa, toussa et entra brusquement. D'un coup d'œil il contint la juste colère de l'actrice, et tandis que Montgenays le donnait au diable, il parvint à l'emmener, sans lui laisser le temps de savoir l'effet qu'il avait produit. La femme de chambre arriva, et, tandis qu'elle rhabillait sa maîtresse, Lavallée se glissa auprès d'elle et en deux mots l'informa de ce qui s'était passé. Il lui dit de faire la malade et de ne point recevoir Montgenays le lendemain ; puis il retourna auprès de celui-ci et le reconduisit chez lui, où il s'installa jusqu'au matin, lui montant toujours la tête, et s'amusant tout seul, avec un sérieux vraiment comique, de tous les romans qu'il lui suggérait. Il ne sortit de chez lui qu'après lui avoir persuadé d'écrire à Laurence ; et, à midi, il y retourna et voulut lire cette lettre que Montgenays, en proie à une insomnie délirante, avait déjà faite et refaite cent fois. Le comédien feignit de la trouver trop timide, trop peu explicite.

— Soyez sûr, lui dit-il, que Laurence doutera de vous

encore longtemps ; votre fantaisie pour Pauline a dû lui inspirer une inquiétude que vous aurez de la peine à détruire. Vous savez l'orgueil des femmes ; il faut sacrifier la provinciale, et vous exprimer clairement sur le peu de cas que vous en faites. Vous pouvez arranger cela sans manquer à la galanterie. Dites que Pauline est un ange peut-être, mais qu'une femme comme Laurence est plus qu'un ange ; dites ce que vous savez si bien écrire dans vos nouvelles et dans vos saynètes. Allez, et surtout ne perdez pas de temps ; on ne sait pas ce qui peut se passer entre ces deux femmes. Laurence est romanesque, elle a les instincts sublimes d'une reine de tragédie. Un mouvement généreux, un reste de crainte, peuvent la porter à s'immoler à sa rivale... Rassurez-la pleinement, et si elle vous aime, comme je le crois, comme j'en ai la ferme conviction, bien qu'on n'ait jamais voulu me l'avouer, je vous réponds que la joie du triomphe fera taire tous les scrupules.

Montgenays hésita, écrivit, déchira la lettre, la recommença... Lavallée la porta à Laurence.

VII.

Huit jours se passèrent sans que Montgenays pût être reçu chez Laurence et sans qu'il osât demander compte à Lavallée de ce silence et de cette consigne, tant il était honteux de l'idée d'avoir fait une école, et tant il craignait d'en acquérir la certitude.

Pendant qu'elles étaient ainsi enfermées, Pauline et Laurence étaient en proie aux orages intérieurs. Laurence avait tout fait pour amener son amie à un épanchement de cœur qu'il lui avait été impossible d'obtenir. Plus elle cherchait à la dégoûter de Montgenays, plus elle irritait sa souffrance sans hâter la crise favorable dont elle espérait son salut. Pauline s'offensait des efforts qu'on faisait pour lui arracher le secret de son âme. Elle avait vu les ruses de Laurence pour forcer Montgenays à se trahir, et les avait interprétées comme Montgenays lui-même. Elle en voulait donc mortellement à son amie d'avoir essayé et réussi à lui enlever l'amour d'un homme que, jusqu'à ces derniers temps, elle avait cru sincère. Elle attribuait cette conduite de Laurence à une odieuse fantaisie suggérée par l'ambition de voir tous les hommes à ses pieds. Elle a eu besoin, se disait-elle, d'y attirer même celui qui lui était le plus indifférent, dès qu'elle l'a vu s'adresser à moi. Je lui suis devenue un objet de mépris et d'aversion dès qu'elle a pu supposer que j'étais remarquée, fût-ce par un seul homme, à côté d'elle. De là son indiscrète curiosité et son espionnage pour deviner ce qui se passait entre lui et moi ; de là tous les efforts qu'elle fait maintenant pour l'empêcher de me voir ; de là enfin l'odieux succès qu'elle a obtenu à force de coquetteries, et le lâche triomphe qu'elle remporte sur moi en bouleversant un homme faible que sa gloire éblouit et que ma tristesse ennuie.

Pauline ne voulait pas accuser Montgenays d'un plus grand crime que celui d'un entraînement involontaire. Trop fière pour persévérer dans un amour mal récompensé, elle ne souffrait déjà plus que de l'humiliation d'être délaissée, mais cette douleur était la plus grande qu'elle pût ressentir. Elle n'était pas douée d'une âme tendre, et la colère faisait plus de ravages en elle que le regret. Elle avait d'assez nobles instincts pour agir et penser noblement au sein même des erreurs où l'entraînait l'orgueil blessé. Ainsi elle croyait Laurence odieuse à son égard ; et dans cette pensée, qui par elle-même était une déplorable ingratitude, elle n'avait pourtant ni le sentiment ni la volonté d'être ingrate. Elle se consolait en s'élevant dans son esprit au-dessus de sa rivale et en se promettant de lui laisser le champ libre, sans bassesse et sans ressentiment. Qu'elle soit satisfaite, se disait-elle, qu'elle triomphe, je le veux bien. Je me résigne à lui servir de trophée, pourvu qu'elle soit forcée un jour de me rendre justice, d'admirer ma grandeur d'âme, d'apprécier mon inaltérable dévouement, et de rougir de ses perfidies! Montgenays ouvrira les yeux aussi, et saura quelle femme il a sacrifiée à l'éclat d'un nom. Il s'en repentira, et il sera trop tard; je serai vengée par l'éclat de ma vertu.

Il est des âmes qui ne manquent pas d'élévation, mais de bonté. On aurait tort de confondre dans le même arrêt celles qui font le mal par besoin et celles qui le font malgré elles, croyant ne pas s'écarter de la justice. Ces dernières sont les plus malheureuses : elles vont toujours cherchant un idéal qu'elles ne peuvent trouver; car il n'existe pas sur la terre, et elles n'ont point en elles ce fonds de tendresse et d'amour qui fait accepter l'imperfection de l'être humain. On peut dire de ces personnes qu'elles sont affectueuses et bonnes seulement quand elles rêvent.

Pauline avait un sens très-droit et un véritable amour de la justice; mais entre la théorie et la pratique il y avait comme un voile qui couvrait son discernement : c'était cet amour-propre immense, que rien n'avait jamais contenu, que tout, au contraire, avait contribué à développer. Sa beauté, son esprit, sa belle conduite envers sa mère, la pureté de ses mœurs et de ses pensées, étaient sans cesse là devant elle comme des trésors lentement amassés dont on devait sans cesse lui rappeler la valeur pour l'empêcher d'envier ceux d'autrui; car elle voulait être quelque chose, et plus elle affectait de se rejeter dans la condition du vulgaire, plus elle se révoltait contre "idée d'y être rangée. Il eût été heureux pour elle qu'elle pût descendre en elle-même avec la clairvoyance que donne une profonde sagesse ou une généreuse simplicité de cœur ; elle y eût découvert que ses vertus bourgeoises avaient bien eu quelque tache, que son christianisme n'avait pas toujours été fort chrétien, que sa tolérance passée envers Laurence n'avait jamais été aussi complète, aussi cordiale qu'elle se l'était imaginé ; elle y eût vu surtout un besoin tout personnel qui la poussait à vivre autrement qu'elle n'avait vécu, à se développer, à se manifester. C'était un besoin légitime et qui fait partie des droits sacrés de l'être humain ; mais il n'y avait pas lieu de s'en faire une vertu, et c'est toujours un grand tort de se donner le change pour se grandir à ses propres yeux. De là à la vanité d'abuser les autres sur son propre mérite il n'y a qu'un pas, et, ce pas, Pauline l'avait fait. Il lui était impossible de revenir en arrière et de consentir à n'être plus qu'une simple mortelle, après s'être laissé diviniser.

Ne voulant pas donner à Laurence la joie de l'avoir humiliée, elle affecta la plus grande indifférence et endura sa douleur avec stoïcisme. Cette tranquillité, dont Laurence ne pouvait être dupe, car elle la voyait dépérir, l'effrayait et la désespérait. Elle ne voulait pas se résoudre à lui porter le dernier coup en lui prouvant la honteuse infidélité de Mongenays; elle aimait mieux endurer l'accusation tacite de l'avoir séduit et enlevé. Elle n'avait pas voulu recevoir la lettre de Montgenays. Lavallée lui en avait dit le contenu, et elle l'avait prié de la garder chez lui toute cachetée pour s'en servir auprès de Pauline au besoin ; mais combien elle eût voulu que cette lettre fût adressée à une autre femme! Elle savait bien que Pauline haïssait la cause plus que l'auteur de son infortune.

Un jour, Lavallée, en sortant de chez Laurence, rencontra Montgenays, qui, pour la dixième fois, venait de se faire refuser la porte. Il était outré, et, perdant toute mesure, il accabla le vieux comédien de reproches et de menaces. Celui-ci se contenta d'abord de hausser les épaules; mais, quand il entendit Montgenays étendre ses accusations jusqu'à Laurence, et, se plaignant d'avoir été joué, éclater en menaces de vengeance, Lavallée, homme de droiture et de bonté, ne put contenir son indignation. Il le traita comme un misérable, et termina en lui disant : — Je regrette en cet instant plus que jamais d'être vieux ; il semble que les cheveux blancs soient un prétexte pour empêcher qu'on se batte, et vous croiriez que j'abuse du privilége pour vous outrager sans conséquence ; mais j'avoue que, si j'avais vingt ans de moins, je vous donnerais des soufflets.

— La menace suffit pour être une lâcheté, répondit Montgenays pâle de fureur, et je vous renvoie l'outrage. Si j'avais vingt ans de plus, en fait de soufflets j'aurais l'initiative.

— Eh bien ! s'écria Lavallée, prenez garde de me pousser à bout; car je pourrais bien me mettre au-dessus de tout remords comme de toute honte en vous faisant un outrage public, si vous vous permettiez la moindre méchanceté contre une personne dont l'honneur m'est beaucoup plus cher que le mien.

Montgenays, rentré chez lui et revenu de sa colère, pensa avec raison que toute vengeance qui aurait du retentissement tournerait contre lui; et, après avoir bien cherché, il en inventa une plus odieuse que toutes les autres : ce fut de renouer à tout prix son intrigue avec Pauline, afin de la détacher de Laurence. Il ne voulut pas être humilié par deux défaites à la fois. Il pensa bien qu'après le premier orage ces deux femmes feraient cause commune pour le railler ou le mépriser. Il aima mieux se faire haïr et perdre l'une, afin d'effrayer et d'affliger l'autre.

Dans cette pensée, il écrivit à Pauline, lui jura un éternel amour, et protesta contre les trames ignobles que, selon lui, Lavallée et Laurence auraient ourdies contre eux. Il demandait une explication, promettant de ne jamais reparaître devant Pauline si elle ne le trouvait complétement justifié après cette entrevue. Il la fallait secrète, car Laurence voulait les séparer. Pauline alla au rendez-vous ; son orgueil et son amour avaient également besoin de consolation.

Lavallée, qui observait tout ce qui se passait dans la maison, surprit le message de Montgenays. Il le laissa passer, résolu à ne pas abandonner Pauline à son mauvais dessein, et dès cet instant il ne la perdit pas de vue ; il la suivit comme elle sortait le soir, seule, à pied, pour la première fois de sa vie, et si tremblante qu'à chaque pas elle se sentait défaillir. Au détour de la première rue, il se présenta devant elle et lui offrit son bras. Pauline se crut insultée par un inconnu, elle fit un cri et voulut fuir. — Ne crains rien, ma pauvre enfant, lui dit Lavallée d'un ton paternel ; mais vois à quoi tu t'exposes d'aller ainsi seule la nuit. Allons, ajouta-t-il en passant le bras de Pauline sous le sien, tu veux faire une folie ! au moins fais-la convenablement. Je te conduirai, moi ; je sais où tu vas, je ne te perdrai pas de vue. Je n'entendrai rien, vous causerez, je me tiendrai à distance, et je te ramènerai. Seulement rappelle-toi que, si Montgenays se doute le moins du monde que je suis là, ou si tu essaies de sortir de la portée de ma vue, je tombe sur lui à coups de canne.

Pauline n'essaya pas de nier. Elle était foudroyée de l'assurance de Lavallée ; et, ne sachant comment s'expliquer sa conduite, préférant d'ailleurs toutes les humiliations à celle d'être trahie par son amant, elle se laissa conduire machinalement et à demi égarée jusqu'au parc de Monceaux, où Montgenays l'attendait dans une allée. Le comédien se cacha parmi les arbres, et les suivit de l'œil tandis que Pauline, docile à ses avertissements, se promena avec Montgenays sans se laisser perdre de vue, et sans vouloir lui expliquer l'obstination qu'elle mettait à ne pas aller plus loin. Il attribua cette persistance à une pruderie bourgeoise qu'il trouva fort ridicule, car il n'était pas assez sot pour débuter par de l'audace. Il se composa un maintien grave, une voix profonde, des discours pleins de sentiment et de respect. Il s'aperçut bientôt que Pauline ne connaissait ni la malheureuse déclaration ni la fâcheuse lettre; et, dès cet instant, il eut beau jeu pour prévenir les desseins de Laurence. Il feignit d'être en proie à un repentir profond et d'avoir pris des résolutions sérieuses; il arrangea un nouveau roman, se confessa d'un ancien amour pour Laurence, qu'il n'avait jamais osé avouer à Pauline, et qui de temps en temps s'était réveillé malgré lui, même lorsqu'il était aux genoux de cette aimable fille, si pure, si douce, si humble, si supérieure à l'orgueilleuse actrice. Il avait cédé à des séductions terribles, à des avances délirantes ; et, dernièrement encore, il avait été assez fou, assez ennemi de sa propre dignité, de son propre bonheur, pour adresser à Laurence une lettre qu'il désavouait, qu'il détestait, et dont cependant il devait la révélation textuelle à Pauline. Il lui répéta cette lettre mot à mot, insista sur ce qu'elle avait de plus coupable, de moins pardonnable, disait-il, ne voulant pas de grâce, se soumettant à sa haine, à son oubli, mais ne voulant pas mériter son mépris. — Jamais Laurence ne vous montrera cette lettre, lui dit-il; elle a trop provoqué son retour vers elle pour vous fournir cette preuve de sa coquetterie ; je n'avais donc rien à craindre de ce côté ; mais je n'ai pas voulu vous perdre sans vous faire savoir que j'accepte mon arrêt avec soumission, avec repentir, avec désespoir. Je veux que vous sachiez bien que je me rétracte, et voici une nouvelle lettre que je vous prie de faire tenir à Laurence. Vous verrez comme je la juge, comme je la traite, comme je la méprise, elle ! cette femme orgueilleuse et froide qui ne m'a jamais aimé et qui voulait être adorée éternellement. Elle a fait le malheur de ma vie, non pas seulement parce qu'elle a déjoué toutes les espérances qu'elle m'avait données, mais encore parce qu'elle m'a empêché de m'attacher à vous comme je le devais, comme je le pouvais, comme je le pourrais encore, si vous pouviez me pardonner ma lâcheté, mon crime et ma folie. Partagé entre deux amours, l'un orageux, dévorant, funeste, l'autre pur, céleste, vivifiant, j'ai trahi celui qui eût relevé mon âme pour celui qui la tue. Je suis un misérable, mais non un scélérat. Ne voyez en moi qu'un homme affaibli et vaincu par les longues souffrances d'une passion déplorable ; mais sachez bien que je ne survivrai pas à mes remords : votre pardon eût seul été capable de me sauver. Je ne puis l'implorer, car je sais que je ne le mérite pas. Vous me voyez tranquille, parce que je sais que je ne souffrirai pas longtemps. Ne craignez pas de m'accorder au moins quelque pitié ; vous entendrez dire bientôt que je vous ai fait justice. Vous avez été outragée, il vous faut un vengeur. Le coupable c'est moi ; le vengeur, ce sera moi encore.

Pendant deux heures entières, Montgenays tint de tels discours à Pauline. Elle fondait en larmes ; elle lui pardonna, elle lui jura d'oublier tout, le supplia de ne pas se tuer, lui défendit de s'éloigner, et lui promit de le revoir, fallût-il se brouiller avec Laurence : Montgenays n'en espérait pas tant et n'en demandait pas davantage.

Lavallée la ramena. Elle ne lui adressa pas une parole durant tout le chemin. Sa tranquillité n'étonna point le vieux comédien ; il pensa bien que Montgenays n'avait pas manqué de belles paroles et de robustes mensonges pour la calmer. Il pensa qu'elle était perdue s'il n'employait les grands moyens. Avant de la quitter, à la porte de Laurence, il glissa dans sa poche la première lettre de Montgenays, qui n'avait pas encore été décachetée.

Laurence fut fort surprise le soir, au moment de se coucher, de voir entrer dans sa chambre, d'un air calme et avec des manières affectueuses, Pauline, qui, depuis huit jours, ne lui avait adressé que des paroles sèches et ironiques. Elle tenait une lettre qu'elle lui remit, en lui disant que c'était Lavallée qui l'en avait chargée. En reconnaissant l'écriture et le cachet de Montgenays, Laurence pensa que Lavallée avait eu quelque bonne raison pour la charger de ce message, et que le moment était venu de porter aux grands maux le grand remède. Elle ouvrit la lettre d'une main tremblante, la parcourant des yeux, hésitant encore à la faire connaître à son amie, tant elle en prévoyait l'effet terrible. Quelle fut sa stupéfaction en lisant ce qui suit :

« Laurence, je vous ai trompée ; ce n'est pas vous que j'aime, c'est Pauline ; ne m'accusez pas, je me suis trompé moi-même. Tout ce que je vous ai dit, je le pensais en cet instant-là ; l'instant d'après, et maintenant, et toujours, je le désavoue. C'est votre amie que j'adore et à qui je voudrais consacrer ma vie, si elle pouvait oublier mes bizarreries et mes incertitudes. Vous avez voulu m'égarer, m'abuser, me faire croire que vous pouviez, que vous vouliez me rendre heureux ; vous n'y eussiez pas réussi, car vous n'aimez pas, et moi j'ai besoin d'une affection vraie, profonde, durable. Pardonnez-moi donc ma faiblesse comme je vous pardonne votre caprice. Vous êtes grande, mais vous êtes femme ; je suis sincère, mais je suis homme; au moment de commettre une grande faute, qui eût été de nous tromper mutuellement, nous avons réfléchi et nous nous sommes ravisés tous deux, n'est-ce pas? Mais je suis prêt à mettre aux pieds de votre amie le dévouement de toute ma vie, et vous, vous êtes décidée à me permettre de lui faire ma cour assidûment, si elle-même ne me repousse pas. Croyez qu'en vous conduisant avec franchise et avec noblesse vous aurez en moi un ami fidèle et sûr. »

Laurence resta confondue ; elle ne pouvait comprendre une telle impudence. Elle mit la lettre dans son bureau sans témoigner rien de sa surprise. Mais Pauline croyait lire au dedans de son âme, et s'indignait des mauvaises intentions qu'elle lui supposait. Il y avait une lettre outrageante contre moi, se disait-elle en se retirant dans sa chambre, et on me l'a remise, en voici une qu'on suppose devoir me consoler, et on ne me la remet pas. Elle s'endormit pleine de mépris pour son amie ; et, dans la joie dont son âme était inondée, le plaisir de se savoir enfin si supérieure à Laurence empêchait l'amitié trahie de placer un regret. L'infortunée triomphait lorsqu'elle-même venait de coopérer avec une sorte de malice à sa propre ruine.

Le lendemain, Laurence commenta longuement cette lettre avec Lavallée. Le hasard ou l'habitude avait fait qu'elle était absolument conforme, pour le pli et le cachet, à celle que Montgenays avait écrite sous les yeux de Lavallée. On demanda à Pauline si elle n'avait pas eu deux lettres semblables dans sa poche lorsqu'elle avait remis celle-ci à Laurence. Triomphant en elle-même de leur désappointement, elle joua l'étonnement, prétendit ne rien comprendre à cette question, ne pas savoir de qui était la lettre, ni pourquoi ni comment on l'avait glissée dans sa poche. L'autre était déjà retournée entre les mains de Montgenays. Dans sa joie insensée, Pauline, voulant lui donner un grand et romanesque témoignage de confiance et de pardon, la lui avait envoyée sans l'ouvrir.

Laurence voulait encore croire à une sorte de loyauté de la part de Montgenays. Lavallée ne pouvait s'y tromper. Il lui raconta le rendez-vous où il avait conduit Pauline, et se le reprocha. Il avait compté qu'au sortir d'une entrevue où Montgenays aurait menti impudemment, l'effet de la lettre sur Pauline serait décisif. Il ne pouvait s'expliquer encore comment Pauline avait si merveilleusement aidé sa perversité à triompher de tous les obstacles. Laurence ne voulait pas croire qu'elle aussi s'entendît à l'intrigue et y prît une part si funeste à sa dignité.

Que pouvait faire Laurence ? Elle tenta un dernier effort pour dessiller les yeux de son amie. Celle-ci éclatant enfin, et refusant de croire à d'autres éclaircissements que ceux que Montgenays lui avait donnés, lui déchira le cœur par l'amertume de ses reproches et le dédain triomphant de son illusion. Laurence fut forcée de lui adresser quelques avertissements sévères qui achevèrent de l'exaspérer ; et comme Pauline lui déclarait qu'elle était indépendante, majeure, maîtresse de ses actions, et nullement disposée à se laisser enchaîner par les volontés arbitraires d'une personne qui l'avait indignement trompée, elle fut forcée de lui dire qu'elle ne pouvait donner les mains à sa perte, et qu'elle ne se pardonnerait jamais de tolérer dans sa maison, dans le sein de sa famille, les entreprises d'un corrupteur et d'un lâche — Je réponds de toi devant Dieu et devant les hommes, lui dit-elle ; si tu veux te jeter dans un abîme, je ne veux pas, moi, t'y pousser. — C'est pourquoi votre dévouement a été si loin, répondit Pauline, que de vouloir vous y jeter vous-même à ma place.

Outrée de cette injustice et de cette ingratitude, Laurence se leva, jeta un regard terrible sur Pauline, et, craignant de laisser déborder le torrent de sa colère, elle lui montra la porte avec un geste et une expression de visage dont elle fut terrifiée. Jamais la tragédienne n'avait été plus belle, même lorsqu'elle disait dans *Bajazet* son impérieux et magnifique : *Sortez!*

Lorsqu'elle fut seule, elle se promena dans sa chambre comme une lionne dans sa cage, brisant ses vases étrusques, ses statuettes, froissant ses vêtements et arrachant presque ses beaux cheveux noirs. Tout ce qu'elle avait de grandeur, de sincérité, de véritable tendresse dans l'âme, venait d'être méconnu et avili par celle qu'elle avait tant aimée, et pour qui elle eût donné sa vie! Il est des colères saintes où Jehovah est en nous, et où la terre tremblerait si elle sentait ce qui se passe dans un grand cœur outragé. La petite sœur de Laurence entra, crut qu'elle étudiait un rôle, la regarda quelques instants sans rien dire, sans oser remuer ; puis, s'effrayant de la voir si pâle et si terrible, elle alla dire à madame S... : — Maman, va donc voir Laurence ; elle se rendra malade à force de travailler. Elle m'a fait peur.

Madame S... courut auprès de sa fille. Dès que Laurence la vit, elle se jeta dans ses bras et fondit en larmes. Au bout d'une heure, ayant réussi à s'apaiser, elle pria sa mère d'aller chercher Pauline. Elle voulait lui demander pardon de sa violence, afin d'avoir occasion de lui pardonner elle-même. On chercha Pauline dans toute la maison, dans le jardin, dans la rue... On revint dans sa chambre avec effroi. Laurence examinait tout, elle cherchait les traces d'une évasion ; elle frémissait d'y trouver celles d'un suicide. Elle était dans un état impossible à rendre, lorsque Lavallée entra et lui dit qu'il venait de rencontrer Pauline dans un fiacre sur les boulevards. On attendit son retour avec anxiété; elle ne rentra pas pour dîner. Personne ne put manger; la famille était consternée; on craignait de faire un outrage à Pauline en la supposant en fuite. Enfin, Lavallée allait s'informer d'elle chez Montgenays, au risque d'une scène orageuse, lorsque Laurence reçut une lettre ainsi conçue :

« Vous m'avez chassée, je vous en remercie. Il y avait longtemps que le séjour de votre maison m'était odieux, j'avais senti, dès le premier jour, qu'il me serait funeste. Il s'y était passé trop de scandales et d'orages pour qu'une âme paisible et honnête n'y fût pas flétrie ou brisée. Vous m'avez assez avilie! vous avez fait de moi votre servante, votre dupe et votre victime! Je n'oublierai jamais le jour où, dans votre loge au théâtre, trouvant que je ne vous habillais pas assez vite, vous m'avez arraché des mains votre diadème de reine, en disant : « Je me couronnerai bien sans toi et malgré toi! » Vous vous êtes couronnée en effet! Mes larmes, mon humiliation, ma honte, mon déshonneur (car vous m'avez déshonorée dans votre famille et parmi vos amis), ont été les glorieux fleurons de votre couronne; mais c'est une royauté de théâtre, une majesté fardée, qui n'en impose qu'à vous-même et au public qui vous paie. Maintenant, adieu; je vous quitte pour jamais, dévorée de la honte d'avoir vécu de vos bienfaits; je les ai payés cher. »

Laurence n'acheva pas cette lettre; elle continuait sur ce ton pendant quatre pages : Pauline y avait versé le fiel amassé lentement durant quatre ans de rivalité et de jalousie. Laurence la froissa dans ses mains et la jeta au feu sans vouloir en lire davantage. Elle se mit au lit avec la fièvre, et y resta huit jours accablée, brisée jusque dans ses entrailles, qui avaient été pour Pauline celles d'une mère et d'une sœur.

Pauline s'était retirée dans une mansarde où elle vécut cachée et vivant misérablement du fruit de son travail durant quelques mois. Montgenays n'avait pas été long à la découvrir ; il la voyait tous les jours, mais il ne put vaincre aisément son stoïcisme. Elle voulait supporter toutes les privations plutôt que de lui devoir un secours. Elle repoussa avec horreur les dons que Laurence faisait glisser dans sa mansarde avec les détours les plus ingénieux. Tout fut inutile. Pauline, qui refusait les offres de Montgenays avec calme et dignité, devinait celles de Laurence avec l'instinct de la haine, et les lui renvoyait avec l'héroïsme de l'orgueil. Elle ne voulut point la voir, quoique Laurence fît mille tentatives ; elle lui renvoyait ses lettres toutes cachetées. Son ressentiment fut inébranlable, et la généreuse sollicitude de Laurence ne fit que lui donner de nouvelles forces.

Comme elle n'aimait pas réellement Montgenays, et qu'elle n'avait voulu que triompher de Laurence en se l'attachant, cet homme sans cœur, qui voulait en faire sa maîtresse ou s'en débarrasser, lui mit presque le marché à la main. Elle le chassa. Mais il lui fit croire que Laurence lui avait pardonné, et qu'il allait retourner chez elle. Aussitôt elle le rappela, et c'est ainsi qu'il la tint sous son empire pendant six mois encore. Il s'attachait à elle de son côté par la difficulté de vaincre sa vertu ; mais il en vint à bout par un odieux moyen bien conforme à son système, et malheureusement bien propre à émouvoir Pauline. Il se condamna à lui dire tous les jours et à toute heure que Laurence était devenue vertueuse par calcul, afin de se faire épouser par un homme riche ou puissant. La régularité des mœurs de Laurence, qu'on remarquait depuis plusieurs années, avait été souvent, dans les mauvais mouvements de Pauline, un sujet de dépit. Elle l'eût voulue désordonnée, afin d'avoir une supériorité éclatante sur elle. Mais Montgenays réussit à lui montrer les choses sous un nouveau jour. Il s'attacha à lui démontrer qu'en se refusant à lui, elle s'abaissait au niveau de Laurence, dont la tactique avait été de se faire désirer pour se faire épouser. Il lui fit croire qu'en s'abandonnant à lui avec dévouement et sans arrière-pensée, elle donnerait au monde un grand exemple de passion, de désintéressement et de grandeur d'âme. Il le lui redit si souvent que la malheureuse fille finit par le croire. Pour faire le contraire de Laurence, qui était l'âme la plus généreuse et la plus passionnée, elle fit les actes de la passion et de la générosité, elle qui était froide et prudente. Elle se perdit.

Quand Montgenays l'eut rendue mère, et que toute cette aventure eut fait beaucoup de bruit, il l'épousa par ostentation. Il avait, comme on sait, la prétention d'être excentrique, moral par principes, quoique, selon lui, il fût roué par excès d'habileté et de puissance sur les femmes. Il fit parler de lui tant qu'il put. Il dit du mal de Laurence, de Pauline et de lui-même ; et se laissa accuser et blâmer avec constance, afin d'avoir l'occasion de produire un grand effet en donnant son nom et sa fortune à l'enfant de son amour.

Ce plat roman se termina donc par un mariage, et ce fut là le plus grand malheur de Pauline. Montgenays ne l'aimait déjà plus, si tant est qu'il l'eût jamais aimée. Quand il avait joué la comédie d'un admirable époux devant le monde, il laissait pleurer sa femme derrière le rideau, et allait à ses affaires ou à ses plaisirs sans se souvenir seulement qu'elle existât. Jamais femme plus vaine et plus ambitieuse de gloire ne fut plus délaissée, plus humiliée, plus effacée. Elle revit Laurence, espérant la faire souffrir par le spectacle de son bonheur. Laurence ne s'y trompa point, mais elle lui épargna la douleur de paraître clairvoyante. Elle lui pardonna tout, et oublia tous ses torts, pour n'être touchée que de ses souffrances. Pauline ne put jamais lui pardonner d'avoir été aimée de Montgenays, et fut jalouse d'elle toute sa vie.

Beaucoup de vertus tiennent à des facultés négatives. Il ne faut pas les estimer moins pour cela. La rose ne s'est pas créée elle-même, son parfum n'en est pas moins suave parce qu'il émane d'elle sans qu'elle en ait conscience; mais il ne faut pas trop s'étonner si la rose se flétrit en un jour, si les grandes vertus domestiques s'altèrent vite sur un théâtre pour lequel elles n'avaient pas été créées.

FIN DE PAULINE.

L'ORCO

L'ORCO

Nous étions, comme de coutume, réunis sous la treille. La soirée était orageuse, l'air pesant et le ciel chargé de nuages noirs que sillonnaient de fréquents éclairs. Nous gardions un silence mélancolique. On eût dit que la tristesse de l'atmosphère avait gagné nos cœurs, et nous nous sentions involontairement disposés aux larmes. Beppa surtout paraissait livrée à de douloureuses pensées. En vain l'abbé, qui s'effrayait des dispositions de l'assemblée, avait-il essayé, à plusieurs reprises et de toutes les manières, de ranimer la gaieté, ordinairement si vive de notre amie. Ni questions, ni taquineries, ni prières n'avaient pu la tirer de sa rêverie; les yeux fixés au ciel, promenant au hasard ses doigts sur les cordes frémissantes de sa guitare, elle semblait avoir perdu le souvenir de ce qui se passait autour d'elle, et ne plus s'inquiéter d'autre chose que des sons plaintifs qu'elle faisait rendre à son instrument et de la course capricieuse des nuages. Le bon Panorio, rebuté par le mauvais succès de ses tentatives, prit le parti de s'adresser à moi.

« Allons! me dit-il, cher Zorzi, essaie à ton tour, sur la belle capricieuse, le pouvoir de ton amitié. Il existe entre vous deux une sorte de sympathie magnétique, plus forte que tous mes raisonnements, et le son de ta voix réussit à la tirer de ses distractions les plus profondes.

— Cette sympathie magnétique dont tu me parles, répondis-je, cher abbé, vient de l'identité de nos sentiments. Nous avons souffert de la même manière et pensé les mêmes choses, et nous nous connaissons assez, elle et moi, pour savoir quel ordre d'idées nous rappellent les circonstances extérieures. Je vous parie que je devine, non pas l'objet, mais du moins la nature de sa rêverie. »

Et me tournant vers Beppa :

« Carissima, lui dis-je doucement, à laquelle de nos sœurs penses-tu?

— A la plus belle, me répondit-elle sans se détourner, à la plus fière, à la plus malheureuse.

— Quand est-elle morte? repris-je, m'intéressant déjà à celle qui vivait dans le souvenir de ma noble amie, et désirant m'associer par mes regrets à une destinée qui ne pouvait pas m'être étrangère.

— Elle est morte à la fin de l'hiver dernier, la nuit du bal masqué qui s'est donné au palais Servilio. Elle avait résisté à bien des chagrins, elle était sortie victorieuse de bien des dangers, elle avait traversé, sans succomber, de terribles agonies, et elle est morte tout d'un coup sans laisser de trace, comme si elle eût été emportée par la foudre. Tout le monde ici l'a connue plus ou moins, mais personne autant que moi, parce que personne ne l'a autant aimée et qu'elle se faisait connaître selon qu'on l'aimait. Les autres ne croient pas à sa mort, quoiqu'elle n'ait pas reparu depuis la nuit dont je te parle. Ils disent qu'il lui est arrivé bien souvent de disparaître ainsi pendant longtemps, et de revenir ensuite. Mais moi je sais qu'elle ne reviendra plus et que son rôle est fini sur la terre. Je voudrais en douter que je ne le pourrais pas ; elle a pris soin de me faire savoir la fatale vérité par celui-là même qui a été la cause de sa mort. Et quel malheur c'est là, mon Dieu! le plus grand malheur de ces époques malheureuses! C'était une vie si belle que la sienne! si belle et si pleine de contrastes, si mystérieuse, si éclatante, si triste, si magnifique, si enthousiaste, si austère, si voluptueuse, si complète en sa ressemblance avec toutes les choses humaines! Non, aucune vie ni aucune mort n'ont été semblables à celles-là. Elle avait trouvé le moyen, dans ce siècle prosaïque, de supprimer de son existence toutes les mesquines réalités, et de n'y laisser que la poésie. Fidèle aux vieilles coutumes de l'aristocratie nationale, elle ne se montrait qu'après la chute du jour, masquée, mais sans jamais se faire suivre de personne. Il n'est pas un habitant de la ville qui ne l'ait rencontrée errant sur les places ou dans les rues, pas un qui n'ait aperçu sa gondole attachée sur quelque canal ; mais aucun ne l'a jamais vue en sortir ou y entrer. Quoique cette gondole ne fût gardée par personne, on n'a jamais entendu dire qu'elle eût été l'objet d'une seule tentative de vol. Elle était peinte et équipée comme toutes les autres gondoles, et pourtant tout le monde la connaissait ; les enfants mêmes disaient en la voyant : « Voilà la gondole du masque. » Quant à la manière dont elle marchait, et à l'endroit d'où elle amenait le soir et où elle remmenait le matin sa maîtresse, nul ne le pouvait seulement soupçonner. Les douaniers gardes-côtes avaient bien vu souvent glisser une ombre noire sur les lagunes, et, la prenant pour une barque de contrebandier, lui avaient donné la chasse jusqu'en pleine mer, mais, le matin venu, ils n'avaient jamais rien aperçu sur les flots qui ressemblât à l'objet de leur poursuite, et, à la longue, ils avaient pris l'habitude de ne plus s'en inquiéter, et se contentaient de dire, en la revoyant :

« Voilà encore la gondole du masque. » La nuit, le masque parcourait la ville entière, cherchant on ne sait quoi. On le voyait tour à tour sur les places les plus vastes et dans les rues les plus tortueuses, sur les ponts et sous la voûte des grands palais, dans les lieux les plus fréquentés ou les plus déserts. Il allait tantôt lentement, tantôt vite, sans paraître s'inquiéter de la foule ou de la solitude, mais ne s'arrêtait jamais. Il paraissait contempler avec une curiosité passionnée les maisons, les monuments, les canaux, et jusqu'au ciel de la ville, et savourer avec bonheur l'air qui y circulait. Quand il rencontrait une personne amie, il lui faisait signe de le suivre, et disparaissait bientôt avec elle. Plus d'une fois il m'a ainsi emmené, du sein de la foule, dans quelque lieu désert, et il s'est entretenu avec moi des choses que nous aimions. Je le suivais avec confiance, parce que je savais bien que nous étions amis ; mais beaucoup de ceux à qui il faisait signe n'osaient pas se rendre a son invitation. Des histoires étranges circulaient sur son compte et glaçaient le courage des plus intrépides. On disait que plusieurs jeunes gens, croyant deviner une femme sous ce masque et sous cette robe noire, s'étaient enamourés d'elle, tant à cause de la singularité et du mystère de sa vie que de ses belles formes et de ses nobles allures ; qu'ayant eu l'imprudence de la suivre, ils n'avaient jamais reparu. La police, ayant même remarqué que ces jeunes gens étaient tous Autrichiens, avait mis en jeu toutes ses manœuvres pour les retrouver et pour s'emparer de celle qu'on accusait de leur disparition. Mais les sbires n'avaient pas été plus heureux que les douaniers, et l'on n'avait jamais pu ni savoir aucune nouvelle des jeunes étrangers, ni mettre la main sur *elle*. Une aventure bizarre avait découragé les plus ardents limiers de l'inquisition viennoise. Voyant qu'il était impossible d'attraper le masque la nuit dans Venise, deux des argousins les plus zélés résolurent de l'attendre dans sa gondole même, afin de le saisir lorsqu'il y rentrerait pour s'éloigner. Un soir qu'ils la virent attachée au quai des Esclavons, ils descendierent dedans et s'y cachèrent. Ils y restèrent toute la nuit sans voir ni entendre personne; mais, une heure environ avant le jour, ils crurent s'apercevoir que quelqu'un détachait la barque. Ils se levèrent en silence, et s'apprêtèrent à sauter sur leur proie; mais au même instant un terrible coup de pied fit chavirer la gondole et les malencontreux agents de l'ordre public autrichien. Un d'eux se noya, et l'autre ne dut la vie qu'au secours que lui portèrent des contrebandiers. Le lendemain matin il n'y avait point trace de la barque, et la police put croire qu'elle était submergée; mais le soir on la vit attachée à la même place, et dans le même état que la veille. Alors une terreur superstitieuse s'empara de tous les argousins, et pas un ne voulut recommencer la tentative de la veille. Depuis ce jour on ne chercha plus à inquiéter le masque, qui continua ses promenades comme par le passé.

Au commencement de l'automne dernier, il vint ici en garnison un officier autrichien, nommé le comte Franz Lichtenstein. C'était un jeune homme enthousiaste et passionné, qui avait en lui le germe de tous les grands sentiments et comme un instinct des nobles pensées. Malgré sa mauvaise éducation de grand seigneur, il avait su garantir son esprit de tout préjugé, et garder dans son cœur une place pour la liberté. Sa position le forçait à dissimuler en public ses idées et ses goûts; mais dès que son service était achevé, il se hâtait de quitter son uniforme, auquel lui semblaient indissolublement liés tous les vices du gouvernement qu'il servait, et courait auprès des nouveaux amis que par sa bonté et son esprit il s'était faits dans la ville. Nous aimions surtout à l'entendre parler de Venise. Il l'avait vue en artiste, avait déploré intérieurement sa servitude, et était arrivé à l'aimer autant qu'un Vénitien. Il ne se lassait pas de la parcourir nuit et jour, ne se lassant pas de l'admirer. Il voulait, disait-il, la connaître mieux que ceux qui avaient le bonheur d'y être nés. Dans ses promenades nocturnes il rencontra le masque. Il n'y fit pas d'abord grande attention ; mais ayant bientôt remarqué qu'il paraissait étudier la ville avec la même curiosité et le même soin que lui-même, il fut frappé de cette étrange coïncidence, et en parla à plusieurs personnes. On lui conta tout d'abord les histoires qui couraient sur la femme voilée, et on lui conseilla de prendre garde à lui. Mais comme il était brave jusqu'à la témérité, ces avertissements, au lieu de l'effrayer, excitèrent sa curiosité et lui inspirèrent une folle envie de faire connaissance avec le personnage mystérieux qui épouvantait si fort le vulgaire. Voulant garder vis-à-vis du masque le même incognito que celui-ci gardait vis-à-vis de lui, il s'habilla en bourgeois, et commença ses promenades nocturnes. Il ne tarda pas à rencontrer ce qu'il cherchait. Il vit, par un beau clair de lune, la femme masquée, debout devant la charmante église de *Saints-Jean-et-Paul*. Elle semblait contempler avec adoration les ornements délicats qui en décorent le portail. Le comte s'approcha d'elle à pas lents et silencieux. Elle ne parut pas s'en apercevoir et ne bougea pas. Le comte, qui s'était arrêté un instant pour voir s'il était découvert, reprit sa marche et arriva tout près d'elle. Il l'entendit pousser un profond soupir ; et comme il savait fort mal le vénitien, mais fort bien l'italien, il lui adressa la parole dans un toscan très-pur.

« Salut, dit-il, salut et bonheur à ceux qui aiment Venise. »

—Qui êtes-vous? répondit le masque, d'une voix pleine et sonore comme celle d'un homme, mais douce comme celle d'un rossignol.

— Je suis un amant de la beauté.

— Êtes-vous de ceux dont l'amour brutal violente la beauté libre, ou de ceux qui s'agenouillent devant la beauté captive, et pleurent de ses larmes?

— Quand le roi des nuits voit la rose fleurir joyeusement sous l'haleine de la brise, il bat des ailes et chante; quand il la voit se flétrir sous le souffle brûlant de l'orage, il cache sa tête sous son aile et gémit. Ainsi fait mon âme.

— Suis-moi donc, car tu es un de mes fidèles. »

Et, saisissant la main du jeune homme, elle l'entraîna vers l'église. Quand celui-ci sentit cette main froide de l'inconnue serrer la sienne, et la vit se diriger avec lui vers le sombre enfoncement du portail, il se rappela involontairement les sinistres histoires qu'il avait entendu raconter, et, tout à coup saisi d'une terreur panique, il s'arrêta. Le masque se retourna, et, fixant sur le visage pâlissant de son compagnon un regard scrutateur, il lui dit :

« Vous avez peur? Adieu. »

Puis, lui lâchant le bras, elle s'éloigna à grands pas. Franz eut honte de sa faiblesse, et, se précipitant vers elle, lui saisit la main à son tour et lui dit :

« Non, je n'ai pas peur. Allons. »

Sans rien répondre, elle continua sa marche. Mais, au lieu de se diriger vers l'église, comme la première fois, elle s'enfonça dans une des petites rues qui donnent sur la place. La lune s'était cachée, et l'obscurité la plus complète régnait dans la ville. Franz voyait à peine où il posait le pied, et ne pouvait rien distinguer dans les ombres profondes qui l'enveloppaient de toutes parts. Il suivait au hasard son guide, qui semblait au contraire connaître très-bien sa route. De temps en temps quelques lueurs, glissant à travers les nuages, venaient montrer à Franz le bord d'un canal, un pont, une voûte, ou quelque partie inconnue d'un dédale de rues profondes et tortueuses ; puis tout retombait dans l'obscurité. Franz avait bien vite reconnu qu'il était perdu dans Venise, et qu'il se trouvait à la merci de son guide ; mais résolu à tout braver, il ne témoigna aucune inquiétude, et se laissa toujours conduire sans faire aucune observation. Au bout d'une grande heure, la femme masquée s'arrêta.

« C'est bien, dit-elle au comte, vous avez du cœur. Si vous aviez donné le moindre signe de crainte pendant notre course, je ne vous eusse jamais reparlé. Mais vous avez été impassible, je suis contente de vous. A demain donc, sur la place Saints-Jean-et-Paul, à onze heures. Ne cherchez pas à me suivre ; ce serait inutile. Tournez cette rue à droite, et vous verrez la place Saint-Marc. Au revoir. »

Elle serra vivement la main du comte, et, avant qu'il eût eu le temps de lui répondre, disparut derrière l'angle de la rue. Le comte resta quelque temps immobile, encore tout étonné de ce qui venait de se passer, et indécis sur ce qu'il avait à faire. Mais, ayant réfléchi au peu de chances qu'il avait de retrouver la dame mystérieuse, et aux risques qu'il courrait de se perdre en la poursuivant, il prit le parti de retourner chez lui. Il suivit donc la rue à droite, se trouva en effet, au bout de quelques minutes, sur la place Saint-Marc, et de là regagna facilement son hôtel.

Le lendemain il fut fidèle au rendez-vous. Il arriva sur la place comme l'horloge de l'église sonnait onze heures. Il vit la femme masquée, qui l'attendait debout sur les marches du portail.

« C'est bien, lui dit-elle, vous êtes exact. Entrons. »

En disant cela, elle se retourna brusquement vers l'église. Franz, qui voyait la porte fermée, et qui savait qu'elle ne s'ouvrait pour personne la nuit, crut que cette femme était folle. Mais quelle ne fut pas sa surprise en voyant que la porte cédait au premier effort! Il suivit machinalement son guide, qui referma rapidement la porte après qu'il fut entré. Ils se trouvaient alors tous deux dans les ténèbres; mais Franz, se rappelant qu'une seconde porte, sans serrure, le séparait encore de la nef, ne conçut aucune inquiétude, et s'apprêta à la pousser devant lui pour entrer. Mais elle l'arrêta par le bras.

« Êtes-vous jamais venu dans cette église? lui demanda-t-elle brusquement.

— Vingt fois, répondit-il, et je la connais aussi bien que l'architecte qui l'a bâtie.

— Dites que vous croyez la connaître, car vous ne la connaissez réellement pas encore. Entrez. »

Franz poussa la seconde porte et pénétra dans l'intérieur de l'église. Elle était magnifiquement illuminée de toutes parts et complétement déserte.

« Quelle cérémonie va-t-on célébrer ici? demanda Franz stupéfait.

— Aucune. L'église m'attendait ce soir : voilà tout. Suivez-moi. »

Le comte chercha en vain à comprendre le sens des paroles que lui adressait le masque; mais, toujours subjugué par un pouvoir mystérieux, il le suivit avec obéissance. Elle le mena au milieu de l'église, lui en fit remarquer, comprendre et admirer l'ordonnance générale. Puis, passant à l'examen de chaque partie, elle lui détailla tour à tour la nef, les colonnades, les chapelles, les autels, les statues, les tableaux, tous les ornements; lui montra le sens de chaque chose, lui dévoila l'idée cachée sous chaque forme, lui fit sentir toutes les beautés des œuvres qui composaient l'ensemble, et le fit pénétrer, pour ainsi dire, dans les entrailles de l'église. Franz écoutait avec une attention religieuse toutes les paroles de cette bouche éloquente qui se plaisait à l'instruire, et, de moment en moment, reconnaissait combien peu il avait compris auparavant cet ensemble d'œuvres qui lui avaient semblé si faciles à comprendre. Quand elle finit, les lueurs du matin, pénétrant à travers les vitraux, faisaient pâlir la lueur des cierges. Quoiqu'elle eût parlé plusieurs heures et qu'elle ne se fût pas assise un instant pendant toute la nuit, ni sa voix ni son corps ne trahissaient aucune fatigue. Seulement sa tête s'était penchée sur son sein, qui battait avec violence, et semblait écouter les soupirs qui s'en exhalaient. Tout à coup elle redressa la tête, et, levant ses deux bras au ciel, elle s'écria :

« O servitude ! servitude ! »

A ces paroles, des larmes roulant de dessous son masque allèrent tomber sur les plis de sa robe noire.

« Pourquoi pleurez-vous ? s'écria Franz en s'approchant d'elle.

— A demain, lui répondit-elle. A minuit, devant l'Arsenal. »

Et elle sortit par la porte latérale de gauche, qui se referma lourdement. Au même moment l'*Angelus* sonna. Franz, saisi par le bruit inattendu de la cloche, se retourna, et vit que tous les cierges étaient éteints. Il resta quelque temps immobile de surprise ; puis il sortit de l'église par la grande porte, que les sacristains venaient d'ouvrir, et s'en retourna lentement chez lui, cherchant à deviner quelle pouvait être cette femme si hardie, si artiste, si puissante, si pleine de charme dans ses paroles et de majesté dans sa démarche.

Le lendemain, à minuit, le comte était devant l'Arsenal. Il y trouva le masque, qui l'attendait comme la veille, et qui, sans lui rien dire, se mit à marcher rapidement devant lui. Franz le suivit comme les deux nuits précédentes. Arrivé devant une des portes latérales de droite, le masque s'arrêta, introduisit dans la serrure une clef d'or que Franz vit briller aux rayons de la lune, ouvrit sans faire aucun bruit, et entra la première, en faisant signe à Franz d'entrer après elle. Celui-ci hésita un instant. Pénétrer la nuit dans l'Arsenal, à l'aide d'une fausse clef, c'était s'exposer à passer devant un conseil de guerre, si l'on était découvert ; et il était presque impossible de ne pas l'être dans un endroit peuplé de sentinelles. Mais, en voyant le masque s'apprêter à refermer la porte devant lui, il se décida tout d'un coup à poursuivre l'aventure jusqu'au bout, et entra. La femme masquée lui fit traverser d'abord plusieurs cours, ensuite des corridors et des galeries, dont elle ouvrait toutes les portes avec sa clef d'or, et finit par l'introduire dans de vastes salles remplies d'armes de tout genre et de tout temps, qui avaient servi dans les guerres de la république, soit à ses défenseurs, soit à ses ennemis. Ces salles se trouvaient éclairées par des fanaux de galères, placés à égales distances entre les trophées. Elle montra au comte les armes les plus curieuses et les plus célèbres, lui disant le nom de ceux à qui elles avaient appartenu, et celui des combats où elles avaient été employées, lui racontant en détail les exploits dont elles avaient été les instruments. Elle fit revivre ainsi aux yeux de Franz toute l'histoire de Venise. Après avoir visité les quatre salles consacrées à cette exposition, elle l'emmena dans une dernière, plus vaste que toutes les autres et éclairée comme elles, où se trouvaient des bois de construction, des débris de navires de différentes grandeurs et de différentes formes, et des parties entières du dernier *Bucentaure*. Elle apprit à son compagnon la propriété de tous les bois, l'usage des navires, l'époque à laquelle ils avaient été construits, et le nom des expéditions dont ils avaient fait partie; puis, lui montrant la galerie du *Bucentaure* :

« Voilà, lui dit-elle d'une voix profondément triste, les restes d'une royauté passée. C'est là le dernier navire qui ait mené le doge épouser la mer. Maintenant Venise est esclave, et les esclaves ne se marient point. O servitude ! ô servitude !

Comme la veille, elle sortit après avoir prononcé ces paroles, mais emmenant cette fois à sa suite le comte, qui ne pouvait sans danger rester à l'Arsenal. Ils s'en retournèrent de la même manière qu'ils étaient venus, et franchirent la dernière porte sans avoir rencontré personne. Arrivés sur la place, ils prirent un nouveau rendez-vous pour lendemain, et se séparèrent.

Le lendemain et tous les jours suivants, elle mena Franz dans les principaux monuments de la ville, l'introduisant partout avec une incompréhensible facilité, lui expliquant avec une admirable clarté tout ce qui se présentait à leurs yeux, déployant devant lui de merveilleux trésors d'intelligence et de sensibilité. Celui-ci ne savait lequel admirer le plus, d'un esprit qui comprenait si profondément toutes choses, ou d'un cœur qui mêlait à toutes ses pensées de si beaux élans de sensibilité. Ce qui n'avait d'abord été chez lui qu'une fantaisie se changea bientôt en un sentiment réel et profond. C'était la curiosité qui l'avait porté à nouer connaissance avec le masque, et l'étonnement qui l'avait fait continuer. Mais ensuite l'habitude qu'il avait prise de le voir toutes les nuits devint pour lui une véritable nécessité. Quoique les paroles de l'inconnue fussent toujours graves et souvent tristes, Franz y trouvait un charme indéfinissable qui l'attachait à elle de plus en plus, et il n'eût pu s'endormir, au lever du jour, s'il n'avait, la nuit, entendu ses soupirs et vu couler ses larmes. Il avait pour la grandeur et les souffrances qu'il soupçonnait en elle un respect si sincère et si profond, qu'il n'avait encore osé la prier ni d'ôter son masque, ni de lui dire son nom. Comme elle ne lui avait pas demandé le sien, il eût rougi de se montrer plus curieux et plus indiscret qu'elle, et il était résolu à tout attendre de son bon plaisir, et rien de sa propre importunité. Elle sembla comprendre la délicatesse de sa conduite et lui en savoir gré ; car, à chaque entrevue, elle lui témoigna plus de confiance et de sympathie. Quoiqu'il n'eût pas été prononcé entre eux un seul mot d'amour, Franz eut donc lieu de croire qu'elle connaissait sa passion et se sentait disposée à la partager. Ses espérances suffisaient presque à son bonheur ; et quand il se sentait un désir plus vif de connaître celle qu'il nommait déjà intérieurement sa maîtresse, son imagination, frappée et comme rassurée par le merveilleux qui l'entourait, la lui peignait si parfaite et si belle, qu'il redoutait en quelque sorte le moment où elle se dévoilerait à lui.

Une nuit qu'ils erraient ensemble sous les colonnades de Saint-Marc, la femme masquée fit arrêter Franz devant un tableau qui représentait une fille agenouillée devant le saint patron de la basilique et de la ville.

« Que dites-vous de cette femme ? lui dit-elle après lui avoir laissé le temps de la bien examiner.

— C'est, répondit-il, la plus merveilleuse beauté que l'on puisse, non pas voir, mais imaginer. L'âme inspirée de l'artiste a pu nous en donner la divine image, mais le modèle n'en peut exister qu'aux cieux. »

La femme masquée serra fortement la main de Franz.

« Moi, reprit-elle, je ne connais pas de visage plus beau que celui du glorieux saint Marc, et je ne saurais aimer d'autre homme que celui qui en est la vivante image. »

En entendant ces mots, Franz pâlit et chancela comme frappé de vertige. Il venait de reconnaître que le visage du saint offrait avec le sien la plus exacte ressemblance Il tomba à genoux devant l'inconnue, et, lui saisissant la main, la baigna de ses larmes, sans pouvoir prononcer une parole

« Je sais maintenant que tu m'appartiens, lui dit-elle d'une voix émue, et que tu es digne de me connaître et de me posséder. A demain, au bal du palais Servilio. »

Puis elle le quitta comme les autres fois, mais sans prononcer les paroles, pour ainsi dire sacramentelles, qui terminaient ses entretiens de chaque nuit. Franz, ivre de joie, erra tout le jour dans la ville, sans pouvoir s'arrêter nulle part. Il admirait le ciel, souriait aux lagunes, saluait les maisons, et parlait au vent. Tous ceux qui le rencontraient le prenaient pour un fou et le lui montraient par leurs regards. Il s'en apercevait, et riait de la folie de ceux qui raillaient la sienne. Quand ses amis lui demandaient ce qu'il avait fait depuis un mois qu'on ne le voyait plus, il leur répondait : « Je vais être heureux », et passait. Le soir venu, il alla acheter une magnifique écharpe et des épaulettes neuves, rentra chez lui pour s'habiller, mit le plus grand soin à sa toilette, et se rendit ensuite, revêtu de son uniforme, au palais Servilio.

Le bal était magnifique ; tout le monde, excepté les officiers de la garnison, était venu déguisé, selon la teneur des lettres d'invitation, et cette multitude de costumes variés et élégants, se mêlant et s'agitant au son d'un nombreux orchestre, offrait l'aspect le plus brillant et le plus animé. Franz parcourut toutes les salles, s'approcha de tous les groupes, et jeta les yeux sur toutes les femmes. Plusieurs étaient remarquablement belles, et pourtant aucune ne lui parut digne d'arrêter ses regards.

« Elle n'est pas ici, se dit-il en lui-même. J'en étais sûr ; ce n'est pas encore son heure. »

Il alla se placer derrière une colonne, auprès de l'entrée principale, et attendit, les yeux fixés sur la porte. Bien des fois cette porte s'ouvrit ; bien des femmes entrèrent sans faire battre le cœur de Franz. Mais, au moment où l'horloge allait sonner onze heures, il tressaillit, et s'écria assez haut pour être entendu de ses voisins :

« La voilà ! »

Tous les yeux se tournèrent vers lui, comme pour lui demander le sens de son exclamation. Mais, au même instant, les portes s'ouvrirent brusquement, et une femme qui entra attira sur elle tous les regards. Franz la reconnut tout de suite. C'était la jeune fille du tableau, vêtue en dogaresse du xve siècle, et rendue plus belle encore par la magnificence de son costume. Elle s'avançait d'un pas lent et majestueux, regardant avec assurance autour d'elle, ne saluant personne, comme si elle eût été la reine du bal. Personne, excepté Franz, ne la connaissait ; mais tout le monde, subjugué par sa merveilleuse beauté et son air de grandeur, s'écartait respectueusement et s'inclinait presque sur son passage. Franz, à la fois ébloui et enchanté, la suivait d'assez loin. Au moment où elle arrivait dans la dernière salle, un beau jeune homme, portant le costume de Tasso, chantait, en s'accompagnant sur la guitare, une romance en l'honneur de Venise. Elle marcha droit à lui, et, le regardant fixement, lui demanda qui il était pour oser porter un pareil costume et chanter Venise. Le jeune homme, atterré par ce regard, baissa la tête en pâlissant, et lui tendit sa guitare. Elle la prit, et, promenant au hasard sur les cordes ses doigts blancs comme l'albâtre, elle entonna à son tour, d'une voix harmonieuse et puissante, un chant bizarre et souvent entrecoupé :

« Dansez, riez, chantez, gais enfants de Venise! Pour vous, l'hiver n'a point de frimas, la nuit pas de ténèbres, la vie pas de soucis. Vous êtes les heureux du monde, et Venise est la reine des nations. Qui a dit non? Qui donc ose penser que Venise n'est pas toujours Venise? Prenez garde! Les yeux voient, les oreilles entendent, les langues parlent; craignez le conseil des Dix, si vous n'êtes pas de bons citoyens. Les bons citoyens dansent, rient et chantent, mais ne parlent pas. Dansez, riez, chantez, gais enfants de Venise! — Venise, seule ville qui n'ait pas été créée par la main, mais par l'esprit de l'homme, toi qui sembles faite pour servir de demeure passagère aux âmes des justes, et placée comme un degré pour elles de la terre aux cieux; murs qu'habitèrent les fées, et qu'anime encore un souffle magique; colonnades aériennes qui tremblez dans la brume; aiguilles légères qui vous confondez avec les mâts flottants des navires; arcades qui semblez contenir mille voix pour répondre à chaque voix qui passe; myriades d'anges et de saints qui semblez bondir sur les coupoles et agiter vos ailes de marbre et de bronze quand la brise court sur vos fronts humides; cité qui ne gis pas, comme les autres, sur un sol morne et fangeux, mais qui flottes, comme une troupe de cygnes, sur les ondes, réjouissez-vous, réjouissez-vous, réjouissez-vous! Une destinée nouvelle s'ouvre pour vous, aussi belle que la première. L'aigle noir flotte au-dessus du lion de Saint-Marc, et des pieds tudesques valsent dans le palais des doges! — Taisez-vous, harmonie de la nuit! Éteignez-vous, bruits insensés du bal! Ne te fais plus entendre, saint cantique des pêcheurs; cesse de murmurer, voix de l'Adriatique! Meurs, lampe de la Madone; cache-toi pour jamais, reine argentée de la nuit! il n'y a plus de

Vénitiens dans Venise! — Rêvons-nous, sommes-nous en fête? Oui, oui, dansons, rions, chantons! C'est l'heure où l'ombre de Faliero descend lentement l'escalier des Géants, et s'assied immobile sur la dernière marche. Dansons, rions, chantons! car tout à l'heure la voix de l'horloge dira : Minuit ! et le chœur des morts viendra crier à nos oreilles : Servitude! servitude! »

En achevant ces mots, elle laissa tomber sa guitare qui rendit un son funèbre en heurtant les dalles, et l'horloge sonna. Tout le monde écouta sonner les douze coups dans un silence sinistre. Alors le maître du palais s'avança vers l'inconnue d'un air moitié effrayé, moitié irrité.

« Madame, lui dit-il d'une voix émue, qui m'a fait l'honneur de vous amener chez moi?

— Moi, s'écria Franz en s'avançant; et si quelqu'un le trouve mauvais, qu'il parle. »

L'inconnue, qui n'avait pas paru faire attention à la question du maître, leva vivement la tête en entendant la voix du comte.

« Je vis, s'écria-t-elle avec enthousiasme, je vivrai. »

Et elle se retourna vers lui avec un visage rayonnant. Mais, quand elle l'eut vu, ses joues pâlirent, et son front se chargea d'un sombre nuage.

« Pourquoi avez-vous pris ce déguisement? lui dit-elle d'un ton sévère en lui montrant son uniforme.

— Ce n'est point un déguisement, répondit-il, c'est... »

Il n'en put dire davantage. Un regard terrible de l'inconnue l'avait comme pétrifié. Elle le considéra quelques secondes en silence, puis laissa tomber de ses yeux deux grosses larmes. Franz allait s'élancer vers elle. Elle ne lui en laissa pas le temps.

« Suivez-moi », lui dit-elle d'une voix sourde.

Puis elle fendit rapidement la foule étonnée, et sortit du bal suivie du comte.

Arrivée au bas de l'escalier du palais, elle sauta dans sa gondole, et dit à Franz d'y monter après elle et de s'asseoir. Quand il l'eut fait, il jeta les yeux autour de lui, et n'apercevant point de gondolier :

« Qui nous conduira? dit-il.

— Moi, répondit-elle en saisissant la rame d'une main vigoureuse.

— Laissez-moi plutôt.

— Non. Les mains autrichiennes ne connaissent pas la rame de Venise. »

Et, imprimant à la gondole une forte secousse, elle la lança comme une flèche sur le canal. En peu d'instants ils furent loin du palais. Franz, qui attendait de l'inconnue l'explication de sa colère, s'étonnait et s'inquiétait de lui voir garder le silence.

« Où allons-nous ? dit-il après un moment de réflexion.

— Où la destinée veut que nous allions, » répondit-elle d'une voix sombre ; et, comme si ces mots eussent ranimé sa colère, elle se mit à ramer avec plus de vigueur encore. La gondole, obéissant à l'impulsion de sa main puissante, semblait voler sur les eaux. Franz voyait l'écume courir avec une éblouissante rapidité le long des flancs de la barque, et les navires qui se trouvaient sur leur passage, fuir derrière lui comme des nuages emportés par l'ouragan. Bientôt les ténèbres s'épaissirent, le vent se leva, et le jeune homme n'entendit plus rien que le clapotement des flots et les sifflements de l'air dans ses cheveux ; et il ne vit plus rien devant lui que la grande forme blanche de sa compagne au milieu de l'ombre. Debout à la poupe, les mains sur la rame, les cheveux épars sur les épaules, et ses longs vêtements blancs en désordre abandonnés au vent, elle ressemblait moins à une femme qu'à l'esprit des naufrages se jouant sur la mer orageuse.

« Où sommes-nous? s'écria Franz d'une voix agitée.

— Le capitaine a peur? » répondit l'inconnue avec un rire dédaigneux.

Franz ne repondit pas. Il sentait qu'elle avait raison et que la peur le gagnait. Ne pouvant la maîtriser, il voulait au moins la dissimuler, et résolut de garder le silence. Mais, au bout de quelques instants, saisi d'une sorte de vertige, il se leva et marcha vers l'inconnue.

« Asseyez-vous », lui cria celle-ci.

Franz, que sa peur rendait furieux, avançait toujours.

« Asseyez-vous », lui répéta-t-elle d'une voix furieuse; et, voyant qu'il continuait à avancer, elle frappa du pied avec tant de violence, que la barque trembla, comme si elle eût voulu chavirer. Franz fut renversé par la secousse et tomba évanoui au fond de la barque. Quand il revint à lui, il vit l'inconnue qui pleurait, couchée à ses pieds. Touché de son amère douleur, et oubliant tout ce qui venait de se passer, il la saisit dans ses bras, la releva et la fit asseoir à côté de lui; mais elle ne cessait pas de pleurer.

« O mon amour! s'écria Franz en la serrant contre son cœur, pourquoi ces larmes?

— Le Lion! le Lion! » lui répondit-elle en levant vers le ciel son bras de marbre.

Franz porta ses regards vers le point du ciel qu'elle lui montrait, et vit en effet la constellation du Lion qui brillait solitaire au milieu des nuages.

« Qu'importe? Les astres ne peuvent rien sur nos destinées; et s'ils pouvaient quelque chose, nous trouverions des constellations favorables pour lutter contre les étoiles funestes.

— Vénus est couchée, hélas! et le Lion se lève. Et là-bas! regarde là-bas! qui peut lutter contre ce qui vient là-bas! »

Elle prononça ces mots avec une sorte d'égarement, en abaissant le bras vers l'horizon. Franz tourna les yeux vers le côté qu'elle désignait, et vit un point noir qui se dessinait sur les flots au milieu d'une auréole de feu.

« Qu'est-ce là? dit-il avec un profond étonnement.

— C'est le destin, répondit-elle, qui vient chercher sa victime. Laquelle? vas-tu dire. Celle que je voudrai. Tu as bien entendu parler de ces gentilshommes autrichiens qui montèrent avec moi dans ma gondole, et ne reparurent jamais?

— Oui. Mais cette histoire est fausse.

— Elle est vraie. Il faut que je dévore ou que je sois dévorée. Tout homme de ta nation qui m'aime et que je n'aime pas, meurt. Et tant que je n'en aimerai pas un, je vivrai et je ferai mourir. Et si j'en aime un, je mourrai. C'est mon sort.

— O mon Dieu! qui donc es-tu?

— Comme il avance! Dans une minute il sera sur nous. Entends-tu? entends-tu? »

Le point noir s'était approché avec une inconcevable rapidité, et avait pris la forme d'un immense bateau. Une lumière rouge sortait de ses flancs et l'entourait de toutes parts; de grands fantômes se tenaient immobiles sur le pont, et une quantité innombrable de rames s'élevait et s'abaissait en cadence, frappant l'onde avec un bruit sinistre, et des voix caverneuses chantaient le *Dies iræ* en s'accompagnant de bruits de chaînes.

« O la vie! ô la vie! reprit l'inconnue avec désespoir. O Franz! voici le navire! le reconnais-tu?

— Non; je tremble devant cette apparition terrible, mais je ne la connais pas.

— C'est le *Bucentaure*. C'est lui qui a englouti tes compatriotes. Ils étaient ici, à cette même place, à cette même heure, assis à côté de moi, dans cette gondole. Le navire s'est approché comme il s'approche. Une voix m'a crié : Qui vive? j'ai répondu : Autriche. La voix m'a crié : Hais-tu ou aimes-tu? J'ai répondu : Je hais; et la voix m'a dit : Vis. Puis le navire a passé sur la gondole, a englouti tes compatriotes, et m'a portée en triomphe sur les flots.

— Et aujourd'hui?...

— Hélas! la voix va parler. »

En effet, une voix lugubre et solennelle, imposant silence au funèbre équipage du *Bucentaure*, cria : « Qui vive?

— Autriche », répondit la voix tremblante de l'inconnue.

Un chœur de malédiction éclata sur le *Bucentaure* qui s'approchait avec une rapidité toujours croissante. Puis un nouveau silence se fit, et la voix reprit :

« Hais-tu ou aimes-tu? »

L'inconnue hésita un moment; puis, d'une voix éclatante comme le tonnerre, elle s'écria : « J'aime! »

Alors la voix dit :

« Tu as accompli ta destinée. Tu aimes l'Autriche! Meurs, Venise! »

Un grand cri, un cri déchirant, désespéré, fendit l'air, et Franz disparut dans les flots. En remontant à la surface, il ne vit plus rien, ni la gondole, ni le *Bucentaure*, ni sa bien-aimée. Seulement, à l'horizon, brillaient de petites lumières; c'étaient les fanaux des pêcheurs de Murano. Il nagea du côté de leur île, et y arriva au bout d'une heure. Pauvre Venise! »

Beppa avait fini de parler; des larmes coulaient de ses yeux. Nous les regardâmes couler en silence, sans chercher à la consoler. Mais tout d'un coup elle les essuya, et nous dit avec sa vivacité capricieuse : « Eh bien! qu'avez-vous donc à être si tristes? Est-ce là l'effet que produisent sur vous les contes de fées ? N'avez-vous jamais entendu parler de l'*Orco*, le *Trilby* vénitien ? Ne l'avez-vous jamais rencontré le soir dans les églises ou au Lido ? C'est un bon diable, qui ne fait de mal qu'aux oppresseurs et aux traîtres. On peut dire que c'est le véritable génie de Venise. Mais le vice-roi, ayant appris indirectement et confusément l'aventure périlleuse du comte de Lichtenstein, fit prier le patriarche de faire un grand exorcisme sur les lagunes, et depuis ce temps l'*Orco* n'a point reparu. »

GEORGE SAND.

FIN DE L'ORCO.

ÉMILE COLIN — IMPRIMERIE DE LAGNY

www.ingramcontent.com/pod-product-compliance
Lightning Source LLC
Chambersburg PA
CBHW050637170426
43200CB00008B/1050